孔子学院与华文学校发展比较研究

KONGZI XUEYUAN

YU HUAWEN XUEXIAO FAZHAN

BIJIAO YANJIU

◎ 严晓鹏 著

ZHEJIANG UNIVERSITY PRESS
浙江大学出版社

摘　要

　　目前,国际上进行海外汉语传播的主要组织是孔子学院和华文学校。孔子学院是中国政府为普及汉语教育、增进世界各国对中国的理解与友好而创办的非营利性机构,华文学校则是华侨、华人为了传承中华语言和文化而创建的海外教育机构。在系统梳理和分析孔子学院与华文学校发展相关文献的基础上,本书在自生能力理论、资源依赖理论和新公共服务理论的理论视角下,以泰国东方大学孔子学院和佛罗伦萨中文学校为主案例,以罗马大学孔子学院和泰国芭提雅明满学校为验证性案例,综合运用实地考察、访谈与文本分析等方法,对孔子学院与华文学校的发展进行比较研究,以期提高孔子学院和华文学校的发展能力,实现海外汉语传播的效益最大化。

　　第一章绪论阐述了全书的研究问题、研究综述、理论视角、研究设计;第二章从外部环境方面对孔子学院和华文学校进行了比较;第三章从内部治理方面对孔子学院和华文学校进行了比较;第四章探讨了孔子学院和华文学校发展的关键影响因素和发展逻辑;第五章分析了孔子学院与华文学校和国内教育机构的互动;第六章分析了中国政府在孔子学院与华文学校发展过程中的作用;第七章总结了本书的研究结论以及研究贡献和进一步研究的建议,并在附录中收录了各届孔子学院大会和世界华文教育大会的主旨讲话。

　　本书主要从外部环境和内部治理两方面进行孔子学院和华文学校发展的比较研究:在外部环境方面,孔子学院教育需求旺盛,但受"中国文化入侵说"等的影响,在部分国家其教育需求受到一定程度的抑制;华文学校一般不受"中国文化入侵说"的负面影响,教育需求持续增加。从政策支持看,孔子学院在经费、师资、教材等方面获得了大量支持,而华文学校获取的政策支持相对较小。在组织交流方面,孔子学院与华文学校在组织交流形式、内容、目的方面具有较大的共性,但在组织主体、交流形式与合作形式上具有一定的相异性。从社区关系看,孔子学院与当地社区的关系相对疏远,而华文学校大多已成功融入了社区。在内部治理方面,孔子学院采用总部—理事会—孔子学院院长的组织结构,而华文学校一般采取校长—教研室或校董会—校长—教研室的组织结构。从资源获取看,孔子学院的资源来源相对单一,华文学校资源来源渠道相对较宽。从师资发展看,孔子学院教师一般素质较高,具有一定的教学经验,而华文学校教师大都缺乏教育学与心理学方面的专业训练。

研究中作者发现,孔子学院是外源性的海外汉语传播非营利性教育机构,遵循着外源性组织的发展逻辑,政策支持因素是其生存之基,而师资发展因素是其品牌之本;华文学校是内生性的海外汉语教育传播机构,遵循着内生性组织的发展逻辑,教育需求因素是其生存之基,而社区关系因素是其持续发展之本。

本书进一步提出,针对孔子学院,我国政府应当转变管理职能,发挥市场机制作用,引导社会力量参与孔子学院建设,同时建立健全孔子学院准入与淘汰机制,制订科学的质量标准和评估办法,以促进孔子学院健康持续发展。针对华文学校,政府应创新服务方式,建立华文学校联合组织,同时加强华文学校教师队伍的专业化建设,加强海内外华文教育机构的交流与合作,以促进其健康持续发展。

目 录
C *ontens* ⋯⋯⋯⋯⋯⋯⋯⋯⋯⋯⋯⋯⋯⋯⋯⋯⋯⋯⋯⋯⋯

第一章　绪　　论

　　21 世纪以来,随着我国经济的稳健发展和国际地位的不断提升,海外汉语言文化传播的步伐加快。目前,海外汉语言文化传播的模式较多,如孔子学院、华文学校、汉语家教、"汉语桥"、来华留学生等。在这些海外汉语言文化传播模式中最主要的两种是孔子学院与华文学校。在本章中,研究者将聚焦孔子学院与华文学校,在描述它们基本发展现状的基础上,提出本书的核心研究问题,即孔子学院和华文学校如何在各自所处的社会情境中获取自身发展所需要的各类资源,从而获得较好的发展能力? 孔子学院与华文学校的外部环境和内部治理状况如何? 它们在教育需求、政策支持、组织交流及社区关系等外部环境上分别有什么样的特征? 在治理结构、资源获取、师资发展等内部治理上又分别有怎样的特征? 政府如何根据这些组织特征制定相应政策来引导孔子学院和华文学校可持续发展? 在提出本书的研究问题之后,本章对孔子学院和华文学校的相关文献进行综述,作为本书研究的切入点。

第一节　研究问题

一、研究缘起

　　2004 年 11 月 21 日,中国国家对外汉语教学领导小组办公室委托韩国韩中文化协力研究院建立的中国第一所海外"孔子学院",在汉城汉语水平考试韩国办事处正式挂牌,从此拉开了海外孔子学院建设的帷幕。

孔子学院是受德国歌德学院的启发,由中国政府为普及汉语教育、增进世界各国对中国的理解与友好而创办的非营利性机构。据统计,自 2004 年第一家孔子学院设立以来,截至 2013 年年底,已建立的 440 所孔子学院和 646 所孔子课堂,覆盖五大洲的 120 个国家与地区。在孔子学院总部的统一指导下,各地孔子学院充分发挥自身优势,开展丰富多彩的教学和文化活动,逐步形成了各具特色的办学模式,成为各国学习汉语言文化、了解当代中国的重要场所。目前,孔子学院采用中外合作的办学模式,具有总部支持大、办学质量高、易形成品牌优势等特点,可以使中国政府有限的投入获取更大的成效。在取得这些成绩的同时,孔子学院也暴露出一些问题,如办学机制不够灵活,师资不稳定,难以扎根社区等。

现阶段,孔子学院发展方式面临着一些制约因素,概括起来主要有以下几个方面:一是资源获取渠道相对单一。相比华文学校学生学费、社团与家长捐赠、政府适当支持的资源获取渠道,孔子学院的资源获取途径相对单一。目前,孔子学院的项目经费主要由孔子学院总部给予支持,外方合作机构的投入较少,学员学费与社会捐赠不多。尽管总部的支持能保证孔子学院的基本生存,但孔子学院要想获得进一步的发展,必须拓展自己的资源获取渠道,形成以总部支持为主的多元资源获取途径。二是师资队伍流动性较大。根据《孔子学院章程》,孔子学院的师资由中外合作方共同提供。由于孔子学院主要从事的是汉语言文化的国际推广工作,与此相适应从事教育教学的教师主要是中方外派教师。尽管中方外派教师汉语水平较高,素质较好,能较好地保证教学质量,但外派教师一般仅在海外工作两年,这使孔子学院的教师极不稳定。不稳定的教师队伍,难以发挥孔子学院名师的品牌优势,削弱了孔子学院的影响力。三是难以扎根社区。尽管中国真诚且郑重地承诺永不称霸,然而在一些西方国家还是盛行"中国威胁论"。在"中国威胁论"的影响下,随着孔子学院在世界各地的建立,"中国文化入侵说"逐渐多起来。"中国文化入侵说"使部分海外地方政府、社区、相关人士对孔子学院形成了某种提防,使中国善意的文化传播变成了具有某种目的。① 同时,上述因素二的存在也使扎根社区变得困难。

华文学校指开设在海外、从事华文教育的机构。华文教育从华侨教育发展而来,在海外发展已有三百余年的历史。在这三百余年的发展史中,华文教育经历了华侨教育和华文教育两个定义的嬗变。以第二次世界大战为界限,

---

① 环球网.美媒称美国正面临随华裔入美的孔子文化入侵[EB/OL]. http://world. huanqiu. com/roll/2010—04/792379. html, 2011-07-28.

第二次世界大战前的华文教育一般认为是华侨教育,第二次世界大战后的华文教育则是对已经入籍所在国的华人及其子女的中华语言文化教育。① 华侨教育是指对谋生和居住在国外而又保留自己原有国籍的侨民及其子女,施行与本国政府教育制度基本一致的教育。② 第二次世界大战后,由于法律和政策的变动,华侨教育的形式和内容都发生了较大的变化,最终演变成华文教育,其特点是被纳入当地教育事业的轨道,成为当地民族文化教育的一部分。

华文学校一般隶属于当地华人社团。社团通过华校来推广中华民族语言,传承、弘扬中华文化,保持华侨、华人的民族特性。华校的创办、维护和发展由华人社团承担。③ 它具有办学机制灵活、投入较少、社区关系融洽等优点,同时也具有办学规模较小、师资力量不足,组织交流较少、缺乏品牌效应等不足。这种发展方式在全球化的趋势下,面临着如下挑战:一是在组织定位方面。海外华文学校普遍缺乏长远规划,教育目标定位发生偏差,处于"走一步,算一步"的阶段。华文学校的长远规划应该是所在国进行中华民族(华族)文化教育的组织机构。④ 华文学校提供的是培养海外华人对中华文化的认同感及对祖籍国的亲和力教育,既不完全等同于对外汉语教育,也不等同于在国内中小学所受到的汉语语文教育,⑤ 它在教育目标上有自己独特的定位,但有相当一部分华文学校把华文教育直接当做汉语教育或所在国的"外语"教育。二是在资源获取方面。华文学校获取的教育资源相对较少,大多数华文学校缺乏专用的校舍、专职的管理人员、专职的华文教师、专用的教学设备,教学管理工作规范化十分困难。除学生学费外,部分华文学校的办学经费来自华人社团与学生家长的捐赠。由于没有相应的捐赠体制、机制,华文学校所获捐赠时有时无,不具有可持续性,成为影响学校发展能力提升的一大因素。三是在师资发展方面。多数国家政府未设立专门的华文教育主管部门,缺乏培养华文教师的师范学校。⑥ 华文学校区域内没有教研开发力量,同时,缺乏华文教师专业成长的组织指导机构。目前,大部分华文教师为兼职教师,基于"不忘根"的原因,他们牺牲自己的休息时间从事华文教育工作。由于教师的兼职特征,

---

① 胡春艳.全球化进程中海外华文教育的含义嬗变及其历史分期——以东南亚地区为例[J].东南亚研究,2009(4):64-68.

② 别必亮.承传与创新——近代华侨教育研究[M].石家庄:河北教育出版社,2011(2):68.

③ 近年来,由于"汉语热"的兴起,不依托华人社团,直接由华人华侨个人创办的华文学校越来越多。

④ 李嘉郁.论华文教育的定位及其发展趋势[J].华侨华人历史研究.2001(4):18-22.

⑤ 郭熙.华文教学概论[M].商务印书馆,2007(9):12.

⑥ 严晓鹏,郭保林,潘玉进.欧洲华文教育:现状、问题及其对策——以意大利华文教育为例[J].八桂侨刊,2011(1):39-42.

导致了华文教师的不稳定,影响了华文教师的专业成长,也减弱了华文学校师资培养的积极性。四是在组织交流方面。海外华文学校类型多样,办学水准参差不齐,又散布在全球各地,彼此欠缺——一个全球化的联系网络,使华文学校之间的组织交流存在一定程度的困难。同时,由于能获得的办学资源较少,学生的学费就成了华文学校的主要收入来源,这加剧了华文学校之间的竞争,使得同一国家、同一区域之间有竞争关系的华文学校"老死不相往来",缺少在组织管理、教育教学等方面的全面交流与合作。

通过以上分析不难看出,孔子学院和华文学校有着不同的发展目标,也有着不同的服务对象和功能定位。在当前新的形势下,孔子学院和华文学校各自面临着诸多问题和困难。作为传播汉语言文化的教育和文化机构,孔子学院和华文学校怎样破解上述困境,在各自所处的社会情境中实现良性的发展,是当前中国政府和相关组织关注的核心问题。众所周知,孔子学院纳入了政府汉语国际推广组织运作的系统结构,具有浓厚的政府色彩,其发展的主要动力来自于政府政策的强力推动,政府政策的可持续性直接关系到孔子学院的发展。然而这种支持政策具有多大程度的可持续性?当外部的政策支持措施减弱或退出后,孔子学院能否获得持续的发展?这些都是我们所关注的问题。

大多数华文学校的创办人凭借他的热情和能力动员当地华人、华侨,发动他们以人力、物力、财力的方式参与到华文学校的建设服务中来。由于"中国根"的作用,华文学校能较好地进入到华人、华侨的生活、情感和思想的深处,从而在外部环境较为恶劣的情况下也能生存并获得一定程度的发展。在华文学校300多年的发展历程中,尽管有部分学校因为种种原因而走向消亡,但也有部分学校顽强地发展,最终成为远近闻名的"百年老校"。是哪些因素决定了华文学校的兴衰成败?在相同的环境下,为什么一些学校无法生存下去,而另外一些学校则能够发展得较好?那些能够较好发展的学校具备了怎样的、与众不同的特征?决定华文学校能够实现良性发展的关键因素是什么?

显然,回答上述问题,需要我们对孔子学院和华文学校的外部环境、内部治理和发展逻辑进行深入分析,以找到切合它们各自要素禀赋的相对较佳的发展模式。

二、研究问题的提出

孔子学院是中国政府为普及汉语教育、增进世界各国对中国的理解与友好而创办的非营利性教育机构,具有明显的官方性,是典型的由政府推动的自上而下的汉语国际推广组织。孔子学院在发展过程中存在资源获取渠道相对单一;师资队伍流动性较大;难以扎根社区等问题。华文学校由海外华人社团、组织、个人创办，是自下而上的汉语国际推广组织，具有明显的草根性。华文学校在发展过程中存在组织定位不明晰、师资水平不高、政策支持相对较少等问题。

孔子学院与华文学校都是海外汉语言文化传播机构，孔子学院在发展过程中存在的问题在华文学校基本没有出现。同样，华文学校发展过程中存在的问题，在孔子学院的发展模式得到了较好的解决。孔子学院和华文学校的发展模式存在不一致之处，它们之间能否互相借鉴？它们发展模式的影响因素有哪些？对两种不同的发展模式，政府应该如何提供服务，才能实现它们效益的最大化？

把这些问题集中起来，并从组织发展的视角进行比较和审视，研究者从根本上提出了一个非常重要的问题，即孔子学院和华文学校发展方式或策略的选择问题。这在一定程度上影响着孔子学院和华文学校的可持续发展，[①] 对这些问题答案的追寻，需要通过对两者的外部环境、内部治理与发展逻辑进行比较分析，以深入了解孔子学院和华文学校的发展机制，并提出政府的治理策略。

综合以上所述，本书提出的研究问题是：

1. 孔子学院与华文学校发展的关键性影响因素是什么？孔子学院受政府政策影响较大，而华文学校受政府政策的影响相对较小，这两种组织各具有怎样的发展特征？它们发展的关键性影响因素分别有哪些？

2. 面对组织特征各异的孔子学院和华文学校，政府应怎样根据影响它们发展的关键性因素顺势而为，采取适当的政策措施来提升它们的发展能力？或者说，政府应怎样为孔子学院和华文学校开展有针对性地服务，以提升它们的发展能力？

针对上述研究问题，考察的对象为：

1. 外部环境。影响孔子学院和华文学校发展的外部环境包括四个方面：一是教育需求。孔子学院和华文学校的教育需求如何？它们各有怎样的特点？孔子学院和华文学校采用了哪些措施来提升自己的实际教育需求？二是政策支持。孔子学院与华文学校如何获得政府的支持？政府的支持措施主要有哪些？政府对孔子学院与华文学校进行汉语言文化传播持什么样的态度？政府及相关领导机构在汉语国际推广和海外华文教育过程中扮演着什么样的

---

① 这一问题的提出方式，参考了茶世俊对中国研究生教育制度渐进变迁研究的论述。参见《中国研究生教育制度渐进变迁研究(1978—2003)》，2006:2.

角色？承担着哪些任务？具备什么样的功能？三是组织交流。孔子学院和华文学校是如何与同行、国内的教育机构、国际上的办学机构进行交流和互动的？是否存在一种制度化的互动平台帮助孔子学院和华文学校获得组织管理能力和办学水平的提升？四是社区关系。孔子学院和华文学校是如何与当地政府、社区、学校、民众和团体进行互动的？如何获得当地政府和民间的认可和支持？在办学过程中是否存在冲突和矛盾？又是如何化解的？

2. 内部治理。影响孔子学院和华文学校发展的内部治理因素包括：一是治理结构。孔子学院和华文学校的组织结构分别如何？它们的管理特征有何异同？它们的组织结构与管理特征对其发展有何影响，影响的途径有哪些？二是资源获取。孔子学院和华文学校如何获得组织生存所必需的资源？包括经费、校舍、教材等。目前获取资源的途径和方法分别是什么？这些途径和方法是否是可持续的？存在哪些问题？三是师资发展。教师是教育机构的核心，孔子学院与华文学校的教师具有哪些特点？它们分别采取了哪些措施来提升教师的教育教学水平？在教师专业发展过程中，它们分别遇到哪些问题，是如何克服的？

3. 本质特征。综合孔子学院和华文学校的外部环境与内部治理因素，探寻出孔子学院和华文学校的本质特征，以此为基础分析其发展逻辑，并提出相关发展建议。

4. 内外互动。孔子学院与华文学校和国内教育机构的互动对于其自身发展的作用是什么？

5. 政府治理。针对比较研究的结果，落脚于政府的政策。从政府治理的角度对政府在孔子学院与华文学校发展过程中的作用进行分析，并提出相关的政策建议。

第二节　研究综述

在这一节中，将对与孔子学院和华文学校发展能力相关的研究进行综述。

一、孔子学院研究综述

孔子学院的迅速发展已引起全世界的瞩目，各国媒体纷纷投去关注的目光。近几年，学术界开始关注孔子学院，相关学者对其发展做了诸多思考，形成了一些研究成果。以中国知网文库为例，截至 2014 年，可搜索到全文含有"孔子学院"字样的文献共有 40481 篇，其中题名中含"孔子学院"字样者 1149

篇,主题为"孔子学院"的 2060 篇,关键词为"孔子学院"的 494 篇。而除去发表于报纸的文献,全文含有"孔子学院"字样的文献共有 38474 篇,其中题名中含"孔子学院"字样者 830 篇,主题为"孔子学院"的 1741 篇,关键词为"孔子学院"的 494 篇。全球第一所孔子学院创立至 2014 年才刚刚十年,而平均每年 4000 多篇的相关文章,说明了孔子学院的受关注程度。

由于孔子学院创立的时间不长,建设还处于初创布点阶段。专家、学者们对孔子学院的研究才刚刚开始,相关研究集中在对孔子学院的产生、发展状况的描述和建设孔子学院意义的探讨上。最近两年来,随着对孔子学院研究的深入,从文化发展与传播、孔子学院管理与发展、汉语学习、教育教学角度对孔子学院进行研究的文献有一定数量的增加。在以下的论述中,本书将在对孔子学院产生背景与发展现状进行概述的基础上,对孔子学院的相关研究进行回顾与梳理。

(一)孔子学院产生背景与现状概述

2004 年才出现的孔子学院是一种新事物,世人对其了解还不充分,因此,有必要对其进行相关介绍,交代其产生的背景与发展的过程。华东师大教育学系聂映玉在 2008 年第 3 期《上海教育科研》上发表《孔子学院概述》一文,对孔子学院的成立背景、内涵做了详细的介绍,认为孔子学院的产生是在全世界掀起"汉语热"的浪潮下,[①]中国政府积极把握时机,进行总体规划,从国家战略高度来推动对外汉语教学的产物。[②] 2002 年,中国教育部和国家对外汉语教学领导小组开始酝酿借鉴各国推广民族语言的经验,在海外设立语言推广机构。2003 年,国家对外汉语领导小组制定了《对外汉语教学事业——2003年至 2007 年工作计划》即《"汉语桥"工程》五年行动计划,该计划的宗旨是:向世界推广汉语,弘扬中华文化,增进世界各国对中国的了解和友谊,促进世界和平与发展。孔子学院项目是该计划的 9 大项目之一。2004 年 3 月,国务委员陈至立提议采用中国儒家传统文化代表人物孔子之名,将中国设在海外的语言推广机构正式定名为"孔子学院"。相对于以往的汉语教学,孔子学院将是学习汉语的最正规、最主要的渠道。通过建设孔子学院这个品牌,将带动汉语教学中有关汉语教材、师资培训、中文学历课程、汉语水平考试等一系列项目的发展,摆脱以往汉语教学较为零散的局面,提高我国对外汉语教学的能力,使对外汉语教学走上更好的发展渠道。聂映玉将孔子学院定义为"由国家

---

① 笔者认为,现在所谓的"汉语热",只是相对于过去而言,并不意味着目前汉语已成为大多数外国人争相学习的语言,更不意味着汉语已经成为国际通用语言了。
② 聂映玉.孔子学院概述[J].上海教育科研,2008(3):35-38.

汉语推广办公室承办的,旨在开展汉语教学和中外教育、文化、经济等方面交流和合作的非营利性教育机构"。孔子学院是一种自上而下的非营利性组织,依靠政府资金的投入,它由中国国家汉语国际推广领导小组办公室(简称"汉办")承办,而汉办是我国教育部直属单位;但孔子学院又不完全受制于政府,孔子学院总部具有独立的法人资格,各孔子学院也可以具有独立的法人资格。孔子学院提供给大众的准公共产品有:(1)面向社会各界人士,开展汉语教学:有针对社会人士提供的非学历教育专门技能汉语培训,也有专门针对学生开设的与国内院校相衔接的中文学历教育课程;(2)培训汉语教师,提供汉语教学资源;(3)开展汉语考试和汉语教师资格认证业务;(4)提供中国教育、文化、经济及社会等信息咨询;(5)开展当代中国研究,如开展学术活动和提供讲座等。聂映玉在文献中还分析了孔子学院的三种设立模式:总部直接投资、总部与国外机构合作、总部授权特许经营。总部直接投资指孔子学院总部单独在国外进行投资设立孔子学院;总部与国外机构合作,即中外合作方式建设孔子学院,由孔子学院总部与国外合作方共同协商确定具体合作方式来设立孔子学院;总部授权特许经营则指通过特许经营合同的模式,孔子学院将其所拥有的孔子学院品牌、汉语教学方式以及孔子学院经营模式等特许权授予特许者设立孔子学院。

目前,介绍孔子学院概况的文献还有很多,甚至在一定程度上占据了有关孔子学院文献的大部分,其中较有代表性的有郭扶庚的《孔子学院:中国"软实力"的标志》[①],林青的《走向世界的孔子学院》[②]和王宁宁的《关于海外"孔子学院"的全面认识》[③]。

整体而言,当前,对孔子学院概况的介绍已经比较详细。但是,一个比较明显的问题是,这些对孔子学院进行介绍的文献,都还停留在表面现象的分析上,欠缺对孔子学院这一文化传播机构的深层次剖析,特别是发展层面的分析。

(二)孔子学院的外部环境特征

目前,孔子学院外部环境特征的文献主要集中在对其教育需求和政策支持的论述上。在教育需求方面,陈觉万等对海外孔子学院的发展动因进行分析后认为,中国经济实力的大幅提升,海外"汉语热"、"中文热"的持续升温,使

① 郭扶庚.孔子学院:中国"软实力"的标志[J].东北之窗,2007(10):56—57.
② 林青.走向世界的孔子学院[J].教育与职业,2006(25):44—45.
③ 王宁宁.关于海外"孔子学院"的全面认识[J].科教文汇,2007(6):134.

孔子学院的教育需求大大提升。① 由于孔子学院的教育对象较为广泛,何懿等人认为,孔子学院应针对不同群体对汉语学习的需求,推出多层次,多类型的教学模式,采取多种教学手段,利用多种办学方式进行汉语教学和文化传播。② 宁继鸣基于经济学的角度对孔子学院进行了分析,认为改革开放以来,随着我国社会、经济的发展,中国已成为国际注目的投资市场和商品市场,同时中国的大国作用,也成为当今国际外交、政治领域中关注的焦点。汉语作为国际社会了解中国的重要工具和文化载体,受到越来越多国家的政府、教育机构和企业等组织的重视,学习汉语的外国人数呈直线上升趋势。③

对于孔子学院所受政策支持,大多学者也进行了论述。论述主要涉及两个问题,一是从孔子学院发展的角度出发,认为孔子学院应摆脱对政策支持的唯一性依赖,利用市场化的措施以走上经济上的独立。④ 另一问题则基于孔子学院发展过程中遇到的问题,提出政府应进一步在师资培养、教材编制等方面加强对孔子学院发展的支持。如张晖对海外孔子学院的师资状况进行考查后认为,孔子学院相当缺乏师资力量,中国需要培养更多的教师和志愿者到国外从事教学。⑤

另严晓鹏等人对孔子学院的组织交流进行了探讨认为,孔子学院成为加强中国与世界各国教育文化交流合作,促进中、外合作高校国际化交流与发展的重要平台,这不仅有利于孔子学院的发展,也有利于中、外合作高校的国际化建设。⑥

上述文献对孔子学院的外部环境特征进行了一定程度的探讨,但也存在论述深度不够,侧重于对历史事实的整理和经验总结,理论提升还不够等不足。同时,孔子学院与当地社区关系的文献也较为缺乏。

(三)孔子学院的内部治理特征

有关孔子学院的内部治理特征,学者们也进行了探讨,从治理结构上为孔子学院的发展出谋划策。2008 年第 1 期的《云南师范大学学报》(对外汉语教

① 陈觉万,吴端阳.海外孔子学院发展历程、动因及特点评析[J].国家教育行政学院学报,2009(4):24—26.

② 何懿,杜莹."孔子学院"创办和发展中存在的问题及对策[J].中国成人教育,2008(12):26—27.

③ 宁继鸣.汉语国际推广:关于孔子学院的经济学分析与建议[D].山东大学,2006.

④ 刘志刚.韩国孔子学院项目开发及设计研究[D].山东大学,2008.

⑤ 张晖.从海外孔子学院师资状况寻求外语专业教学的突破点[J].河南广播电视大学学报.2009,22(3):102—103.

⑥ 严晓鹏,郭保林.议孔子学院对我国高校国际化的影响与作用[J].中国高等教育,2011(6):57—58.

学与研究版）发表了美国俄克拉荷马大学桂明超博士的论文《一种理想可行的
"孔子学院"构架的模式》。^① 作者总结俄克拉荷马大学孔子学院的成功经验，
从而提出了一种校院领导＋行政管理＋学术机构的"三权分离"同时又紧密结
合的"三方鼎立"的构架方式。桂明超指出，照理说，孔子学院的机构负责人应
该是大学的汉语教授，或是文化中心的汉语老师，因为他们最懂得如何在美国
推广中国的语言和文化。但是，人们往往没有想到一个实际的问题：要把"孔
子学院"办好，单单靠学术上的水平是不够的。因为在开展活动时，需要有组
织、宣传、社交、联络等方面的紧密配合，也要有理财、经费开支、开发、创立新
项目等方面的技能和头脑。因此，桂明超认为主持日常事务，组织各种活动，
"理财经营"的种种繁复事务，应该有一位有这些方面专业知识才能的人去承
担。可是，从另一方面来说，这样能干的"行政"院长，专长不在汉语方面，不言
而喻，孔子学院的运转还需要学术上的支持，作者在此列举了俄克拉荷马大学
在这方面的优势。另外，作者又指出"孔子学院"是"附属"在大学或是一些社
会文化组织上的机构。其各项工作的顺利开展，需要这些机构的主要领导人
的全力支持。俄克拉荷马大学有幸有一位对国际事务，特别是亚洲地区特别
关注，与中国关系友好，对该大学的国际化特别重视，有远见卓识，在美国政界
又颇具影响的校长，同时，还有一位多年坚持学习汉语的文理学院的院长。桂
明超博士提出的这种孔子学院的架构模式，确实是一种非常理想的模式。但
是，从目前的状况来说，这种模式所必需的一些条件在大多数地方还是较难被
满足的。

　　另外也有一些学者在文献中提到要把市场机制引入孔子学院的创建和运
作过程。刘文雅就在《孔子学院：汉语和中国教育国际化的新举措》中就建议
要建立随社会主义市场经济发展而不断发展变化的对外汉语教学和管理体
制，运用市场机制配置和调动教学资源，为世界各地的汉语学习者和汉语教学
工作者构筑一个能够提供快捷、优质的教学和信息资源的网络体系。

　　孔子学院的师资发展问题是许多学者提出的共同问题。这个问题如今已
经成为限制孔子学院发展的瓶颈。据统计，2007 年全世界 100 多个国家的
2500 余所大学开设了汉语课程，中国以外学习汉语的外国人近 4000 万人。
2012 年年底国家汉办派往国外的汉语教师和志愿者已经有 1.1 万人，比 2004
年时的 69 人已经有了大幅提高。但是相对于数千万的海外生源，我们的对外
汉语教师资源依然处于极度匮乏的状态。另外适用于海外的汉语教材的短缺

---

　　① 桂明超.一种理想可行的"孔子学院"构架的模式[J].云南师范大学学报(对外汉语教学与研究版),2008(1)：11—12.

也成为一个棘手的问题,刘文雅在《孔子学院:汉语和中国教育国际化的新举措》中提出,目前对外汉语教材一是总量不多,二是不贴近外国人的生活,不方便外国人学习。教材中有较多外国人不易理解的内容,也有较多不合乎他们的思维习惯的教材编排方式。还有教师教学方法的不当也成为海外孔子学院运转中的问题,2007年1月31日的《东方早报》刊登了一篇美国特约撰稿人吴琦幸的文章,篇名为《孔子学院面临的困境和机遇》[①],作者在文中指出我国汉语教师在海外的教学方法沿袭的是我国的传统教学方法,对待学生的学习例如家庭作业、考试方法、上课的规则等等,根本无法使外国学生接受,即便是一些在我国的对外汉语课程上屡试不爽的要求和标准,到了海外也会失效。

目前,对孔子学院资源获取进行深入分析的论文不多,大多研究只是进行蜻蜓点水式的叙述。在这少量的论述中,学者吴应辉对2007年以前已经开始运营的125所孔子学院办学经费来源进行了统计,发现有62%的孔子学院主要依靠孔子学院总部的项目经费开展工作。[②] 黄联英将国内学者对孔子学院研究的文献进行梳理后认为,现阶段孔子学院开办、运作的资金来源主要是政府的财政支持。尽管孔子学院是一个非营利性的教育组织机构,但是其服务对象与自身的功能却具有市场化的特征,所以孔子学院的运营可以更多地尝试与企业合作,增加孔子学院的筹资渠道,减少孔子学院对政府的依赖,尽量实现孔子学院生存的独立性和市场化。当然这里指的独立是经济上的独立,孔子学院的开办、运行宗旨时刻都不能脱离统一的政府管理。[③]

然而,目前,从政府治理模式的角度研究孔子学院的文献相对还显得太少,在仅有的一些文献中,也大多只是提及孔子学院在治理和运行中存在的一些问题,而在针对这些问题提出自己的意见时,又语焉不详。没有深入探讨政府在这个过程中该起什么作用和怎样起作用。而这个问题正是孔子学院在当前急需要着手解决的现实问题。

(四)孔子学院的文化发展与传播特征

孔子学院是海外汉语言文化传播机构,其文化发展与传播特征自然成了学者们关注的焦点。

21世纪文化全球化已经成为跨文化传播的新语境与新视野。孔子学院经过几年的发展,已经初步完成了其全球跨文化布局,业已成为当代中国文化

① 吴琦幸.孔子学院面临的困境和机遇[N].东方早报,2007-01-31.
② 吴应辉.孔子学院经营模式类型与可持续发展[J].中国高教研究,2010(2):30-32.
③ 黄联英.国内学者孔子学院研究的文献综述[J].东方企业文化,2011(4):173-174.

走出去的重要"符号"。①孔子学院以孔子、汉语、汉字、中国艺术、中国功夫、中国风俗、中华医学、中国烹饪等作为自己在形式或内容方面的载体,富有文化信息与文化意蕴,有利于"消弭中外文化上的隔阂与国际交往中的偏见,还原真实的中国,实现中华民族文化的伟大复兴"②。

中国文化具有悠久的历史、迷人的魅力、丰富的内涵与厚实的底蕴。随着改革开放的深入,在"西学东进"的同时,中国的文化也在逐步地走向世界。"如果你想领先别人,就学汉语吧!"这是《时代》周刊对全球汉语学习热的评价。孔子学院在汉语海外传播过程中,"向世界宣传中国的文化文字和儒家思想,并以其博大精深的文化内涵成功地吸引了数以万计的学生……在世界各国的青少年心中树立了良好的国际形象"③。因此,有学者认为,文化活动业已成为孔子学院可持续发展的保障。④与此同时,有学者关注到孔子学院在海外传播过程中遭受到的一些误读,认为国外部分媒体歪曲与丑化了孔子学院跨文化传播的传播主体、传播目标与传播内容等,"中国文化要在文化交流主义的原则下走向全球,需要充分利用大众传播、组织传播和人际传播等渠道,采取具有针对性的跨文化传播策略"。⑤孔子学院文化发展与传播特征为孔子学院注入活力的同时,也使孔子学院遭受到"文化入侵说"的挑战。尽管有学者对此进行了探讨,但只停留在就事论事的层面,没有把握外国媒体歪曲与丑化了孔子学院跨文化交流与传播的真正原因。作为汉语言文化国际推广的另一重要机构——华文学校,在海外发展已经有300多年的历史,却不存在"文化入侵说",因此,对孔子学院与华文学校进行比较,提出有针对性的策略路径对消除海外媒体对孔子学院的误读具有重要的意义。

二、华文学校研究综述

自明诚书院成立以来,华文学校的发展已经有三百多年的历史了。三百年来,华文学校历经华侨教育与华文教育两个时期,经历形成、兴盛、不平衡发展、复兴、高涨等五个阶段。⑥华文学校发展较早,学者们对华文学校也有一

① 张西平.简论孔子学院的软实力功能[J].世界汉语教学,2007(3):15-18.
② 张兴福.孔子学院的文化意蕴与文化传播交流的路径问题研究[J].甘肃高师学报,2010,15(3):126-132.
③ 李学东,张静.中国文化全球化的探索之路[J].才智,2010(29):282-283.
④ 郑珊珊.浅谈如何使文化活动成为孔子学院可持续发展的保障[J].科教文汇,2011(1):71-75.
⑤ 李加军.跨文化的对话:误读与化解路径——以孔子学院为例[J].学术探索,2011(2):113-118.
⑥ 耿红卫.海外华文教育的演进历程简论[J].民族教育研究,2009(1):116-123.

定的关注。截至 2014 年,在中国知网进行检索,能获取以"华文学校"为题名的相关文献 55 篇,"华文学校"为主题的 558 篇,"华文学校"为关键词的 561 篇。除去发表于报纸的文献,全文含有"华文学校"字样的文献共有 4933 篇,其中题名中含"华文学校"字样者 44 篇,主题 451 篇,关键词 442 篇。以下就华文学校的相关研究进行回顾与梳理。

（一）华文学校的发展历史与现状概述

华文学校有三百多年的发展历史,三百多年来,华文学校经历了兴盛,也经历了低谷。华文学校曲折发展的历史吸引了众多学者来分析华文学校发展的历史沿革,讨论华文教育的性质与任务,以期发现华文学校的发展规律,为华文学校更好更快地发展提供借鉴。学者彭俊对华文教育的百年轨迹和发展规律进行了探讨,认为百年华文教育历经 1900 年至二战前的发展兴盛时期、二战中的衰落时期、二战后的再度兴盛时期、"冷战"衰弱时期与当代华文教育时期五个时期,顺应各时期发展规律,把握华文教育与华人社会及其所在国家的基本关系,各国华文教育才能顺利发展。① 学者耿红卫对海外华文教育的历史沿革进行了探讨,认为海外华文教育的发展离不开所在国经济和华侨、华人经济的支持;华侨华人社会的团结是海外华文教育发展的强大动力;中国国力的盛衰直接影响着海外华文教育的发展。② 与此同时,有学者基于海外华文教育的大环境,对新形势下华文学校的现状进行了探讨。如李谋在《泰国华文教育的现状与前瞻》一文中,对泰国开展华文教育的历史演进、当前的现状、面临的亟待解决的问题都进行了较为详细的分析,通过这些介绍,基本呈现了泰国华文教育的基本图景。③ 耿红卫的《二十一世纪海外华文教育的挑战和展望》④、张向前等的《世界华文教育发展的趋势及影响》⑤、薛纪达的《中华文化与华文教育的未来》⑥等则在对华文学校现状描述的基础上,对当前华文学校进行华文教育的原则、方向等进行分析,并从宏观层面提出了促进华文教育发展的具体措施。

目前,学者们对华文学校发展历史与现状进行了一定程度的思考与探究。但大多文献仅限于对华文学校的经验式描述,缺乏相关的理论关怀,也缺乏深

---

① 彭俊.华文教育的百年轨迹和发展规律[J].绍兴文理学院学报,2007(3):40－44.

② 耿红卫.海外华文教育的历史沿革及其启示[J].贵州文史丛刊,2007(1):64－67.

③ 李谋.泰国华文教育的现状与前瞻[J].南洋问题研究,2005(3):59－65.

④ 耿红卫.二十一世纪海外华文教育的挑战和展望[J].船山学刊,2005(3):131－133.

⑤ 张向前,朱琦环,吕少蓬.世界华文教育发展的趋势及影响研究[J].云南师范大学学报(对外汉语教学与研究版),2005(4):1－8.

⑥ 薛纪达.中华文化与华文教育的未来[J].福建省社会主义学院学报,2005(2):49－52.

层次的质性或量化研究。文献中所提出的对策大多缺乏高度,就事论事,缺乏系统的组织构架。

(二)华文学校的外部环境特征

目前,直接对华文学校的外部环境进行论述的文献较为缺乏,大多论述或多或少地存在于华文教育的相关研究当中。有学者认为,近年来,受"中文热"的影响,华文学校的教育需求得到较大的提升,华文教育处于供不应求阶段。[①] 与此同时,华裔青少年对于学习中华语言文化热情不高,生源不够稳定,并且语言文化断层显著等影响华文学校可持续发展的问题也暴露出来。国内有学者对此进行了描述性分析和研究,认为可以借助改进教学方法、组织多种形式、互动性强的各类专项活动,以提高华裔青少年学习中文和了解中华文化的兴趣,强化华文教育的实际效果。[②] 改进教学方法,提高教学质量对于促进华裔青少年中文学习兴趣有一定的作用,但更加关键的还是激发华裔青少年的民族情感,如何在多重语言环境下培养其母语文化认同感是一项任重而道远的任务,仅仅依靠教育教学形式上的变化来培养其中华文化认同感是远远不够的,只有从社会环境、家庭教育、学校教育等外部因素及对华裔青少年特有的关于"我是谁"的心理特征等内部因素进行全方位地构建和实施,[③]才有可能培养其成为"具有中华文化气质的公民"。[④]

严晓鹏等人以意大利华文教育为例对欧洲华文教育的现状、问题及其对策进行了研究,认为华文学校不仅是学生学习中文的场所,还担负着促进华人融入当地社会的责任。[⑤] 李嘉郁在《论华文教育的定位及其发展趋势》一文中,认为随着中国国际地位的日益提高,华文学校与社区关系越来越密切,有的国家还从政策方面支持华文教育的发展,加上华人界自身的努力,使得华文教育得到快速发展。[⑥]

华文学校的外部环境对华文学校的发展有较大的影响。然而从当前掌握的资料来看,学者们对华文学校外部环境的研究还较为薄弱,对华文学校的资源获取和组织交流的研究都较少,对教育需求和社区关系的研究也还不够深

① 袁慧芳.20 世纪 90 年代美国"中文热"述评[J].探求,2001,68(5):62—64.
② 杨刚.略论东盟汉语教学存在的问题及对策[J].学园.2008(4):55—60.
③ 李嘉郁.海外华人的语言生活与华文教学的内容、方法和目标[J].华侨大学学报,2007(4).111—116.
④ 彭俊.华文教育研究[D].上海师范大学博士学位论文,2004.
⑤ 严晓鹏,郭保林,潘玉进.欧洲华文教育:现状、问题及其对策——以意大利华文教育为例[J].八桂侨刊,2011(1):39—42.
⑥ 李嘉郁.论华文教育的定位及其发展趋势[J].华侨华人历史研究,2004(4):18—22.

入与细致,在结论上只提出了一些原则性的措施。

(三)华文学校的内部治理特征

随着"中文热"在世界各地的兴起,华文学校得到迅速发展,其内部治理特征也引起了国内学者的重视。有学者对海外华文学校的组织结构与管理模式进行了分类,认为目前海外华文学校的组织管理主要有四种模式:校长负责制、校长领导下的教务长负责制、家长大会制、校董会领导下的校长负责制①。为使海外华文学校的管理、运作更加规范、科学,在 2001 年 5 月召开的美东中文学校会第二十八届年会中,学校的管理问题被重点提出并引起广泛讨论。运用现代管理思想,建立起科学的管理模式已成为海外华文学校的共识,一些学校并已做出了有益的尝试。② 不过就目前而言,由于华文学校大多规模较小,受人力、物力与财力的限制,管理相对较为松散,未形成严格的、固定的管理模式。

学者们也对华文学校的资源获取进行了一些探讨,这些探讨大都集中教材资源获取上。由国务院侨办主持编写的《中文》和《汉语》分别适用于东南亚和欧美地区初学汉语的华裔子弟,这两套主干教材基本适合海外实际需要,但不能较好满足华文教学的需要,③不能较好地融合当地文化;针对性不强,无法满足各年龄阶层学习需要。为此,遵循"本土化"和"标准化"相结合,"趣味性"和"认证性"相结合,"语言性"与"文化性"相结合的三大结合原则,④推出本土化、生活化、形象化、系统化、针对性强的教材成为当务之急。然而"目前我们人力物力有限,还做不到这些"。邱立国⑤说:"在教材方面,我们只能在数量上保证'吃饱',但不能保证在内容上'吃好'。"⑥由于国侨办的教材不能保证"吃好",一些全日制的华文学校开始尝试使用国内语文教材,但"这个教材资源的获取一般只能依靠校长或教师们国内朋友的帮助,具有一定的不确定性"。⑦

师资发展也是华文学校内部治理的一个重要问题。原国侨办副主任赵阳认为:华文学校师资紧缺、流动性大、专业水平参差不齐、知识结构老化等问题

---

① 吕伟雄.海外华人社会新透视[M].广州:岭南美术出版社,2005:171-172.

② 李嘉郁.论华文教育的定位及其发展趋势[J].华侨华人历史研究,2004(4):18-22.

③ 田艳.海外华文教育概况[J].民族教育研究,2000(3):87-90.

④ 李铁范.海外华文教育的现状、趋势和对策思考[J].中国高教研究,2006(5):86-87.

⑤ 原国侨办华文教育处处长.

⑥ 王昭,聂传清.海外华文教育如何才能走出困境[N].人民日报海外版,2006-04-07,05.

⑦ 源自作者 2009 年 7 月 18 号下午与意大利中华语言学校蒋忠华校长的访谈记录.

业已成为制约华文学校发展的一大瓶颈。① 针对此问题,众多专家认为:一是"增强华文教育本土化的造血功能",即在中国设立专门培训基地以提供海外华文教师长期的、系统的学历教育;二是"完善中国华文教师输出体系",即制定统一的《华文教师标准》《华文教师等级培训大纲》等指导性文件,丰富各种渠道的优秀华文教师输出。②

(四)华文学校教育教学模式变革与创新

华文学校历经 300 多年的发展,多年的发展使华文学校的教育教学形成了一定的模式。国内众多学者关注到这一点,纷纷从微观角度以华裔所在国的华文教育为研究对象,描述该国目前的华文教育教学模式,分析该模式下对教学教育的利弊。如学者陈震在探讨海外华文教育的模式与特点之后,认为海外华文学校的华文教育还存在诸如繁体、简体字的规范,普通话和方言教学等问题。③ 再如郭熙教授对华文教学当地化的相关问题进行了探讨,指出:华文教学的地域化、华人社会的多样性、学习者的多样性以及保护文化多样性理念要求华文教育工作者应充分重视华文教学当地化,制定相应对策。④

随着互联网的兴起,有学者认为:网络技术的广泛应用是优化华文教学过程的新切入点,它将带来教育内容、传播方式、教师和学生角色及教学模式的变革。⑤ 广大华文学校应充分利用网络这一新教学平台,促进网络技术与中文教学的整合,解决华文学校在教育教学过程中存在的教学资源少、教学方法陈旧、教学技术落后等问题。⑥

综上所述,目前关于海外汉语言文化传播的两种主要途径的研究,已经取得了丰富的研究成果,这些研究对华文教育和汉语国际推广工作的历史沿革、基本面状、存在问题及对策措施都进行了相当的探讨。主要的研究不足之处在于:目前的研究较少从教育模式的角度对两者进行较为深入的比较分析;基于组织理论的研究仍然较为少见,有待进一步的开展;孔子学院与华文学校都是位于海外的非营利性组织,对这类组织,政府应如何治理,这方面的研究也比较欠缺。

---

① 赵阳.第二届世界华文教育大会主题报告[R].西安,2011(1)1.
② 贾益民,戴玉洁,王晓静等.世界华文教育形势与未来发展——第五届国际华文教育研讨会综述[J].暨南大学华文学院学报,2008(1):1—6.
③ 陈震.试述海外华文教育的模式及特点[J].福建广播电视大学学报,2003(1):37—39,43.
④ 郭熙.关于华文教学当地化的若干问题[J].世界汉语教学,2008(4):91—100.
⑤ 熊玉珍.网络环境中海外华文教学过程和模式研究[J].开放教育研究2007(6):55—58.
⑥ 徐娟,史艳岚.论信息技术与对外汉语课程整合[J].外语电化教学,2007(8):63—68.

三、组织发展研究综述

本研究的主题,是探讨作为汉语言文化传播机构的孔子学院和华文学校的发展问题,因此,在研究理论层面,主要是运用组织发展方面的相关研究和理论。以下,将对这方面的研究进行简要论述。

(一)组织发展的理论流派简述

组织理论是管理理论的核心内容,是研究组织结构、职能和运转以及组织中管理主体的行为,并揭示其规律性的逻辑知识体系。自泰罗 19 世纪末 20 世纪初开辟了组织理论以来,系统的组织理论经历了系统学派理论,权力学派理论,制度学派理论和文化学派四大理论流派。①

1966 年沃伦·本尼斯(Warren G. Bennis)在其《组织发展:本质、起源与展望》(*Organization development: Its nature, origins and prospects*)一文中提出了组织发展的概念,并认为组织必须完成两项互相关联的任务才能存在下去,一是协调组织成员的活动和维持内部系统的运转,另一是适应外部环境。第一项任务要求组织经由某种复杂的社会过程使其成员适应组织的目标,而组织也适应成员的个人目标。这一过程也被称之为"互相适应"、"内适应"或"协调"。第二项任务要求组织与周围环境进行交流和交换,称之为"外适应"或"适应"。显然,本尼斯认为要研究一个组织的发展能力,必须考虑其内部治理结构与外部环境。

1977 年,杰弗里·普费弗(Jeffrey Pfeffer)与萨兰奇克(Gerald Salancik)从资源依赖的角度对组织的发展能力进行了论述,认为组织最重要的是关心生存;为了生存,组织需要资源,而组织自己通常不能生产这些资源;结果,组织必须与它所依赖的环境中的因素互动,而这些因素通常包含其他组织;组织的生存因此建立在一个组织控制它与其他组织关系的能力基础之上。因为组织依赖环境中的因素来获得资源,这些因素能够对组织提出要求。而组织也许发现自己正试图满足这些环境因素所关切的事。②

经济学家林毅夫用自生能力来对企业组织的发展进行了描述。他认为,如果一个企业通过正常的经营管理预期能够在自由、开放和竞争的市场中赚取社会可接受的正常利润,那么这个企业就是有自生能力的,否则这个企业就是没有自生能力的,显然,如果一个企业预期不能获取社会可接受的正常利

---

① 吴春.组织理论的发展概述[J].新疆大学学报(社会科学版),2002,30(1):136-141.

② 杰弗里·普费弗,杰勒尔德·R.萨兰奇克.组织的外部控制:对组织资源依赖的分析[M].北京:东方出版社,2006.

润,那么就没有人愿意投资,这样的企业除非政府提供支持,否则就不会存在。在研究中,林毅夫认为,企业自生能力的概念和经济的比较优势的概念密切相关,两者都是由经济的要素禀赋结构决定的。但前者是从企业的获利能力来考虑的,而后者是从产业的竞争力来考虑的。① 近年来,随着人们对组织的进一步了解,早先组织理论的界限变得越来越模糊。组织理论家开始尝试将几种理论进行综合来对组织发展进行研究。

（二）组织发展影响因素研究

目前,有关组织发展影响因素的研究有较多,大致可分为:组织发展与外部环境研究和组织发展与内部治理两类。组织发展与外部环境的研究主要集中在组织发展社会背景研究,组织社会角色与社会功能研究,组织与社会的关系研究几个方面。组织发展与内部治理的研究则主要集中在治理结构、组织特征等几个方面。

1. 组织发展与外部环境研究

（1）组织发展社会背景研究

任何组织的发展都离不开其所在的社会背景。张捷、徐林清、张媛媛基于组织演化和制度变迁的研究视角考察了我国产业中间组织的发展历程,并对沿海地区的数据进行了经验分析,发现行业组织的发展与工业化水平、政府对经济生活的干预等因素存在一定程度的相关。② 万江红、张翠娥等对近十年我国民间组织发展进行了研究,认为中国民间组织的兴起是 20 世纪 70 年代末开始的政府神话的破灭和 20 世纪 90 年代市场神话的破灭所带来的政府与市场"双重失灵"的结果;是"市场失灵"、"民主失灵"、"计划失灵"和"集权失灵"的功能主义式的反应;是政治资源、社会资源和文化资源等由政府逐步向民间流转的结果;是政府和社会共同为建设"小政府、大社会"的目标而进行的制度尝试的结果;是经济体制改革、政治体制改革与政府职能转变、社会改革、法制环境变化和全球化共同作用的结果。③

（2）组织社会角色与社会功能研究

这方面的研究主要集中在对民间组织及其社会功能的研究上。目前国内学界比较一致的看法是,民间组织在我国经济建设和社会发展中的作用主要体现在五个方面:一是桥梁和纽带作用,民间组织有利于党和政府与人民群众之间的沟通;二是经济建设作用,我国民间组织的发展促进了社会主义市场经

---

① 林毅夫.自生能力、经济发展与转型:理论与实证[M].北京:北京大学出版社,2004.
② 张捷,徐林清,张媛媛.转型期中国产业中间组织的制度变迁[J].产经评论,2010(2):9—19.
③ 万江红、张翠娥.近十年我国民间组织研究综述[J].江汉论坛,2004(8):123—125.

济体制的建立和完善；三是团结作用，民间组织能够团结大批优秀的专家学者、专业技术人员和管理人才共同进行社会主义现代化建设；四是文化建设作用，民间组织有助于弘扬中华民族优秀传统美德，促进社会主义精神文明建设；五是促进国际交流作用，民间组织拓宽了国际交往的渠道，丰富了国际交流的内容。另有学者进一步探讨了加强民间组织能力建设的途径问题。如黄浩明提出了加强与政府部门的合作、与企业建立互动合作、加强民间组织之间的竞争与合作、营造民间组织建设的内部环境、利用信息技术建立民间组织能力建设的立体式网络结构五条民间组织能力建设的有效途径。[①]

（3）组织与社会的关系研究

组织作为社会结构中的特定组成部分，它与社会的关系引起了许多学者的兴趣，进行了较多探讨，概括起来主要有以下理论视角：

一是国家与（市民）社会观点。该观点认为国家与社会之间是一种边界分明、功能各异的关系，国家与社会分离的主要标志之一，就是不受国家力量控制的社会组织的兴起。社会组织被看做是与国家力量相对应的社会力量的主要表现方式。持此观点学者认为，当前中国的社会组织还不是真正的独立组织，其活动范围和对政策的影响力极为有限。如康晓光等人提出中国的社会组织具有半官半民的二元结构，其行为受到行政机制和自治机制的双重支配，资源依赖是体制内与体制外，获得渠道是官方的和民间的，满足政府的和社会的双重需求，活动领域是社会与政府之间的交叉地带。[②]

二是零和博弈理论。在社会组织研究方面，零和博弈论的前提依然是国家与社会关系的假设，但它确定这两者关系属于对立性质，是一种此消彼长的关系，在这种对立格局中保持平衡的前提就是一方长一方消。

三是合作主义理论。该理论基于合作主义的角度对社会组织功能进行阐述。如王颖等人从关于社会中介组织功能出发所做的实证研究，其前提就涉及合作主义的核心内容，其中谈到社会团体的六大功能，其实就是合作主义原则的具体化[③]。

四是第三部门（社会组织体系）理论。此理论的实质是国家与社会关系理论的延伸，但跳出了国家与社会关系理论的分析框架，着力于从对一个广阔社会空间给社会组织的生成与发展所提供的规定性条件的分析入手，来揭示社

① 黄浩明.加强民间组织能力建设的有效途径[J].杭州师范学院学报(社会科学版),2003(5)：5－9.

② 万江红、张翠娥.近十年我国民间组织研究综述[J].江汉论坛,2004(8)：123－125.

③ 王颖,折晓叶,孙炳耀.社会中间层——改革与中国的社团组织[M].北京：中国发展出版社,1993：85－125.

会组织的基本特性、功能定位和演变趋势。

五是社会资本理论。如陈健民、丘海雄运用"社会资本"的概念分析社团的作用,指出社团的发展有助于建立人际间的互信和互惠交换的规范,从而减少在公众事务和市场上的"搭便车"或利益互损行为。①

2. 组织发展与内部治理研究

(1)治理结构

组织的发展与其内部结构息息相关,许多有关组织发展的研究都是围绕着组织的内部结构而展开的。毛刚研究了非营利组织的内部治理结构与运作机制,构建了非营利组织治理结构的理论基础,他认为三权(所有权或委托权、控制权、受益权)分离是治理前提,委托—代理关系是治理基础,利益相关者是治理的主体,公共问责是治理的依归。② 并且他把非营利组织治理结构与营利组织(主要是企业)进行比较:非营利组织缺乏个人利益所在、缺乏提高效率的竞争机制、缺乏显示组织利润和相应的业绩评估指标,并归纳出非营利组织治理结构形式表现为外部功能性治理明显强于内部结构性治理,关键在于寻求两者(内部治理与外部治理)之间的平衡点的结论。张捷等以公司治理为参照系,分析了商会组织治理的基本特征,提出了商会组织的弱型治理命题,指出弱型治理效率的高低主要取决于商会能否利用独特的社会资本优势来弥补其在物质资本和正式规则上的劣势。③

(2)组织特征

张明构建了一个研究非营利组织治理机制的一般框架,对非营利组织的内、外部治理机制作了深入的探讨,指出非营利组织治理的核心是要解决非营利组织在所有权、控制权和受益权分离的情况下所产生的种种问题,只有建立起良好的法规政策环境、组织内部自律及行业自律机制,完善的信息披露和独立第三方评估机制,充分发挥社会舆论监督作用,才能够形成非营利组织自我约束和控制的保障体制。④ 金锦萍对非营利法人和营利法人的治理进行了系统的分析比较,并且提出了非营利法人组织具体的治理框架,包括意志机关(权力机关)、执行管理机关(理事会)和监督机制等。⑤

———————————

① 陈健民、丘海雄.社团、社会资本与政经发展[J].社会学研究,1994(4):64—74.

② 毛刚,朱莲,郭耀煌.西方非营利组织管理者薪酬激励解析[J].外国经济与管理,2005(7):51—57.

③ 张捷,王霄,赵永亮.商会治理功能与组织边界的经济学分析:基于公共选择的理论框架与中国的经验证据[J].中国工业经济,2009(11):109—119.

④ 张明.非营利组织的治理机制研究[D].暨南大学,2008.

⑤ 金锦萍.非营利法人治理结构研究[M].北京:北京大学出版社,2005.

（三）组织发展过程中的政府作用研究

在对组织的研究中,有不少研究者探讨了政府在组织发展的作用问题。石碧涛对转型时期我国行业协会组织治理状况进行分析后,认为组织可能会因其自治属性在社会领域产生治理失灵现象,因此政府有必要对组织的治理失灵进行控制。在组织发展过程中政府一般都能起较大的影响。首先,协会组织的合法身份需要政府授予和认可,其成立要经过政府民政部门的登记,其财务资金要接受财政审计部门的监督审查,其活动范围、业务开展要接受主管部门的指导。其次,协会组织肩负着维护行业整体利益的职责。要完成这一任务,必须取得政府的支持,特别是行业之间和利益团体之间出现的利益冲突时还要由政府出面协调解决。第三,行业协会还期望获得政府的财政和资金支持。① 王海峰对我国非营利组织存在的问题进行了分析,认为我国政府应该建立有利于非营利组织发展的法制环境、外部行政环境。梁代玉对现阶段我国社区社会组织发展的对策进行了研究,认为政府应当加强对社区社会组织的认识、完善相关法律法规、建立完善的居民社区参与机制以增强社区社会组织的自身发展能力。② 还有一些学者对目前组织发展过程中,政府的一些消极作用进行了分析,如陆明远认为"官民二重性"既是造成我国社会组织现阶段特殊性的主要原因,又是对我国社会组织属性最精确的概括。他还从我国社会组织这一特性的发展历史及其与政府、民间的关系等三方面进行分析,认为"官方性"与"民间性"比例的不合理是我国社会组织发展的主要障碍。克服这一障碍的方法不是盲目地呼吁减少官方投入,脱离政府控制,而是尽可能地结合政府的资源优势来发展自己,实现职能上由政府向社会组织的顺利过渡。③

四、对已有研究的整体评价

通过以上对关于孔子学院的发展、华文学校发展和组织发展能力等相关文献的全面梳理,笔者认为,当前对孔子学院和华文学校相关研究的主要不足体现在以下三个方面:

一是针对孔子学院或华文学校的系统性研究不足。由于孔子学院和华文学校遍布全球各个国家,受时空距离和研究成本的制约,使目前关于这两类组织的研究还处于零散状态,而实证研究、特别是对两者进行比较的实证研究还比较少见。

二是关于如何解决孔子学院和华文学校这两类组织发展问题的基础性研究不足。从长远来看,孔子学院应当是一类自主经营、自负盈亏的法人实体,还是应该由政府提供财政补贴的半官方机构?这些组织经营的基本原则和内在逻辑是什么?是否以及如何对源自基层自发行为的华文学校进行政策扶持?如何建立华文学校长远发展的治理制度?等等,这些问题,目前的研究尚没有进行深入的探讨,在一定程度上制约了孔子学院或华文学校的发展。

三是针对孔子学院或华文学校的研究方法不足,较少研究能够采取基于比较基础上的实证调查研究。目前关于孔子学院或华文学校的研究中,综合运用多种研究方法的实证研究极为少见,这样就无法全面深入地把握孔子学院或华文学校的实际发展状况。

第三节　理论视角

本书的研究主题是孔子学院和华文学校的发展能力。孔子学院和华文学校从本质上而言,都属于社会组织的范畴,因此,社会科学研究领域中的相关理论,无疑可以为本研究提供重要的理论基础和思路导引。通过对诸多相关理论的综合分析和比较,本书选取自生能力理论和资源依赖理论作为理论基础。选择自生能力理论的内容逻辑符合本研究探讨的主题,即一个组织在开放、竞争的社会环境中,是如何获得自身的生存能力并实现可持续发展的;选择资源依赖理论作为本研究的理论基础的依据在于:资源依赖理论提出的分析框架和基本观点,切中了组织发展问题的关键所在,对本研究整体理论逻辑的构建及其展开,有着根本性的指导作用。而新公共服务理论是作为提出对策建议的理论基础。

一、自生能力理论

自生能力理论是林毅夫在研究企业组织发展的过程中提出的一个原创性解决理论。该理论探讨的主题是:一个组织在正常的外部环境下,如何获得生存能力并实现发展的问题。在林毅夫看来,自生能力是指在一个开放、竞争的市场中,一个有着正常管理的企业不需要任何外在扶持、保护就可以生存,并获得市场上可以接受的预期利润率,从而在市场生存下去并最终实现发展。反之,“如果一个企业在实际运行中并未获得预期的正常利润率,则一定是由于缺乏正常管理,其中可能有公司治理方面的问题,可能有激励机制或产权问题,也可能有政府对企业经营的不正当干预因素。显然,如果一个企业预期不能获取社会可接受的正常利润,那么就没有人愿意投资,这样的企业除非政府提供支持,否则就不会存在"①。因此看来,根据自生能力理论,一个企业能否顺利地生存下来并取得发展,既取决于良好的企业内部治理结构,也取决于有一个正常的外部环境,使企业免于外在的不正当干预。换言之,在一个良好的制度环境和正常市场条件下,一家企业应该通过不断地完善自己的内部治理结构,从而获取正常利润率,在市场上实现持续的经营和存续。

正是在这一理论的指导下,林毅夫对我国的国有企业改革进行深入分析。林毅夫在研究中发现,在包括中国在内的诸多社会主义国家的国有企业中,普遍存在政企不分、公司治理、裙带关系、政府对金融和外贸干预过多等一系列问题,导致经济效益较低。这些问题在较大程度上是与政府所扶持的企业没有自生能力有关,这些企业在竞争市场中无法获得可以接受的利润。如果靠市场,因为无法获得预期利润,不会有人投资,即使有人因为信息错误去投资,而一旦发现经营不能获得可以接受的利润,投资必然会停止,企业就要消亡。政府要建立起这些企业,只好对经济体系做较多干预,这样必然会出现政企不分、公司治理、产权等较多问题。如此看来,改革到底从哪些方面入手应当是不言而喻的。在这一逻辑基础上,企业的自生能力成为整个改革的关键节点,因此,林毅夫极力主张,"千改革、万改革,提高国有企业自生能力是第一条"②。

自生能力理论的分析逻辑,事实上不仅仅适用于对企业组织的分析,也可推广到对其他类型的组织的分析之中。在林毅夫的理论逻辑中,一个企业乃至一个经济体,要实现稳定发展的基本前提,是该经济体中的企业能够按照要素禀赋和比较优势的要求来进行生产和经营活动,从而获得必要的自生能力。一个经济体中,只有存在着大量具备自生能力的企业,经济发展才能够具备活力和发展前景。

作为海外汉语言文化教育机构,孔子学院和华文学校如何获得发展能力是当前传播和推广汉语言文化进程中所面临的核心问题,即孔子学院和华文学校如何通过自身的要素禀赋结构来获取比较优势,如何让学校在当地特定的社会情境中,根据当地的资源要素禀赋来获取发展所必需的必要资源,从而获得发展能力,实现组织的可持续发展,这是本研究力图解释的理论问题。

要理解孔子学院和华文学校的要素禀赋结构及其比较优势,我们首先必

①　林毅夫.发展战略、自生能力和经济收敛[J].经济学(季刊),2002(1):269-299.
②　林毅夫,刘培林.自生能力和国企改革[J].经济研究,2001(9):60-70.

须识别出孔子学院和华文学校内部要素禀赋。孔子学院采用孔子学院总部统一管理的内部治理结构模式,采用统一标识,此种内部结构禀赋使孔子学院具有易形成品牌等比较优势;华文学校办学规模小,办学机制灵活,此种内部结构禀赋使华文学校具有办学针对性强等比较优势。因此,研究有必要对孔子学院和华文学校的内部治理结构进行分析。孔子学院和华文学校作为最主要的汉语国际推广组织,他们如何依靠各自独特的内部要素禀赋结构,遵循比较优势的发展战略,来获取发展所需的各种资源,这直接关系到孔子学院与华文学校的可持续发展,因此,孔子学院与华文学校的资源获取也应该是研究关心的维度。同时,孔子学院与华文学校都是教育传播机构,对教育传播机构来说,其最重要的内部禀赋因素之一就是师资力量,师资的强弱直接影响到孔子学院和华文学校对学生的吸引力,影响其品牌的建立,因此,师资发展也应该是研究关注的维度之一。

综合以上对孔子学院和华文学校资源禀赋结构及其比较优势的分析,我们将从治理结构、资源获取和师资发展三个维度对孔子学院和华文学校的内部治理进行分析,系统地探讨孔子学院和华文学校的内部治理与其发展能力之间的关系。

二、资源依赖理论

资源依赖理论属于组织理论的重要理论流派,是研究组织发展和组织间关系的一个重要理论。关于组织与环境之间的关系,组织理论家们提出了许多不同的理论解释,其中资源依赖理论、种群生态理论和新制度主义理论最为流行。有研究者将资源依赖理论的要点归结为,"资源依赖理论的基本假设是,没有组织是自给的,所有组织都在与环境进行交换,并由此获得生存。在和环境的交换中,环境给组织提供关键性的资源,没有这样的资源,组织就不能运作"[①]。

(一)资源依赖理论的产生和发展

资源依赖理论萌芽于20世纪40年代,在70年代以后被广泛应用到组织关系的研究。任何对资源依赖理论的探讨,都必须从塞尔兹尼克(Selznick)关于田纳西流域当局(TVA)的经典研究开始。20世纪30年代,田纳西流域当局是美国所建成的最大的公共机构,它把电和先进的农业技术带到了南方的农村地区。在这种情况下,田纳西流域当局发现自己依赖于南方的地方精英,

① 马迎贤.组织间关系:资源依赖理论的历史演进[J].社会,2004(7):33—37.

于是就把他们吸收到它的决策结构中,Selznick 把这一过程称为"共同抉择"。他认为共同抉择可能会导致与被增选行动者的权力分享,但它也许仅仅是一个符号策略。组织间关系分析的一个主要争论来源就是"共同抉择"涉及的组织之间权力的相对平衡。① Selznick 对田纳西流域当局的经典研究,为资源依赖理论提供了坚实的基础。

其后,资源依赖理论在 1978 年得到了新的发展,其中最主要的代表著作是杰弗里·普费弗(Jeffrey Pfeffer)与萨兰奇克(Gerald Salancik)合作出版的《组织的外部控制:一种资源依赖的视野》一书。在该书中,作者提出了一套详细的理论陈述,并运用经验研究的结果对此加以讨论。在这一著作中,作者首先探讨了资源依赖理论的四个重要理论命题:组织最重要的是关心生存;为了生存,组织需要资源,而组织自己通常不能生产这些资源;结果,组织必须与它所依赖的环境中的因素互动,而这些因素通常包含其他组织;组织的生存因此建立在一个组织控制它与其他组织关系的能力基础之上。因为组织依赖环境中的因素来获得资源,这些因素能够对组织提出要求。而组织也许发现自己正试图满足这些环境因素所关切的事。按照普费弗和萨兰奇克的理论,一个组织对另一个组织的依赖程度取决于三个决定性因素:资源对于组织生存的重要性;组织内部或外部一个特定群体获得或自行裁决资源使用的程度;替代性资源来源的存在程度。如果一个组织非常需要一种专门知识,而这种知识在这个组织中又非常稀缺,并且不存在可替代的知识来源,那么这个组织将会高度依赖掌握这种知识的其他组织。②

因此可见,资源依赖理论的核心假设是组织需要通过获取环境中的资源来维持生存,没有组织是自给的,都要与环境进行交换。杰弗里·普费弗等人研究表明,应当把组织视为政治行动者而不仅仅是完成任务的工作组织。

(二)主要观点

资源依赖理论强调组织权力,把组织视为一个政治行动者,认为组织的策略无不与组织试图获取资源,试图控制其他组织的权力行为有关。资源依赖理论也考虑组织内部因素。普费弗等也分析了组织内部的权力问题,认为能够提供资源的组织成员显然比其他成员更加重要。后来的研究者又对资源依赖理论进行了大量的经验研究,使其成为一个系统的理论。这个理论通过说

① Selznick, P. AVA and the Grass Roots: A Study in the Sociology of Formal Organization, Berkeley: University of California Press, 1949.

② Pfeffer, J. and Salancik, G. The External Control of Organizations: A Resource Dependence Perspective. New York: Harper and Row, 1978.

明政府对资源的依赖,直接阐释了政府与资源的相互关系。

也有研究者将资源依赖理论的主要观点总结为两个要点:一是组织间的资源依赖产生了其他组织对特定组织的外部控制,并影响了组织内部的权力安排;维持组织的运行需要多种不同的资源,而这些不同资源不可能都由组织自己提供。二是外部限制和内部的权力构造构成了组织行为的条件,并产生了组织为了摆脱外部依赖,维持组织自治度的行为。资源依赖理论认为,组织更应该被视为一种"连结"。组织是具备大量权力和能量的社会能动者,其中心问题是谁将控制这些能量以及实现什么样的目的。[①]

资源依赖理论认为,各企业之间的资源具有极大的差异性,而且不能完全自由流动,较多资源无法在市场上通过定价进行交易。比如组织才能,它们以惯例为衡量尺度,可能比机器设备等有形资源在市场上带来更长期的竞争优势。但是,它却不可能从市场上购买。与此同时,相对于企业不断提升的发展目标来讲,任何企业都不可能完全拥有所需要的所有资源,在资源与目标之间总存在着某种战略差距。因此,为了获得这些资源,企业就会同它所处环境内的控制着这些资源的其他组织实体进行互动,从而导致组织对资源的依赖性。因为这种依赖性,组织会试图支配他们的环境,并计划它们对偶发事件的反应;努力追求亲密的关系;避免对市场的依赖和对技术化的机会的依赖。

（三）资源依赖理论的评价及其在本研究的运用

资源依赖理论在某种意义上揭示了组织自身的选择能力,组织可以通过对依赖关系的了解来试图寻找替代性的依赖资源,进而减少"唯一性依赖",更好地应对环境,关注的是组织之间的权力问题。资源依赖理论的一个重要贡献在于它使人们看到了组织采用各种策略来改变自己、选择环境和适应环境。但其缺点在于仅从资源的单一角度分析复杂的组织行为,缺乏充分的解释力。[②]

资源依赖理论关注的是组织如何从环境中获得自身发展的必要资源,这与本研究的核心目标是一致的。在孔子学院和华文学校的发展过程中,影响他们发展的外部环境因素较多,在这些因素中,较为重要的应该是学生资源、政策资源、信息资源和其所在社区的环境资源。孔子学院和华文学校都为教育传播机构,对任何一个教育传播机构来说,学生资源都是维持其发展最为重要的资源。要获取足够的学生资源,教育服务与教育产品应该有足够的需求,

① 刘君.基于资源依赖理论的PChome分站联盟成因分析及发展策略[D].上海交通大学硕士论文,2008.
② 马迎贤.组织间关系:资源依赖理论的历史演进[J].社会,2004(7):33—37.

因此,有必要对孔子学院和华文学校的教育需求进行分析。对中国政府来说,汉语国际推广是国家战略,孔子学院和华文学校是这一战略的主要实施者。在实施这一战略的过程中,孔子学院和华文学校必然能从政府手中获取或多或少的政策资源,以加快汉语国际推广的步伐。对所在国政府来说,华文教育是所在国多元文化教育的一部分,理应对孔子学院和华文学校在政策上给予一定程度的支持,因此,研究把政府政策支持作为一个分析维度。对任何一个组织来说,获取有关组织发展的最新信息是非常重要的,它有利于组织及时采取有效措施积极应对。组织交流是孔子学院和华文学校借鉴同行成功经验,吸取同行失败教训,从而明晰学校发展思路,促进学校健康发展的最有效途径,因此,组织交流也应该是研究关注的维度之一。同时,孔子学院和华文学校与其所在社区的关系直接关系到他们发展的微观环境,关系到他们能否融入社区,成为社区的一分子,也关系到他们能否从社区获取自身发展所需的资源,因此,社区关系这一维度也是研究所关注的。

通过上文对孔子学院和华文学校资源获取外部环境影响因素的分析,在本研究中我们将从教育需求、政策支持、组织交流和社区关系四个维度对孔子学院和华文学校发展的外部环境进行分析,并在资源依赖理论的指导下,系统地探讨孔子学院和华文学校从外界获取资源的能力。

三、新公共服务理论

"政府作用"是指政府的功能及其效用,其实质是指在政府与公民、市场、社会等的相互作用中,政府可以在多大程度上影响经济、社会的发展。尽管在政府作用的范围、内容、方式和力度等问题上,专家学者们还没有统一的观点,但根据政府的作用不同把政府分为"划桨"型政府、"掌舵"型政府和"服务"型政府还是得到了大家的普遍接受。赫伯特·考夫曼(1956)指出,行政机构是在不同的时间为了追求不同的价值观而组织和运转的,在其组织和运转期间,一种理念占支配地位,但其他的理念不会被完全忽视。

（一）服务型政府及其作用

基于对新公共管理理论的批判与反思,以美国著名公共行政学家罗伯特·B.登哈特为代表的公共行政学者们建立了一种以公民为中心的公共行政治理系统理论——新公共服务理论,倡导"服务"型政府。其对政府作用的基本主张主要有[1]:

---

① Janet V. Denhardt, Robert B. Denhardt. 丁煌(译). 新公共服务 服务,而不是掌舵[M]. 北京:中国人民大学出版社,2004:40—41.

服务而不是掌舵:对于公务员来说,越来越重要的是要利用基于价值的共同领导来帮助公民明确表达和满足他们的共同利益需求,而不是试图控制或掌控社会新的发展方向。

服务于公民而不是顾客:公共利益是就共同利益进行对话的结果,而不是个人自身利益的聚集。因此公务员不是要仅仅关注"顾客"的需求,而是要着重关注公民并在公民之间建立信任和合作关系。

追求公共利益:公共行政官员必须促进建立一种集体的、共同的公共利益观念。这个目标不是要找到个人选择驱动的快速解决问题的方案。更确切地说,它是要创立共同的利益和共同的责任。

重视公民权胜过重视企业家精神:致力于为社会做出有益贡献的公务员和公民要比具有企业家精神的管理者能够更好地促进公共利益,因为后一种管理者的行动似乎表明公共资金就是他们自己的财产。

思考要具有战略性,行动要具有民主性:满足公共需要的政策和项目可以通过集体努力和合作过程得到最有效并且最负责地实施。

重视人,而不只是重视生产率:如果公共组织及其所参与其中的网络基于对所有人的尊重而通过合作和共同领导来动作的话,那么,从长远来看,它们就更有可能取得成功。

承担更多的责任:公务员应该关注的不仅仅是市场;他们还应该关注法令和宪法、社区价值观、政治规范、职业标准以及公民利益。

与传统行政理论将政府置于中心位置而致力于改革完善政府本身不同,"服务"型政府将公民置于整个治理体系的中心,强调政府治理角色的转变即服务而非掌舵。推崇公共服务精神,旨在提升公共服务的尊严与价值,重视公民社会与公民身份,重视政府与社区、公民之间的对话沟通与合作共治。[①]

(二)新公共服务理论的评价及其在本研究的运用

20世纪80年代以来,世界范围内公共教育重建运动的一个重要方面,是学校之间的关系,其目的是要建立一种健康的政府与学校关系。在社会整体转型变革的环境中,重新思考政府与学校的关系,建立一种有助于提高教育管理绩效,有助于学校自主发展,有助于新时期我国社会公平与公正和人的全面发展的政府与学校关系,就成为我国未来教育改革与发展中的一个重大问题。第一,实现政府与学校关系的重建,需要创新教育行政管理制度,适度扩大学校的办学自主权。第二,政府与学校关系的重建,不仅需要转变政府的职能,

---

① 褚卫中,褚宏启."新公共服务"理论及其对当前公共教育管理改革的启示[J].教育理论与实践.2007,27(4):23—27.

还需要政府简政放权,更需要创新学校内部管理制度。第三,政府与学校关系的重建,需要创新监督制度。监督制度既包括对学校行为以及权力使用情况的监督,也包括对政府行为和权力使用情况的监督。第四,新时期政府与学校关系的重建,还需要创新社会参与制度,形成有效的社会参与教育管理的机制。第五,相关制度环境的建设与完善。行政管理体制的高度集权使学校成为政府的隶属机构;相反,行政管理体制的简政放权能够使政府和学校之间权责明晰。在新的教育运行机制中,学校与政府、学生与学校、政府与学生权利关系的基本点是:自主办学和有限政府、自由选择和契约关系以及服务与被服务的关系。要构建一种新型的政校关系模式,即政校之间应该是"管理为主,以服务、指导、信任、平等协商、伙伴为辅"的开放型的关系模式;到目前为止,学者们普遍认为政府对学校应适当放权,加强服务,创新教育管理机制,让更多的力量参与到办学中来,实现教育民主化、多元化。

在本研究中,新公共服务理论的运用,主要体现在相关政府部门是如何在孔子学院和华文学校的发展过程中扮演着合适、重要的角色,发挥政府部门的应有作用。在研究中,我们将重点探讨,政府与孔子学院和华文学校之间合适的关系模式,政府应当在孔子学院和华文学校不同的发展阶段提供何种程度的政策支持? 这些政策支持通过什么样的方式来提供? 等等。作为本书的落脚点,本研究将基于对新公共服务的视野,提出促进孔子学院和华文学校发展的政策策略。

第四节　研究设计

一、研究切入点

组织发展从根本上反映了组织利用内、外部环境的相互作用,增强应对内外部环境变化,提升自身生存能力的基本特征。本研究立足点在于将对组织发展的分析置于外部环境和内部治理的分析框架中,通过对"潜在影响组织运行和组织绩效的因素或力量"进行剖析,揭示影响孔子学院和华文学校这两类特殊的海外汉语传播教育机构的发展机制,并据此提出相关的政策建议,以期找到两种组织各自最佳的发展途径。

孔子学院和华文学校都是海外汉语传播教育机构,其发展逻辑也遵循组织外部环境和内部治理相互作用对组织发展规律的影响。不考虑组织的外部发展环境或忽视组织的内部治理结构,就根本无法解释组织变迁。在本研究中,如果要对孔子学院和华文学校发展的作用机制进行分析,就必然要关注它们所处的外部环境因素和它们自身的内部治理因素,并把它们一一纳入研究的框架。林毅夫认为:一个组织能否顺利地生存下来并取得发展,既取决于良好的组织内部治理结构,也取决于有一个正常的外部环境。[①] 因此,本研究从研究案例出发,对影响孔子学院和华文学校的组织发展的外部环境因素和内部治理因素进行比较分析,阐述它们各自的发展逻辑,并以新公共服务理论为理论支点提出相关的政策建议。

二、核心概念

(一) 孔子学院

由中国政府为普及汉语教育、增进世界各国对中国的理解与友好而创办的非营利性机构。截至 2013 年年底,已建立的 440 所孔子学院和 646 所孔子课堂,覆盖五大洲的 120 个国家与地区。在全球孔子学院数量快速增长的同时,孔子学院的办学质量也进一步得到提高,孔子学院已经成为各国人民了解中国特别是中华文化的一个重要窗口,成为增进各国人民同中国人民之间相互信任和友谊的桥梁和纽带。

(二) 华文学校

华文学校是指开设在海外、从事华文教育的教育机构,其特点是被纳入当地教育事业的轨道,成为当地民族文化教育的一部分;同时较好地实现了教育与文化传播的有机结合。华文学校一般隶属于当地华人社团,社团通过华校来推广中华民族语言,传承、弘扬中华文化,保持华侨、华人的民族特性。华校的创办、维护和发展由华人社团承担,它具有办学机制灵活、投入相对较少,社区关系融洽等优点。

(三) 组织发展

组织发展是指一个社会组织能够在给定的环境中,通过获取发展所需要的资源并向环境提供相应服务而使自身不断完善,不断进步。一个具有发展能力的组织,必须能够整合所有相关的资源提供方,包括政府部门、社区和客户等利益相关者,从而实现在不需要救助的情况下,持续地存在下去。在本研究中,探讨的是海外汉语言文化传播教育机构:孔子学院和华文学校的发展问题。

---

① 林毅夫.发展战略、自生能力和经济收敛[J].经济学(季刊),2002(1):269-299.

三、分析框架

林毅夫通过对企业组织发展过程的研究,提出了"自生能力"的概念,对于如何获取自生能力,他提出应按照企业自身的资源要素禀赋结构和比较优势来进行生产和经营活动。要理解组织的要素禀赋结构及其比较优势,首先必须识别出其内部资源要素禀赋状况。这启发了本研究的基本框架,即必须对孔子学院和华文学校的内部治理进行分析,以了解其在治理结构、资源获取以及师资力量方面的资源要素禀赋。

普费弗从组织资源依赖的视野对组织的外部控制进行了论述,认为没有组织是自给自足的,所有组织都需要与外部环境进行交换,以从外部环境中获取关键性的发展资源,因此,外部环境因素能够对组织提出要求,从而影响组织的发展。这启发本研究在研究框架中,必须对孔子学院和华文学校的外部环境进行分析,探析其各自的教育需求、政策支持、组织发展和社区关系等影响发展的外部环境因素。

新公共服务理论要求政府在社会治理过程中扮演恰当的角色,以发挥政府部门的应有作用,促进组织的发展。这启示我们,作为本书的落脚点,研究应基于新公共服务的视野,提出促进孔子学院和华文学校发展的政策策略。

综合上述分析,本研究将围绕"海外汉语言文化教育机构的发展",这一核心概念,呈现由教育需求、政策支持、组织交流、社区关系组成的"海外汉语言文化教育机构"外部环境及由治理结构、资源获取、师资发展构成的"海外汉语言教育机构"的内部治理系统之间的逻辑关系。具体分析框架如图1-1所示。

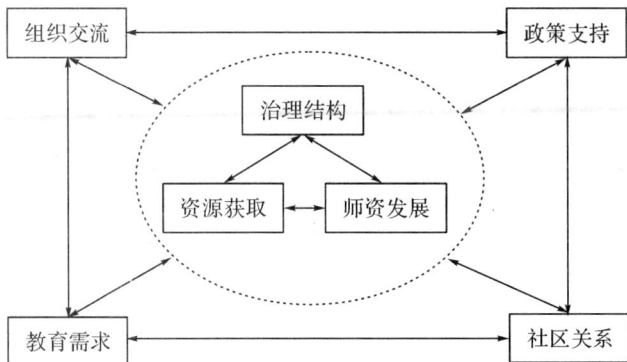

图 1-1 海外汉语言文化教育机构发展逻辑关系图

（一）海外汉语言文化教育机构的发展

海外汉语言文化教育机构的发展是本书研究的核心影响因素。事实上，海外汉语言文化教育机构的发展能力，往往决定了海外汉语言文化教育机构的发展水平。在研究中，作者将重点对孔子学院和华文学校的外部环境和内部治理系统进行分析。外部环境是对孔子学院和华文学校各项活动具有直接或间接作用的各种条件和因素，它们或单独或一起作用于孔子学院和华文学校，对两类学校的发展起到促进或阻碍的作用。而组织的内部治理系统则是组织自身明确责任，采取有效激励机制，提高管理效绩的重要手段，这无疑也是关系其发展能力的核心所在。

（二）海外汉语言文化教育机构的外部环境

1. 教育需求

孔子学院和华文学校本质上都是属于教育机构。作为一种教育机构，其基本任务是为求学者提供教育服务而实现自身存在的价值。因此，教育需求是教育机构存在的基本前提，如果没有教育需求，则教育机构也无从存在。在分析孔子学院和华文学校的发展过程中，首先要分析对学习汉语言文化的需求。对于孔子学院而言，外国人对学习汉语的需求主要体现在哪些方面？受哪些因素影响？这些因素通过何种途径影响？这些问题在探讨外国人的教育需求时是必须关注的。而对于华文学校而言，华文学校所处的华侨社区，其教育需求规模有多大？具有什么样的特点？这种教育需求是如何发展变化的？影响因素有哪些？这些问题都是必须加以分析和把握的。

2. 政策支持

孔子学院和华文学校作为国家在海外促进汉语言文化传播的两种主要教育机构，在中国政府有着相应的主管部门或协调组织。当前，促进孔子学院和华文学校发展的主要政策措施分别是什么？这些政策措施是否具备可持续性？这些政策在孔子学院和华文学校发展的不同阶段，分别扮演着什么样的角色，起到什么样的作用？这是在政策支持这一部分需要深入探讨的。

3. 组织交流

孔子学院和华文学校都是在一定的社会情境中存在和发展的。在这一过程中，孔子学院和华文学校与外界的其他组织的交流是必不可少的。在这一分析维度之中，主要分析孔子学院和华文学校与国内外同行之间进行的、以促进组织的管理能力发展水平为目的的合作和交流。如海外华文教育论坛、全球孔子学院大会等。孔子学院和华文学校是如何在这种交流活动中获益的？他们在这种交流活动中扮演着什么样的角色？这种交流活动是如何促进孔子学院和华文学校的发展的？

4. 社区关系

孔子学院和华文学校，本质是一种与当地文化不一样的异质文化形态，传统汉语言文化的教育机构是如何融入当地的社会文化结构中的？这一问题无疑是探讨孔子学院和华文学校发展过程中不可回避的一个重要议题。孔子学院和华文学校是如何与当地的政府、教育机构、各类社团和普通民众进行互动的？这种互动活动是如何影响孔子学院和华文学校发展的？在互动的过程中，存在的主要矛盾冲突是什么？这些矛盾冲突是如何化解的？这是本部分要解决的主要问题。

（三）海外汉语言文化教育机构的内部治理

1. 治理结构

孔子学院和华文学校要实现自身的良性发展，提高组织的效益，必须采取一系列的激励或约束措施，优化组织结构，提升管理效绩。孔子学院和华文学校的组织结构如何，这种组织结构能否发挥它们的最大效益？在管理方面，它们又有怎样的特征？其组织结构与管理特征对其自身的发展有何种影响，影响的途径有哪些？这是"治理结构"维度要解决的重点问题。

2. 资源获取

孔子学院和华文学校作为一种社会组织，同样需要从外界获取资源来实现其发展。对于海外汉语言文化教育而言，最重要的资源包括经费和教材两大方面。在"资源获得"这一维度中，本研究主要探讨孔子学院和华文学校是通过哪些途径获取教育经费的？这种经费来源渠道是否是可持续的？教材是如何获取的？能否符合当地的社会文化特点？能否满足教育教学活动的需求？

3. 师资发展

教师作为学校发展的另一项核心资源，关系到学校教育教学活动能否顺利开展。孔子学院和华文学校的师资来源渠道是什么样的？这种师资的来源是否是可持续的？如何构建一个针对孔子学院和华文学校教师发展的制度化的教师培训体系？如果孔子学院和华文学校无法获得长期、稳定的高水平教师队伍，则显然无法实现其稳定的可持续发展。

在本研究框架图中，教育需求、政策支持、组织交流和社区关系是其外部环境因素，而治理结构、资源获取、师资发展是孔子学院和华文学校的内部治理因素。外部环境因素之间、内部治理因素之间及内部治理与外部环境之间都存在着一定程度的相互影响。这些影响的机制如何？它们的传导作用是如何实现的？笔者将在研究中一一展开。

四、研究方法

（一）资料搜集的方法

本研究主要使用了三种搜集资料的方法：文献法、访谈法、参与法。之所以选择这三种方法，主要是考虑研究方法和研究对象的适应性，也就是说，这些方法的选择是由研究对象的特点决定的。2006 年国家汉办发函同意笔者所在高校和浙江另一所高校联合与泰国东方大学合作建设一所孔子学院。作者有幸具体参与泰国东方大学孔子学院的创办，获得了一定的孔子学院创办与实际运作的经验，也收集了泰国东方大学孔子学院自创立以来的全部相关资料。同时，作者每年参加全球孔子学院大会，期间收集到罗马大学孔子学院的大量资料，包括其每一年的工作汇报材料，并先后走访了日本立命馆亚洲太平洋大学孔子学院、泰国朱拉隆功大学孔子学院等，收集了大量的资料。2009 年至 2013 年，作者参与了由所在高校承办的多期海外华文教师培训班，期间与众多华文学校的相关负责人就华文学校的发展进行了探讨。2010 年 6 月，根据国务院侨务办公室课题"欧洲华裔青少年华文教育研究"的时间安排，作者到欧洲开展关于华文教育的实地调研，走访了佛罗伦萨中文学校、罗马中华语言学校，用访谈法获得了实地调研资料。在本书的撰写过程中，为了补充和修正收集到的资料，作者多次通过电话、邮件等方式对案例学校的相关人员进行访谈与咨询，确保了资料来源的完整性和可靠性。

（二）描述资料和分析资料的方法

1. 案例分析法

案例研究是一种特殊的质的研究方法，它对情境化的、在特定边界之内的当代（与历史的相对）现象进行研究。案例分析法又称个案分析法或典型分析法，是一种挑选有代表性的一个或几个事件、个人或组织为具体研究对象，通过对其进行深入、细致的研究，获取对研究对象总体的认识，揭示其发展变化一般规律的科学分析方法，其重点在于采用某一理论对某一问题中的特殊个案作出解释，从理论出发，更深入地观察具体的现实。[①] 案例分析法立足于典型的具体事例，一方面可以提炼出适合于同类情况的一般原则、方法和模式，收到举一反三的效果；另一方面又可以避开抽象的论文，揭示出同类事物的发展规律。运用案例分析法，一般要求先详细地获得有关资料，做到精缜、周详、

---

① Alexander George. Case Studies and Theory Development. Diplomacy: New Approaches in History, Theory and Policy. New York: Free Press, 1979.

准确；其次要对材料进行客观地分析；最后还需总结出一般的结论、概括出具有普遍意义的原则、方法和模式。案例分析法的最大优势就在于能够掌握现象的丰富性，能够对现象进行"深描"，以揭示现实生活中各种因素之间的复杂联系，对正在发生的事件进行"怎么样"和"为什么"的回答。[①] 采用案例分析法，能更深入、更细致地了解和把握孔子学院和华文学校发展的全貌、发展以及变化的全过程，揭示其发展的最主要影响因素。因此，案例分析法是本研究中最为重要的方法。

基于理论抽样的案例选择，无论是对理论建构的案例研究，还是理论验证的案例研究，都对研究资料的搜集和分析起到重要的作用，是案例研究中选择案例的主要方法。在理论抽样的基础上，本研究选择了泰国东方大学孔子学院和意大利佛罗伦萨中文学校为主案例，意大利罗马大学孔子学院和泰国芭提雅明满学校为验证性案例对孔子学院和华文学校的组织特征进行深度地挖掘，以探寻出孔子学院和华文学校各自的发展逻辑与规律。

基于对孔子学院发展现状的认知及自身研究条件的考量，本研究以泰国东方大学孔子学院为主案例，罗马大学孔子学院作为验证性案例。由于孔子学院成立时间较短，且《孔子学院章程》对其组织结构、人员安排、经费来源与使用都有较为详细地规定，孔子学院的发展具有较大的共性。但由于各孔子学院所处地域不同，它们发展的外部环境各异。众所周知，在东南亚国家聚居了大量的海外华人华侨，汉语教育源远流长，当地汉语传播具有较好的基础；而欧美国家，由于当地华人华侨移民历史相对较短，当地汉语传播的基础相对较差。因此在本研究中，为了保证案例选择的典型性，笔者首先将案例选择范围界定为东南亚地区与欧美地区。泰国东方大学孔子学院是笔者所在高校与泰国东方大学合作建立的，笔者参与泰国东方大学孔子学院的创建及相关运作过程，并于 2008 年、2009 年、2010 年连续三年到东方大学孔子学院工作与调研，与东方大学孔子学院的各任院长及教师都有着良好的友谊，这有利于笔者开展深度访谈，深入获取第一手资料。笔者还收集了罗马大学孔子学院每一年的总结汇报材料、宣传交流材料及相关媒体的报道材料，这些材料加深了笔者对罗马大学孔子学院的认识，有利于笔者开展相关研究。基于上述考虑，研究选择位于东南亚的泰国东方大学孔子学院作为主案例分析的对象，选择位于欧洲的罗马大学孔子学院作为验证性案例分析的对象。

华文学校拥有 300 多年的发展历史，300 多年的发展过程中，形成了不同类型的华文学校。有的华文学校定位于中外合作交流的桥梁，通过促进中外

---

① 李晓岚，佘双好.质性研究方法[M].武汉：武汉大学出版社，2006.

教育相关组织的交流与合作达到扩大影响，提升自身的目的；有的华文学校采用市场化的经营策略，通过市场来获取自身发展的各种资源，提升自身的比较优势，从而达到发展自己的目的；还有的华文学校受华人社团的资助成立，在办学过程中充分突出华人社团的公益性……面对形形色色的华文学校，为了突出研究案例的典型性，本研究在案例选取上进行了多方的思考，最后确立了意大利佛罗伦萨中文学校作为主案例分析的对象，泰国芭提雅明满学校作为验证性案例分析的对象。

佛罗伦萨中文学校拥有 12 年的办学历史，这与目前大多新侨所办华文学校的历史相近。中文学校把促进中外文化交流作为学校的办学特色，定位于做中外合作交流的桥梁，这在中文学校当中具有较好的代表性。同时，佛罗伦萨中文学校纳入了意大利多元文化教育计划，具有纳入当地社会教育计划的华文学校的典型特征。佛罗伦萨中文学校校长多次到笔者所在高校接受华文教育培训，与笔者建立了良好的关系，为笔者开展相关的调查研究提供了方便。泰国芭提雅明满学校自 2001 年创办以来，学校规模发展迅速，以中文为特色，以办学质量求发展，在华文学校中具有较大的典型性，能较好地反映出目前华文学校的一些特征。基于上述考虑，研究选择意大利佛罗伦萨中文学校与泰国芭提雅明满学校作为华文学校典型案例分析的对象。

2. 比较分析法

广义上讲，"比较分析"的术语可以指任何形式的比较研究。林聚任等人认为，比较分析法是指对两个或两个以上的事物或对象加以对比，以找出它们之间的相似性与差异性的一种分析方法。[①] 在本研究中，孔子学院的运营具有浓厚的政府色彩，其发展动力主要来自于政府的政策推动，具有典型的外延性组织的特征。而华文学校主要依靠当地社会华人、华侨的力量来运作，在市场化的同时，华人、华侨"中国根"的思想与情感推动着华文学校的发展与进步，其发展受政府政策的影响相对较小，具有典型的内生性组织的特征。以孔子学院与华文学校发展的影响因素为剖析点，对这两类特殊的海外汉语传播教育机构进行比较分析，探索其发展能力并提出相关的政策建议，以促进孔子学院与华文学校实现相互借鉴，共同发展的目的，这也是本研究的主旨。

3. 文本分析法

文本分析法主要是指搜集、鉴别、整理文献，并通过对文献的研究形成对事实的科学认识的方法，基本步骤包括文献搜集、摘录信息、文献分析三个环节。本研究的对象之一——孔子学院具有外延性组织的特点，其组织结构、管

---

① 林聚任,刘玉安.社会科学研究方法[M].济南:山东人民出版社,2008.

理特征、运营模式等都受总部影响较大,因此,要全面了解孔子学院的发展状况,探寻其发展的核心资源,就必须对孔子学院相关的政策文件进行系统地梳理与分析。同时,华文学校也在一定程度上受中外政府政策的影响,对中外政府政策文件的分析,对探寻华文学校发展的外部环境也是至关重要的。通过文本分析对孔子学院与华文学校的研究就会更深入、更全面、更立体,因此该方法也是本研究中使用的重要方法。

第二章　孔子学院与华文学校外部环境比较

组织环境(organization environment)是指所有潜在影响组织运行和组织绩效的因素或力量。[①] 组织环境调节着组织结构设计与组织绩效的关系,影响组织的有效性。组织环境对组织的发展,起着决定性的作用,是组织管理活动的内在与外在的客观条件。对于组织生存环境的类型,不同的划分方法,其分类结果也不一样。一般来说,以组织界线划分,可以把环境分为内部环境和外部环境;以环境系统的特性来划分,则可将环境划分为简单—静态环境、复杂—静态环境、简单—动态环境和复杂—动态环境四种类型。本书以组织界线为依据把孔子学院与华文学校的组织环境划分为外部环境与内部治理结构两个部分。本章的基本任务在于对孔子学院与华文学校的外部环境进行比较分析。

在孔子学院与华文学校的发展过程中,影响他们发展的外部环境因素很多,基于前文提出的理论框架分析,本章将从教育需求、政策支持、组织交流、社区关系四个方面对孔子学院与华文学校的外部环境进行比较分析,以探寻目前孔子学院与华文学校发展的外部环境状况。

第一节　教育需求比较

教育需求是指在一定时期内国民经济各部门以及社会各方面对各类专门人才和受过一定教育的劳动者的数量、质量和结构等方面

---

① 　[英]克莱尔·克朋.组织环境:内部组织与外部组织[M].北京:经济管理出版社,2011:123.

的要求,反映社会经济发展对人才培养的客观需求,是制定教育发展计划的依据。① 从教育经济学角度上来讲,教育需求对国家、社会和个人对教育的购买能力有一定的要求,如果受教育者只有购买欲望而没有购买能力,那就不能算作现实的教育需求。② 有学者对教育需求与教育供给进行了思考,认为,除教育价格外,教育需求受人口数量、年龄结构、个人受教育欲望、职业的需要与教育预期收益的影响。③ 一般说来,人口数量多,年龄结构轻,儿童与青少年在总人口中的比重大,需要受教育的人口就多。个人受教育欲望强,求知欲望迫切,在其经济条件允许的条件下,就会产生更高层次的教育需求。为了在就业方面有所优势或谋求更好、更高的职位,对相关教育的需求也会增加。而教育预期收益表现在,人们对教育进行消费是建立在对教育的预期收益的基础上的,如果预期接受教育后能获取较高收益,则会增加对教育的需求,如果预期接受教育后所获得的收益较低,就会降低对教育的需求。教育需求反映了社会发展对人才的客观需求,是教育机构发展的前提条件,有足够的教育需求,教育机构才能获取支撑自身发展的各种资源,提升自身的自生能力。因此有无教育需求及教育需求的强弱问题是各教育机构必须考虑的核心问题。

孔子学院与华文学校在本质上都属于教育机构。作为一种教育机构,其基本任务是为求学者提供教育服务而实现自身存在的价值。教育需求体现的是受教育者对教育服务的需求程度,是教育机构存在的基本前提。孔子学院与华文学校是海外汉语言文化教育机构的两种重要途径,对它们的教育需求进行比较分析,厘清它们在教育需求方面的异同,有助于我们更好地探讨孔子学院与华文学校的发展能力。

一、孔子学院教育需求

《孔子学院章程》指出,孔子学院是致力于适应世界各国(地区)人民对汉语学习的需要,增进世界各国(地区)人民对中国语言文化的了解,加强中国与世界各国教育文化交流合作,发展中国与外国的友好关系,促进世界多元文化发展,构建和谐世界的教育传播机构。④ 据此,可以理解为孔子学院教育对象的定位是"有汉语学习需要的世界各国(地区)人民"。在具体的教育实践中,随着综合国力的不断提升,我国在政治、经济、文化及国际事务中发挥出越来

---

① 谢新观.远距离开放教育词典[M].北京:中央广播电视大学出版社,1999.

② 邱渊.教育经济学导论(修订版)[M].北京:人民教育出版社,2003.

③ 靳希斌.教育经济学中几个理论问题的思考[J].教育与经济,1998(1):1—5.

④ 国家汉办/孔子学院总部.孔子学院章程[EB/OL]. http://www.hanban.edu.cn/confucious-institutes/node_7537.htm.2012-1-3.

越重要的作用。语言作为一个国家"软实力"的象征,它的强弱与国家的综合实力存在着一定程度的正相关。我国国力的提升使汉语言的重要性得到提升,"汉语旋风"刮遍世界各国,学习汉语的非华裔人士越来越多,并逐渐成为接受孔子学院教育服务的主力军。

从潜在教育需求上看,依据国家汉办主任许琳的观点:"世界各国学习汉语的人数,许多国家都是以 50% 甚至是翻番的速度增长。全世界现在汉语学习的人数已经超过了 4000 万。"①众多潜在的汉语学习者使孔子学院具有巨大的潜在需求。这些潜在需求一旦释放出来,形成现实教育需求的话,孔子学院的受教育对象将会进一步激增,其潜在教育需求旺盛。

从现实教育需求上看,随着中国经济的稳健发展,特别是 2008 年世界经济危机之后,中国经济的积极表现,在世界上的影响越来越大,国际地位进一步提升。语言在世界上的地位和影响力,是由使用这种语言的国家和地区的政治、经济和军事等方面的综合力量的状况所决定的。② 中国经济的强劲表现,增强了汉语的实用性,提升了人们对汉语教育收益的预期,增强了人们接受中文教育的欲望,拓宽了汉语学习者的范围。汉语学习的需求也从对中国文化、中国武术、中医、中国旅游拓展到了中国经济、中国贸易等。同时,学习者在学习汉语后在就业、升迁方面取得的切实实惠,加快了孔子学院潜在教育需求转化成现实教育需求。③ 孔子学院是海外汉语言文化教育机构的第一品牌,其教师汉语水平、教学经验等占比较优势,使其能够相对较易地获取较多的学生资源。然而由于意识形态的不同,在部分国家,孔子学院被认为是"中国文化入侵"的阵地,受到一定程度的抵制。

中国五千年的优秀文化是全人类的宝贵遗产。随着国际交往的日益频繁及国际地位进一步提升,我国文化的世界价值逐步得到体现,越来越多的海外人士加入了学习汉语的队伍。作为汉语国际推广的第一品牌,孔子学院在师资、品牌等方面具有较大的比较优势,这为其获取更多的学生资源,进一步提升教育需求提供了一定程度的保障。

案例 2.1　泰国东方大学孔子学院

泰国东方大学孔子学院是泰国东方大学与温州医学院、温州大学在对当

---

① 中国新闻网.教育部、国家汉办等有关负责同志谈"孔子学院的发展情况"[J]. http://www.chinanews.com/313/2009/0311/24.html,2012-1-6.

② 国务院侨办公室政研司编.前揭书[M].(非揭开出版物).2006(4):41—442.

③ 中国侨网.欧洲大陆汉语热,求职履历特别强调"我会中文"[Z]. http://www.chinaqw.com/news/2006/0714/68/36564.shtml, 2012,1,4,5.

地汉语教育需求正确把握的基础上创立的。自上世纪 90 年代以来,泰国政府对华文教育逐步放开,1992 年批准各级学校可将中文设为选修课,使汉语的教学地位与其他外语平等;1998 年教育部将汉语列入高等学校入学考试外语选考科目;1999 年泰国颁布《国民教育法案》,把汉语教学写入教育大纲,汉语教学正式纳入国民教育体系;2000 年教育部通过高中汉语课程计划;2005 年,教育部制定汉语教学发展计划,争取用 3—5 年时间在全国国立中小学普及汉语课程。政策上的开放与鼓励使泰国华文教育蓬勃发展,根据泰国教育部基础教育委员会的数据,截至 2008 年,泰国有 1105 所学校开设了汉语课程,约52000 人参加"泰国中小学生汉语考试"。① 如此众多的汉语学习者使以海外汉语言文化教育机构为主要任务的泰国东方大学孔子学院具有强大的教育需求支撑。

与此同时,泰国东方大学孔子学院位于泰国春武里府,距曼谷约 81 公里,是闻名已久的沿海旅游胜地。春武里府的芭提雅(Pattaya)拥有"东方夏威夷"之称,每年络绎不绝的中国游客增加了汉语在当地的实用价值,这也为泰国东方大学增加了众多潜在的教育需求。为了把众多的潜在需求变成现实需求,孔子学院根据学员的实际情况,灵活安排,常常利用傍晚和周末的时间授课。强大的教育需求使泰国东方大学孔子学院发展迅速,今年孔子学院在东方大学本部外的尖竹汶府校区开设了新的汉语教学点。

2011 年,泰国东方大学孔子学院中方负责人在接受访谈中说道:"随着中国经济的崛起与国际地位的提升,特别是近年来,泰国游的兴起,汉语在泰国的经济价值凸显,越来越多的泰国人想学习汉语,这为我们提供了较大的需求来源。为了满足学员们汉语学习的多元化需求,我们有针对性地开设了汉语日常会话班、商贸汉语会话班、经贸考察游学班、HSK 汉语水平考试辅导班等。同时,为了方便已工作的成人学员学习,我们开设了周末班。今年,我们在尖竹汶府校区(东方大学)开设了新的教学点,以方便那里的学员就近学习。"

目前,在教育需求方面,孔子学院能较好地把握泰国民众对汉语教育的需求,结合自身的定位,在课程设置、上课时间方面灵活安排,同时开展泰国本土师资培训、HSK 汉语水平考试、汉语教师认证和学生来华项目,从而最大限度地挖掘潜在教育需求。

---

① 王宇轩.泰国中小学华文教育的现状、问题及对策[J].暨南大学华文学院学报,2008(4):9—16.

案例 2.2　罗马大学孔子学院

罗马大学孔子学院是中国国家汉办与罗马大学在对罗马民众对汉语教育的强烈需求的准确把握的基础上创立的。罗马地区人口众多,与中国商贸较为频繁,由于近年来中国经济的强劲,许多罗马当地人开始学习汉语,这为罗马大学孔子学院提供了较大的潜在教育需求。罗马大学是一所拥有七百多年历史的国立综合性大学,在意大利享有较高的声誉,其下属东方学院汉学系有700多名热爱中文的学生,在这些学生的宣传带动下,罗马地区巨大的潜在需求极易转化为现实需求。与此同时,罗马大学孔子学院院长马西尼是意大利著名的汉学家,其主持编写的《意大利人学汉语》在意大利广受欢迎,年发行量达上万册。马院长及《意大利人学汉语》的品牌效应也是提升罗马大学孔子学院教育需求的一个重要因素。"罗马大学有很多选修中文的学生,他们对中国文化特别感兴趣。孔子学院马西尼院长在意大利较有名气,有不少学员是冲着马院长来学习中文的"。[①] 为把巨大潜在需求变为现实需求,孔子学院从自身出发,积极开发多种课程,灵活安排教学时间,并于 2010 年年初与《世界中国》杂志合作设立孔子学院专栏,11 月起设立"意大利人学汉语"专栏,该杂志以汉、意双语的形式每期刊登关于汉语学习、罗马大学孔子学院的活动等方面内容。[②] 此外,孔子学院还从有限的办学收入中拿出部分来设立奖学金,资助表现优秀的学生赴北外进修。"为了把潜在教育需求转化为现实需求,我们做了很多工作,除按学生要求开发多种课程,灵活安排教学时间外,我们于 2010年始与《世界中国》杂志合作设立孔子学院专栏,宣传汉语教学,提升学院的知名度。此外,学院还每年资助部分表现优秀的学生到北京外国语大学进修。这些举措发挥了良好的效应,孔子学院的学生一年比一年多。"[③]

良好的宣传效应,相对较大的教育需求使罗马大学孔子学院的学生数屡创新高,据报道,2011 年春季招生人数超过 320 人。

二、华文学校教育需求

对华文学校教育需求分析涉及海外华文学校定位的问题。有学者认为,海外华文教育其实就是华侨教育。因此,华文学校的主要任务是培养具有中

---

① 孔子学院总部. 罗马大学孔子学院[A]. 见:第五届孔子学院大会. 第五届孔子学院大会交流材料欧洲(二) [C]. 2010(12).

② 北京外国语大学. 意大利罗马大学孔子学院[EB/OL]. http://oci. bfsu. edu. cn/archives/698, 2011-7-30.

③ 根据第五届孔子学院大会罗马大学孔子学院交流材料和罗马孔子学院招生人数创新高,完整教学体系现雏形,两份资料整理而成.

华文化特质,能适应当地情况的华侨华人年青一代,使之能在当地更好地发展。① 同时,也有学者认为,近年来,"中国热"在世界各地的兴起,华文学校的功能进一步扩大,其教育对象中,非华裔所占比重越来越大。② 在东南亚一些国家,有的华校非华裔学生比例甚至已经占到了在校生的三分之一到一半。③ 综合国内学者的观点,结合对多位华校校长的访谈,笔者认为华文学校的教育对象结构呈多元化趋势,其教育需求应包括华裔与非华裔对汉语教育的需求。但目前,非华裔孩子学习汉语的比例还是很低,人数也相对较少,华文学校的主要教育需求来源还是华人、华侨孩子。

有海水的地方,就有华人。据相关媒体不完全统计,目前约有5000万华人散居世界各地。在这5000多万海外华人心目中,中文是其与祖(籍)国联系感情的纽带;是传承和弘扬华夏民族优秀传统文化的基础。他们重视子女的华文教育,希望子女学习汉语,继承中国传统文化,也希望借此搭乘"中国机会"的列车,在将来的发展中赢得更多机会。④ 众多的华人、华侨对海外华文学校的教育服务有巨大的需求。与此同时,随着中国国际化进程加快,许多非华裔青少年也渴望到中国旅游,向往到中国发展,从而加入到学习中文的队伍当中。两股力量汇集在一起,构成了华文学校旺盛的教育需求。而各华文学校在华文教学质量上的提升,社会功能上的进一步拓展,中华文化传播活动上的不断丰富与创新及学校管理上的进一步科学规范,增强了华文学校的吸引力,使得更多的孩子愿意、乐意到华文学校学习汉语。

华文学校是当地华人社会传承和弘扬中国文化的堡垒,在华人社会中具有良好的声誉。华校教师既懂当地社会文化,又具有一定的中华文化素养,师资上的比较优势,使其能够吸引大量华人学生。同时,华文学校办学灵活,针对华人学生的特点,还会开设诸如数学、英语等课程,办学针对性上的比较优势,使华文学校能获取更多的学生资源,进一步提高教育需求。

案例2.3　佛罗伦萨中文学校

佛罗伦萨(Florence)是意大利中部的一个城市,托斯卡纳区首府,欧洲文艺复兴的发祥地。据统计,截至2009年,在佛罗伦萨生活的华人移民已超过

---

① 张向前,朱琦环,吕少蓬.世界华文教育发展趋势及影响研究[J].云南师范大学学报.2005(4):1-8.

② 福建侨报.华文学校非华裔学生越来越多[N].1999-12-3.

③ 赵阳.抓住机遇,凝聚力量,共谋发展——在第二届世界华文教育大会上的讲话[R].第二届世界华文教育大会主题报告.中国西安:国务院侨务办公室,中国海外交流协会.2011(10).

④ 周聿峨,罗向阳.论海外华文教育与中国汉语推广[J].贵州社会科学,2008(6):119-124.

2万人,并以每年18%的速度递增。① 尽管佛罗伦萨地区有不少华文培训班,但缺乏像佛罗伦萨中文学校这样系统进行华文教育的华文学校。近年来,随着中文的实用价值的进一步提升,华人、华侨对系统学习中文的需求可能会进一步增加。佛罗伦萨中文学校校长在访谈中指出:"近年来随着中国经济的稳步迅速发展,和其他欧洲国家一样,意大利也掀起了学习华文的热潮。在这股热潮的推动下,华人、华侨们对子女学习中文的认识有了较大的提高,他们认识到孩子不懂中文就会处于发展的弱势,就会失去许多发展的机会,因此纷纷报名送孩子到学校学习中文。2001年学校创办之初,我们才80个学生,今年我们已经有超过260个学生。"此外,佛罗伦萨中文学校今年被意大利教育部门纳入多元文化教育计划,成为意大利唯一一所纳入该计划的华文学校。多元文化教育计划所具有的强大的宣传效应,也将为佛罗伦萨中文学校增加众多的潜在生源。不过由于佛罗伦萨华人总数不多,再加上当地华人流动性大,因此佛罗伦萨华文学校进行大规模扩招的可能性不大。

案例2.4 泰国芭提雅明满学校

芭提雅属于春武里府管辖,而春武里府华人众多,华人移民历史悠久。春武里府是潮属华人定居人口密度最大的地区。在潮属华人大批移居到这里时,他们称此地是"万佛岁"。现在虽已更名春武里,但华人仍按潮语习惯别称万佛岁。潮属华人之所以大多移居春武里,是因为这里是渔业港区。他们原来就是渔民,擅长航海、渔业和水产加工业(诸如制作鱼露、鱼干、腌制贝类等等)。在春武里府定居使他们重操旧业,潮属华人在这里是首批渔船船工。技能熟练后慢慢升为大副,最高当船主和老板。有的还当上鱼露厂老板,有的从事农业种植甘蔗,办榨糖厂,向国际市场出口砂糖。潮属华人在春武里府修了许多大的圣庙、斋堂、祠堂。这里的华人社团成为后期移居华人的落脚点。华人的大量聚集也为华文教育的开展奠定了基础。

近十年是泰国华文教育的兴盛时期,懂得汉语的人才比较容易就业,这也促使更多人去学习汉语。与华文教育在泰国的蓬勃发展相适应,作为国际著名的旅游城市,芭提雅也非常注重华文教育,也急需大批掌握汉语的人才。

芭提雅是世界著名的旅游胜地,被称为"东方夏威夷"。随着中国经济高速发展,中泰两国在经济、文化、旅游和商贸等领域的交流日益密切,2013年赴泰旅游中国游客超过200万,2014年有望突破400万,中国成为泰国第一

---

① 中国新闻网.佛罗伦萨华人华侨商贸联谊会成立,周刚当选会长[EB/OL]. http://news.so-hu.com/20090914/n266712991.shtml, 2011-07-26.

大旅游来源地。泰国兴起"汉语热",许多泰国人选择汉语作为第一外语。

芭提雅明满学校中、英、泰三种语言并重,以中文为特色。随着办学质量的不断提高,学生人数不断增加,目前学生报名踊跃,现有条件不能满足需求,所以校董事会又开设了高中部,并计划在未来开办大学。

以中文为特色,以办学质量求发展,是学校不断发展壮大的关键。

三、孔子学院与华文学校教育需求比较

由于世界"汉语热"的兴起,汉语国际推广具有较好的发展环境。发展大背景的相似使孔子学院与华文学校在教育需求方面有众多的相似之处,然而,由于办学目的、宗旨的不同,他们也有其各自的特征。下文就孔子学院与华文学校的相似与相异之处进行相关的分析。

孔子学院与华文学校的相似之处主要体现在它们都是汉语国际传播的重要载体,汉语国际推广的大环境好坏直接影响到它们的教育需求。进入21世纪来,中国综合国力不断提升,汉语的影响力越来越大,"汉语热"在世界各国兴起,汉语的实用性、商业性增强,"汉语在世界各地已经成为一种新的必须掌握的语言"①,可以说一个有利于汉语国际推广的大环境已经初步形成。置于良好的环境下,孔子学院与华文学校都受到了其所受教育对象的追捧,教育需求强劲,且在不同程度上表现出供不应求。不过相比而言,受"中国文化入侵说"影响相对较小的华文学校的教育需求更旺盛些。

孔子学院与华文学校教育需求的相异之处主要体现为教育对象的差异。孔子学院的设立目的是适应世界各国(地区)人民对汉语学习的需要,增进世界各国(地区)人民对中国语言文化的了解,加强中国与世界各国教育文化交流合作,发展中国与外国的友好关系,促进世界多元文化发展,构建和谐世界。这决定了孔子学院担负着增进世界各国(地区)人民对中国语言文化的了解,加强中国与世界各国教育文化交流合作的重任,其主要责任是加快中国文化走出去,增强中国语言文化在世界的影响力,进而大幅提升中国的软实力。孔子学院的这些责任决定了其教育对象多以非华裔的当地人为主。与此同时,目前,孔子学院一般采用中外合作办学模式,即中方高校与外方高校一起承担孔子学院的建设工作,所以大多孔子学院都设立在大学校园内,这有利于提高孔子学院的影响力与辐射能力,也决定了其教育对象多为大学青年与成人。②

---

① 中国经济网.英国最新报告指出:中文正成为一种新的必备语言[EB/OL]. http://www.ce.cn/xwzx/gjss/gdxw/200603/16/t20060316_6385211.shtml, 2012-01-06.

② 孔子课堂一般设立于中学校园内,但其教育对象仅限于其所在学校的学生.

目前,国家汉办正逐步在世界各国开设孔子课堂以吸引当地青少年学生学习汉语。

华文学校在华人、华侨社会里担负着传承族裔语言文化,保持族裔文化特质,提高族裔文化素质和生存能力的责任。在一定程度上讲,它是华侨、华人所在国的民族教育,是所在国多元文化教育的一部分。其主要教学对象是侨民,特别是华裔青少年。不过由于中国文化的强势崛起,许多非华裔由于各种原因也纷纷加入学习汉语的队伍,因此华文学校的教育对象不仅包括是侨民,还包括外籍华人、华裔和少数非中国血统的外国人。作为民族教育一部分的华文教育,其教育对象呈低龄化态势,青少年是接受华文教育的主体,部分华文学校甚至开始开设针对学前儿童的幼儿班。

良好的汉语国际传播大环境使孔子学院与华文学校在海外汉语言文化传播方面都具有一定的比较优势,这使得他们教育需求都相对比较旺盛。由于受"中国文化入侵说"的影响,在部分国家,孔子学院的教育需求受到一定程度的抑制,而华文学校所受影响相对较小,其教育需求更为旺盛。两者的教育需求对象也表现出一定的差异。孔子学院教育需求对象一般为非华人血统的成人,而华文学校则以华裔青少年为主。

第二节 政策支持比较

孔子学院与华文学校作为汉语国际推广的两大机构,担负着中国优秀文化"走出去",让世界各国人民了解中国进而认识中国的重任,对中国走向世界有着重要作用。然而孔子学院与华文学校组织功能发挥是以政府积极引导、转变职能、提供有效服务为前提的,政府积极创造的有利条件和外部环境,对孔子学院与华文学校的发展至关重要,在师资、办学资金等方面的相关政策对孔子学院与华文学校的发展产生重要影响。

一、孔子学院政策支持

语言推广服务于国家的政治、外交、经贸、文化、科技等各个领域,其作用具有基础性、综合性和一定的先导性,所产生的效应是巨大而持久的。孔子学院服务于汉语国际推广的国家战略,与歌德学院、塞万提斯学院等其他国家的语言推广机构一样,必然得到政府在政策方面的大力支持。

为了贯彻落实汉语国际推广的国家战略,2003 年起,我国政府宣布了在世界各地建立孔子学院的计划。此项任务被赋予了国家对外汉语教学领导小组办公室(简称"汉办")。"汉办"是国家对外汉语教学领导小组的日常办事机构,直属于教育部管理,其宗旨就是:致力于对外推广汉语教学,让世界了解中国,让中国走向世界。① 显然,在世界各地建设孔子学院的计划,最初几乎是一种单纯的政府行为,是在政府的强力主导下才得以实施的。目前,海外所有正规的孔子学院也都还属于我国政府对外文化交流的重要国家项目。它们都属于非营利性的公益性组织,其运转主要依靠国家经费支持。孔子学院总部授权并委托某个中方院校,作为中方具体执行机构与外方机构合作建设孔子学院。

初期,孔子学院的设立方式设想为三种,即:国内外机构合作、总部授权特许经营、总部直接投资。但是,目前我国在世界各地建设的孔子学院,都是由外方首先提出申办要求,经过双方友好协商、达成一致后开办的。② 孔子学院坚持"外方申办,双方自愿,互利共赢"的原则,实行外方为主,中方协助,当地政府和社会各界大力支持和积极参与的模式,③在国家汉办的指导下,孔子学院的工作取得较好的进展。具体表现在:(1)制定和修订了一系列管理文件。如《孔子学院总部经费管理办法》、《孔子学院教师任职条件》、《孔子学院基本办学标准》、《孔子学院自我评估办法》等。(2)设立专项委员会,开展巡视督导。(3)加强中方院长和教师选拔和培训。(4)继续加大教材资源开发的推广力度。(5)继续组织中外教育交流项目。④

孔子学院在短短五六年的运营时间里,它所建立的分支机构比英国文化委员会在 60 年里建的机构还要多,而英国文化委员会的规模是歌德学院的 2 倍,是日语基金会的 12 倍。通过对《孔子学院章程》等各类文献和孔子学院发展现状的初步分析显示,政府对孔子学院的发展具有极其重要的作用。孔子学院之所以在跨国界、跨文化、全球化的条件下能够迅速发展,正是其吻合了我国汉语推广的国家战略。孔子学院能获取国家大力的政策支持,从某种程度上讲,是国家汉语国际推广战略的必然选择。

案例 2.5　泰国东方大学孔子学院

政策支持对一个组织的发展有重大影响,对孔子学院来说更是如此。在政策支持方面,我们将对泰国东方大学孔子学院得到的国家汉办/孔子学院总

① 国家汉办.关于我们·国家汉办[EB/OL]. http://www.hanban.edu.cn/hb/, 2012-1-15.
② 陈立群.共同办好孔子学院搭建增进友谊和了解的桥梁.第二届孔子学院大会.2007.
③ 刘延东.共同参与、平等合作,把孔子学院越办越好.第三届孔子学院大会.2008.
④ 周济.在 2008 年孔子学院大会上的工作报告.孔子学院.2009(1):16—19.

部、中外合作院校(温州医学院、温州大学及泰国东方大学)与泰国政府的支持与帮助进行深入的分析。

一、来自孔子学院总部的支持措施

孔子学院总部通过制定与完善一系列的政策措施来支持孔子学院的发展。通过建章立制,孔子学院总部在办学项目资金、师资力量和教材教参方面对泰国东方大学孔子学院进行支持。

在项目资金方面,国家汉办于 2006 年制定了《孔子学院中方资金管理办法(暂行)》。《孔子学院中方资金管理办法(暂行)》明确了中方资金的使用范围,并要求各孔子学院加强资金管理,保证资金的使用效益,同时,孔子学院总部要求各孔子学院加强对经费的预算与决算管理。2008 年国家汉办制定了《孔子学院总部经费管理办法》,对孔子学院总部拨付经费的使用进行了更深层次的细化与规范,要求各孔子学院做到专款专用,以保证总部资金使用的科学合理。根据孔子学院章程与孔子学院总部资金管理办法,泰国东方大学孔子学院填写"项目资金申报书",经孔子学院理事会通过后于当年 9 月 15 日前报送总部审批。总部于次年 3 月 15 日前审核批准项目预算,4 月 1 日前根据项目执行进度一次或分次核拨总部资金,[①]用于孔子学院的运营。项目主要有:孔子学院房屋修缮、设备购置等;开展汉语教学;培训汉语教师,提供汉语教学资源;开展汉语考试和汉语教师资格认证;提供中国教育、文化等信息咨询;开展中外语言文化交流活动;孔子学院个案协议中所规定的其他项目等 7 类。2009 年孔子学院中方负责人告诉我们:"目前,孔子学院总部给我们的办学经费大概是每年 8 万美元,同时教师、志愿者工资也由总部支付。"总部在办学经费方面的强力支持,使孔子学院能够以较低的学费招收学员,体现了孔子学院办学的公益性。然而,也正是总部在经费方面的强力支持,导致了孔子学院在市场化运作方面存在一定的不足。2011 年孔子学院外派教师指出:"我们无须依靠学生学费来维持运转,也就没有进行市场化运作,没有到春武里的相关媒体上做招生广告,也很少深入社区张贴招生广告。孔子学院现在学生已经很多了,不需要这些。"

在师资建设方面,2006 年 4 月国家汉办/孔子学院总部制定《汉语教师志愿者工作管理办法》,对汉语教师志愿者的资格条件、入职培训、海外教学期限、生活待遇、考评与奖惩等作了具体的规定。2007 年国家汉办进一步制定《孔子学院院长指南》、《孔子学院教师任职条件》、《孔子学院中方院长选派管

---

① 国家汉办/孔子学院总部. 孔子学院总部资金管理办法[EB/OL]. http://www.hanban.edu.cn/confuciousinstitutes/node_7535.htm, 2011-7-18.

理意见》《孔子学院中方院长培训方案》等一系列规章,建立了孔子学院中方院长、教师总部统一考核、外方面试的选派新机制,这些制度架构了孔子学院师资建设的基本框架。2010年孔子学院总部又讨论《孔子学院总部专职教师队伍建设实施办法》《国际汉语教师标准2010》《国际汉语教师培训大纲》、《关于加强中方院校承办孔子学院工作的意见》等文件。从制度的角度上来说,《国际汉语教师标准2010》与《国际汉语教师培训大纲》是对《汉语教师志愿者工作管理办法》与《孔子学院教师任职条件》等国际汉语教师相关制度的完善。《国际汉语教师标准2010》《国际汉语教师培训大纲》等对从事国际汉语教学工作的教师所应具备的知识、能力、素质及入职后的培训进行了全面描述,是一套相对完善、科学、规范的教师标准体系,为国际汉语教师的培养、培训、能力评价和资格认证提供了依据。[1] 泰国东方大学孔子学院的公派教师主要由国家汉办组织专家筛选录取,在集中培训后,按国家公派教师出国有关规定派出。志愿者教师在获得《汉语教师志愿者资格证书》后,由国家汉办按相关文件派出。为保证质量,国家汉办外派教师之前,严格把关。2011年孔子学院外派教师表示:"我们(孔子学院)有两位外派教师和两位志愿者,我(温州大学国际合作学院外派教师)外派出来之前,参加了国家汉办组织的外派教师统一考试,合格之后,又到海口进行了中国文化的集中培训,最后来到孔子学院任教。"

此外,在教材支持方面,按照孔子学院《获取汉办赠书》有关规定,孔子学院总部向泰国东方大学孔子学院赠送汉语教材、中国文化读物、音像制品、工具书及其他教具等相关教材与教育教学用书。

整体而言,孔子学院总部对东方大学孔子学院的支持力量很大。"总部对我们支持较大,办学项目经费、教材及教参资料大都是总部提供的,同时,教师、志愿者工资也由总部负担。某种程度上说,没有总部的支持,孔子学院就可能办不下去。"2009年孔子学院中方负责人如是说。

二、温州医学院、温州大学与泰国东方大学的支持措施

在温州医学院与温州大学及泰国东方大学的支持下,孔子学院多次来华取经,引入了中华医学文化等项目,形成了自己的办学特色。温州医学院、温州大学与泰国东方大学多次接洽、商议孔子学院学科建设问题,达成了温州医学院将主要负责中医药、眼视光、海洋科学等学科的教学与相关活动,温州大

---

[1]　国家汉语国际推广领导小组办公室.国际汉语教师标准[M].北京:外语教学与研究出版社,2011.

学则主要负责中国语言文化的教学及相关活动的协议①,2009 年孔子学院中方负责人还告诉我们:"温州大学、温州医学院共同为孔子学院外派教师,帮助孔子学院提高汉语教学质量与发展特色教育。具体说,温州大学负责中文教学,温州医学院负责中医药、眼视光、海洋科学等特色教育。"这些支持措施保证了泰国东方大学孔子学院健康而又富有特色地发展。

三、泰国政府的支持措施

泰国政府的支持措施体现在宏观与微观两个方面。宏观方面,泰国政府近年来出台多项政策推进华文教育,并于 2006 年与中国签署相关协议,中国承诺在师资、教材、汉语考试等方面给予大力支持②,为孔子学院开展本土师资培训、开展汉语水平考试和汉语教师资格认证业务提供了强力保障。微观方面,政府或皇室成员出席东方大学孔子学院的一些重大仪式,提高孔子学院的知名度。如,诗琳通公主为东方大学孔子学院揭牌等。③

案例 2.6　罗马大学孔子学院

罗马大学孔子学院作为旨在增进意大利人民对中国语言文化的了解,加强中国与意大利教育文化交流合作,发展中国与意大利友好关系的非营利组织,自其诞生之日起一直得到来自孔子学院总部、北京外国语大学、罗马大学的支持和帮助。在这一维度中,主要分析来自政府及相关组织的正式支持。

一、来自孔子学院总部方面的支持措施

罗马大学孔子学院是由国家汉办与意大利罗马大学于 2005 年 7 月 4 日在北京签署合作框架协议,并委托北京外国语大学协助其承担孔子学院所开展的各类汉语教学及文化传播项目而设立的。孔子学院挂牌后,总部不但在办学资金、教师派遣、教材教参等方面给予了大力的支持,而且授权孔子学院开展新 HSK 考试,提升了孔子学院的知名度。目前,罗马大学孔子学院的骨干汉语教师都为孔子学院总部外派教师,开展众多推广中国文化活动的经费也大都来自孔子学院总部。同时,孔子学院总部还为罗马大学孔子学院提供各类教材及音像制品,授权孔子学院进行 HSK 考试。"2010 年 6 月,根据国家汉办对 HSK 考试做出的调整,罗马孔院在意大利地区首次举行新 HSK 考

① 温州新闻网.与泰国东方大学合作温医温大参与创办孔子学院[EB/OL]. http://news.66wz.com/system/2006/04/13/100100031.shtml, 2011-7-26.

② 王宇轩.泰国中小学华文教育的现状、问题及对策[J].暨南大学华文学院学报,2008(4):9—16.

③ 中国新闻网.泰国公主诗琳通为东方大学孔子学院揭牌[EB/OL]. http://www.chinanews.com/hwjy/news/2009/09—16/1868560.shtml, 2011-7-26.

试。共有 296 名意大利学生报名参加考试,创历史最高水平。"①孔子学院总部的大力支持保证了罗马大学孔子学院的正常运营,也保证了孔子学院的教学质量及其公益性。此外,孔子学院总部还支持罗马大学孔子学院设立了罗马国立住读中学孔子课堂。

二、来自北京外国语大学的支持措施

北京外国语大学的支持措施主要体现在向孔子学院派出讲师团和与罗马大学孔子学院远程教学互动上。"2010 年 6 月,北京外国语大学李明、何一薇两名老师在罗马孔院举行了汉语国际教育推广的讲座。该讲座就普通话语音、词汇教学方法及难点、语法教学和新 HSK 考试的相关问题进行了深入的讲解,该讲座使罗马地区的汉语教师了解了汉语国际教育在国内外推广的政策和形势。"②同时,北京外国语大学还为罗马大学孔子学院举办中国传统文化系列讲座提供人才上的支持。③ 2010 年 11 月,北京外国语大学与罗马大学孔子学院进行了远程教学互动,它标志着孔子学院可以通过网络远程教育来获取北京外国语大学众多优质教育资源。

三、罗马大学的支持措施

罗马大学的支持措施主要由东方学院来体现。东方学院作为孔子学院的管理中心全面负责孔子学院的行政和财务管理。孔子学院位于罗马大学东方学院的独立庭院内,可共享东方学院的众多教育教学资源。东方学院院长马西尼担任孔子学院外方院长,"他(马西尼)是个著名的汉学家,在意大利负有声誉,2010 年获得了由温家宝总理颁发的'中意友好贡献奖',是意大利教育界唯一获得此奖的人士"④。这有利于提升罗马大学孔子学院的知名度,吸引更多汉语爱好者。

二、华文学校政策支持

华文学校的发展已经有 300 多年的历史了。300 多年来,我国政府都是海外华文学校的重要支持力量,我国政府的政策支持一直是海外华文学校发

---

① 孔子学院总部.罗马大学孔子学院[A].见:第五届孔子学院大会.第五届孔子学院大会交流材料欧洲(二)[C].2010(12).

② 孔子学院总部.罗马大学孔子学院[A].见:第五届孔子学院大会.第五届孔子学院大会交流材料欧洲(二)[C].2010(12).

③ 中国新闻网.罗马大学孔子学院举办中国传统文化系列讲座[EB/OL]. http://www.chinanews.com/hwjy/2011/03—11/2900530.shtml, 2011-8-2.

④ 北京外国语大学汉语国际推广网,意大利罗马大学孔子学院[EB/OL]. http://oci.bfsu.edu.cn/archives/698,2011-8-2.

展的重要影响因素。前国家主席胡锦涛在 2004 年全国"两会"的侨联和全国致公党的联组讨论会上就曾表示,"海外华文教育是我们义不容辞的责任"。目前,华文学校受到的中国政府政策支持主要体现为中国各级侨务部门的支持。

国务院侨务办公室是协助总理办理侨务工作的办事机构。它的主要职责包括:(1)研究拟定侨务工作的方针、政策、法规并负责监督检查贯彻执行情况;调查研究国内外侨情和侨务工作情况,向党中央、国务院提供侨务信息;制订侨务工作的发展规划。(2)协助总理管理侨务工作;审核有关部门和地方制订的直接涉及侨务方面的有关政策;对有关部门和社会团体所开展的侨务工作进行必要的统筹、协调。(3)保护华侨的正当权益;开展对海外侨胞及其社团的团结友好工作。联系海外华文媒体、华文学校并支持其工作,促进海外侨胞在经济、科技、文化、教育等方面与我国的合作交流。(4)依法保护归侨、侨眷的合法权益和海外侨胞在国内的合法权益;会同有关部门拟定有关归侨、侨眷工作的方针政策;开展归侨、侨眷工作;协助有关部门做好归侨、侨眷代表人士的人事安排工作等。

根据国务院侨务办公室的职责,我们可以看出国务院侨务办公室在汉语国际传播中扮演了重要的角色,主要表现为政策引导,对华文学校、华文传播的支持与资助及与华侨华人所在国政府教育部门进行沟通与合作,取得对方对汉语国际推广的理解和支持等。

显然,由于华文学校根植于海外土地,我国政府不可能像对国内学校一样,对其进行直接的监督与管理。然而,华文学校服务的目标群体毕竟与祖国人民同根,其进行的汉语言文化传播活动正是帮助华裔青少年"寻根"的最基础的活动。在同为中华民族的民族情感下,中国政府有责任,也有义务对华文学校进行政策方面的支持。目前,我国侨办和地方各级侨务部门依照自己的职责开展了多种类型的对华文学校的支持活动,这些扶持活动,从一定程度上都可以说是我国政府基于民族情感下对华文学校的政策扶持。

案例 2.7　佛罗伦萨中文学校

佛罗伦萨中文学校的成功设立和持续发展,主要是在中国驻意大利佛罗伦萨总领馆、中国各级侨务部门、温州瑞安市政府与佛罗伦萨市教育局等官方机构的政策支持下得以实现的。

一、中国驻意大利佛罗伦萨总领馆的支持措施

中国驻意大利佛罗伦萨总领馆一直较为重视佛罗伦萨中文学校的建设与发展,在中文学校的筹备过程中,总领馆把中文学校的创建工作列为领事工作的一项重要内容。中文学校成功创办之后,总领馆一直关注学校的发展,积极联系中国国务院侨务办公室根据学校的需要提供各类中文教材。① 与此同时,总领馆也经常派官员参加佛罗伦萨的各类大型活动。如在佛罗伦萨中文学校十周年校庆期间,佛罗伦萨总领事周韵琦便带来了最诚挚的问候,并为《佛罗伦萨中文学校建校十周年画册》作序。

二、中国各级侨务部门的支持措施

对于佛罗伦萨中文学校,国务院侨务办公室、广东省侨办、浙江省侨办、温州市侨办等都给予了大力的支持与帮助。国侨办为佛罗伦萨中文学校提供办学所需的教材,为其提供了 2 名志愿者教师,②还经常邀请佛罗伦萨教师回国参加免费的华文教师培训。同时,各级侨务部门经常到佛罗伦萨中文学校考察并帮忙解决办学中出现的相关问题。对于中国各级侨务部门的支持,佛罗伦萨中文学校在其十周年画册中做了详细的介绍。下文列举其中的几例:

2002 年 7 月份原国侨办主任郭东坡率团访问佛罗伦萨时为佛罗伦萨中文学校作"弘扬中华文化,促进中意友好"的题词,大大地鼓舞了佛罗伦萨中文学校办学的决心。

2005 年全国侨联李祖沛副主席率团访问佛罗伦萨时,到佛罗伦萨中文学校考察。随团的任梦云先生写了《闻名遐迩的佛罗伦萨中文学校》,对佛罗伦萨中文学校的创办历程作了全方位地报道。

2005 年 5 月浙江省侨办组织《中国浙江华文教育基地示教团》由温州市侨办周顺来副主任率团来佛罗伦萨中文学校示范教学,温州大学骆锤炼教授和温州鹿城区教育局李逸萱老师分别给学生上中国汉字的演变和中国音乐、舞蹈文化知识课。

2007 年 12 月 25 日,浙江省侨务代表团在戴小迅和李晓赞的带领下访问了佛罗伦萨,走访华侨华人,深入了解侨情,并与佛罗伦萨中文学校师生举行座谈,共同商讨华文教育。代表团向佛罗伦萨中文学校详细了解了学校的师资、教学、生源等情况。宣教处李晓赞处长发现中文学校缺乏图书,当场表态将全力提供支持和帮助。代表团人员对佛罗伦萨中文学校几年来培养了大批华人子女和向意大利人推广汉语表示赞扬,并祝愿佛罗伦萨中文学校越办越好。

2008 年 5 月 18 日至 19 日广东省侨办吴行锡副主任一行 3 人访问了佛

① 中国网.意大利中文校长潘世立:让中国娃异乡也能学母语[EB/OL]. http://www.china.com.cn/chinese/TCC/1253149.htm, 2011-07-30.

② 2011 年起,国侨办为佛罗伦萨中文学校提供志愿者教师.

罗伦萨中文学校。他们这次来的目的就是了解佛罗伦萨中文学校的华文教育,为今后的沟通和合作奠定基础,当年12月广东省侨办送佛罗伦萨中文学校900多册图书。2009年"六一"前佛罗伦萨中文学校由广东省侨办和浙江省侨办赠送了1500多册图书,使学校建立了图书室,深受学生欢迎。

2008年10月由佛罗伦萨中文学校邀请的浙江省侨办邱国栋副主任率领的浙江省华文教育示范团来佛罗伦萨中文学校示范教学。通过教学大大地提高学生学习中文的兴趣,为学生了解中国、知晓中华文化起到积极的作用。①

三、温州瑞安市政府的支持措施

温州瑞安市政府的支持措施主要体现在师资支持上,2000年,瑞安市政府和佛罗伦萨市政府签订了教育文化交流协议,每年从瑞安市的结对学校中选派2名优秀教师,由佛罗伦萨市教育局邀请出国任教。瑞安市政府的师资支持保证了学校的中文教学质量。

四、佛罗伦萨市教育局的支持措施

佛罗伦萨市教育局的支持措施除了为中文学校邀请中国教师外,更主要的是体现在支持学校的发展上。市教育局官员不但经常参加佛罗伦萨中文学校举办的各种活动,如中文学校十周年校庆,而且积极介绍、推广佛罗伦萨中文学校的办学模式,支持潘世立校长参加意大利教育改革研讨会、申请中国国务院侨务办公室侨办的"孔子课堂",帮助学校纳入意大利多元文化教育计划,向外交部推举其文化交融成果等。

案例 2.8　泰国芭提雅明满学校

1918年至今,泰国的华文政策不断变化。1918年出台了《暹罗民立学校法》也称《民校条例》,此项条例对华校开始了限制。1938年銮披汶成为泰国总理,他推行泰华运动和大泰族主义。1948年銮披汶重新执政后,泰国政府开始推行反华排华政策,在国内加紧控制华侨,对华文教育采取严厉的限制政策。1952年以后,泰国政府对华校的授课时间、教授科目以及对华校教师要求等方面均作了进一步的限制。1960年公布《发展国家教育方案》,规定华校只能开办四年制小学,压缩华校课时。1975年,中泰建交后,朱拉隆功大学将汉语列为选修课程。1988年,泰国中华总商会向泰国教育部提请开放华文教育。1991年泰国政府内阁会议通过教育部放宽华文教育的报告,决定对华文教育实行有条件开放政策,如允许增设华文幼稚园、允许华文小学与中学把华

---

① 佛罗伦萨中文学校.佛罗伦萨中文学校十周年画册(非公开出版)[M].意大利佛罗伦萨,
2010.

文列入选修课,允许可免泰文考试聘请外国教师执教,华文可以作为考入国立大学的科目等。这一决定推动了泰国华文教育的发展。

1998 年泰国教育部批准汉语作为大学入学考试的一门外语课。凡是报考大学人文学科和社会学科的学生,可以选择报考汉语代替其他外语。2006年泰国教育部推行《泰国促进汉语教学以提高国家竞争力战略规划(2006—2010 年)》使得泰国属于政府的学校都开设汉语课程。

泰国政府多方支持明满学校发展,(1)泰国政府补贴金:每名幼儿园学生,一年可得 7793 泰铢补贴;每名小学生,一年可得 7963 泰铢补贴;每名初中生,一年可得 11025.50 泰铢补贴;每名高中生,一年可得 11355.50 泰铢补贴。(2)泰国政府后来改作 15 年教育义务政策,政府提供:校服、教具、项目、牛奶等费用(各种费用按各年段),这样就减轻家长的负担。

学校目前还得到了中国国家汉办和侨办的大力支持,中国汉办与明满学校合作建立孔子课堂,每年派遣十几名志愿者到校工作,开展汉语教学,进行文化推广;中国侨办每年免费为每个学生提供汉语教材,并派遣 5 名教师到校工作。这些政策对学校的发展起到了至关重要的作用,但是因为形势发展变化,这些支持具有不确定性。

华文学校的发展离不开政策支持,一方面是泰国教育部门的支持,另一方面是中国相关部门的支持。泰国教育部门应该在教师培养、教师待遇等方面制定相关政策;中国相关部门要尽量确保政策的延续性。

三、孔子学院和华文学校政策支持比较

组织在运营过程中,需要接受政府的监督与管理,如组织的设立应该通过政府相关部门的审核与批准;组织的运营需要遵守政府的相关政策、规章的规定;组织人员的行为需要符合政府的相关规定……组织与政府有全方位的接触。因此,为了创造良好的发展环境,组织必须和政府积极交流,争取政府相关政策的支持与协助,同时减少因政府部门执行公务而给组织带来的不利影响和干扰。孔子学院与华文学校作为海外汉语传播的最主要组织,中国政府在政策方面的大力支持对其发展有重要作用。由于孔子学院与华文学校在组织主体、组织形式、管理方式方面都存在着较大的不同,中国政府的政策支持也不尽相同。

中国政府对孔子学院的支持远远大于对华文学校的支持。孔子学院是个具有独立法人资格的非营利性教育机构,具备非营利性组织的基本特征,但与西班牙的塞万提斯学院、德国的歌德学院一样,孔子学院在组织结构、设立形

式、经费来源方面都具有较强的官方性。① 从组织结构来看,孔子学院的最高组织机构——孔子学院总部理事会的主席、副主席都是我国政府各部委的官员。从设立形式上看,孔子学院总部以国家汉办作为依托,国家汉办是我国政府机构的代表,由我国教育部管理。从经费来源看,孔子学院总部的资金主要依靠我国的财政拨款。而华文学校更多的是民间行为或者是所在国多文化教育(民族教育)的一部分,中国国家侨务办公室在教师、教材方面给予一定程度的支持,但这种支持相比孔子学院来说是杯水车薪。

综合中国政府在政策方面的支持,孔子学院在经费、师资、教材等方面都获得了大量的支持,可以说政策支持是孔子学院发展的最为主要的支撑力量。而相对而言,华文学校受到的政策支持力量较为薄弱。

第三节　组织交流比较

组织交流是指组织内部交流与组织外部交流的有机结合,是组织中的成员为达成组织目标而进行的管理信息交流的行为和过程。美国著名管理学家赫伯特·西蒙在《管理行为》中指出,组织从诞生之日起,就存在于多种多样的社会关系中,与组织有关的各社会关系之间的信息交流成为组织发展的必要条件。一般来说,组织交流具有交流目的明确、交流渠道多、信息共享程度高等特点,具有组织控制、表达情绪、帮助决策等功能。有学者认为组织交流分为组织内部交流与组织外部交流两个部分。由于孔子学院与华文学校大多规模较小,组织内部交流较为灵活,没有固定的组织形式与交流方式。因此,本文中的组织交流仅指孔子学院与华文学校组织之间的交流,即组织外部交流。

同一国家的孔子学院或同一国家的华文学校所处的国内外环境大致相同,人们对其的态度也基本一样,因此,它们面对的机遇与挑战也基本相似。基于这些相似之处,孔子学院与华文学校都有必要加强组织之间的交流。在与同行组织的交流过程中,可以借鉴同行组织成功的经验,吸取他们失败的教训。与此同时,在交流过程中,孔子学院与华文学校不仅可以获取一些有价值的信息,而且不同的想法、思路发生碰撞,可以拓宽孔子学院与华文学校的发展思路,促进其更好更快地发展。

---

① 宫继鸣. 汉语国际推广——关于孔子学院的经济学分析与建议[D]. 山东大学,2008.

一、孔子学院组织交流

孔子学院组织交流目前主要有两种形式，一种是孔子学院同行之间的交流，它包括孔子学院总部每年组织的全球孔子学院大会、孔子学院院长大会等由孔子学院总部组织的各种组织交流会议和小规模孔子学院进行的联合交流，如同一中方院校合作创办的孔子学院举行的各种会议，同一国家的孔子学院的联合会议等。另一种是孔子学院与国内有关组织特别是教育组织之间的交流，如孔子学院与中方合作院校之间的交流。第一种组织交流形式一般由孔子学院总部组织或在总部有所备案；第二种组织形式则视为孔子学院促进了国内相关组织国际化的进程，而受到总部的鼓励。

（一）孔子学院之间的交流

目前，孔子学院之间的交流主要有两种形式，一是孔子学院总部举办的全球孔子学院大会、孔子学院院长大会；另一是部分相关孔子学院的联合交流。自 2006 年起，国家汉办/孔子学院总部每年组织一次全球孔子学院大会。会议过程中，全球孔子学院代表与孔子学院总部专家一道共商学院发展大计。由于孔子学院成立时间相对较为集中，国际国内汉语推广的环境大致相当，各孔子学院代表在学院大会召开过程中，各抒己见，发表自己对孔子学院发展的看法，提出自己针对所遇问题所采取措施的得失。在这个过程中各孔子学院代表的观点发生碰撞，引发思考，相互借鉴，从而更好地为自身的发展提供策略参考。

随着孔子学院在世界各国如雨后春笋般地创办，同一国家的孔子学院之间也经常进行交流，就学院发展遇到的问题，如教师、教材、教学方法等进行探讨。在同一国家中，当地人对孔子学院的态度，当地人学习汉语遇到的主要问题，当地人的风土人情都具有相对较高的一致性，因此同一国家之间孔子学院的组织交流，通过组织合作来加强学院的影响力，提升学院的教育教学质量无疑是事半功倍的。然而，目前，以国别（区域）为单位进行的合作与交流似乎并不多，孔子学院大多各自为政，这应该是孔子学院发展过程中亟待克服的一个发展问题。

（二）孔子学院与国内相关组织的交流

孔子学院与国内相关组织的交流形式较为多样，有孔子学院牵线搭桥促进中外合作双方院校加强国际化合作，也有孔子学院举（承）办各种由国内外学者参加的学术会议或讲座，还有组织学生参加国内相关部门特别是侨务、教育部门的汉语交流活动。

孔子学院牵线搭桥促进中外合作双方院校加强合作主要表现为孔子学院促进中外合作高校师资国际化、学生国际化、管理国际化,并通过国际化进程提升中外双方高校的综合"软实力"。① 在促进中外合作高校师资国际化方面,孔子学院利用自己中外合作办学的独特优势,把国外(内)高校的教师引进(到)国内(外),为合作双方高校师资国际化开拓了一条新的途径。在促进学生国际化方面,孔子学院对国内外合作高校具有积极的影响:一是直接的影响,即国内孔子学院合作院校通过孔子学院奖学金直接吸引优秀的外国留学生到国内学习与交流。以"引进来"的方式增加在校国际生的数量,这些国际生在生活、学习中与国内学生朝夕相处,使中国学生的国际化视野得到了拓展,促进了国内学生的"校本国际化"。二是间接的影响,孔子学院的学生在中国学成回国后,他们会在国内宣传他们在中国生活、学习的体验,起到一定的推广作用,从而促使更多的学生来中国求学。在促进管理国际化方面,作为中外交流与合作重要平台的孔子学院,按照其章程要派中方院长到孔子学院与外方院长一道对孔子学院进行管理。外派中方院长在孔子学院的管理过程中,能立足国际大背景,学习先进的国际化管理理念和优秀的管理经验,同时外方合作院校也能在这个过程中与中方管理人员互相交流,获取经验。

孔子学院举(承)办由国内专家、学者参与的学术交流与讲座主要是指,孔子学院利用自身中外合作的优势,举(承)办各类文化交流特别是汉语国际推广方面的学术交流与合作。如:罗马大学孔子学院于 2010 年举办了"欧洲人的汉语研究历史"国际研讨会暨世界汉语教育史研究学会第三届年会;泰国东方大学孔子学院 2010 年积极邀请国内专家就汉字与中国文化、中国碑帖艺术、中医文化等进行专题讲座。

孔子学院组织学生参加国内相关活动,主要由国家汉办主办的汉语桥和汉语夏令营等活动。与国内相关组织的交流能提升相关部门对孔子学院的重视程度,使孔子学院获得更多汉语国际推广的最新信息,获取更多的国内资源,从而为其发展提供更多的支持。在孔子学院总部的指引下,孔子学院开展了多种形式的组织交流活动。这些组织交流活动拓展了孔子学院的资源获取渠道,使孔子学院能从国内相关组织、国外同行中获取众多的信息资源,努力追求亲密关系,避免对市场的过度依赖,从而提升市场竞争力。

---

① 严晓鹏,郭保林.议孔子学院对我国高校国际化的影响与作用[J].中国高等教育,2006(6):56—57.

案例 2.9　泰国东方大学孔子学院

孔子学院要实现长远持续地发展,必须不断与同行交流,以获取有利于发展的各样资讯和信息。在这方面,泰国东方大学孔子学院的创建方一直积极进取,走在全国的前列。

2009 年孔子学院中方负责人告诉我们:"孔子学院要发展肯定要加强交流与合作,特别是同行之间的交流与合作。通过交流,学习别人好的办学经验,提升自己的办学能力,所以,我们每一年都会参加孔子学院大会。同时我们还派出教师参加了第五届世界华文教育研讨会,以了解孔子学院与华文教育发展的最新讯息。"除此之外,2010 年孔子学院外派教师还提到:"我们还积极邀请中国相关专家、学者来讲座。如去年,我们就邀请了上海大学书法家徐步群到孔子学院举办书法艺术讲座,上海海事大学郑和研究中心徐作生教授做中国历史文化讲座。"

创建方之一的温州医学院、温州大学一直较为重视孔子学院与相关组织的交流,派出专家、学者参与了第二届世界华文教育大会,多届孔子学院大会。同时,温州大学还重视孔子学院发展的相关研究,鼓励教师申报国侨办相关课题等。另一创建方泰国东方大学也多次派出专家参加孔子学院大会。通过这些会议及相关研讨,双方认识到目前总体形势有利于孔子学院的快速发展,孔子学院应借泰国国内"汉语热"的东风,抓住机遇,稳步推进,快速发展,稳步形成自己的办学特色与办学优势。

除加强与温州大学、温州医学院的交流外,孔子学院也不断加强与其他国内知名大学的交流与合作。与此同时,东方大学孔子学院举办了首届泰东大学生中文讲演赛,并积极组织学生参加"汉语桥"世界大学生中文比赛泰国分赛区比赛等。通过这些活动拓宽了孔子学院组织交流的途径,丰富了交流的内容,同时也提高了泰国东方大学孔子学院的知名度。

案例 2.10　罗马大学孔子学院

在与同行交流方面,罗马大学孔子学院连续参加了多届孔子学院大会,并提交相关交流材料。同时,孔子学院还利用北京外国语大学合作共建多家孔子学院的优势与北外合作共建的其他孔子学院一道举办中国传统文化系列讲座。[①] 2007 年,罗马大学孔子学院承办了意大利汉学家协会年会;2010 年,罗马大学孔子学院联合世界汉语教育史学会和北京外国语大学中国海外汉学研究中心,举办了"欧洲人的汉语研究历史"国际研讨会暨世界汉语教育史研

---

① 截至 2011 年,北京外国语大学共承办 15 所海外孔子学院,位于亚、欧、美 12 个国家.

学会第三届年会。① "学院一直高度重视与同行的交流,除参加每一年的全球孔子学院大会外,经常与北外合作共建的其他孔子学院一起举办各种中国文化讲座。同时,我们还承办了第六、第七届'汉语桥'中文比赛意大利赛区预选赛"②通过这些交流活动,罗马大学孔子学院对海外汉语言文化教育机构与海外汉语教学有了更深刻的认识和更积极的思路。在与媒体交流方面,2010年年初,罗马大学孔子学院与《世界中国》杂志合作设立孔子学院专栏,11月起设立"意大利人学汉语"专栏,刊登关于汉语学习、罗马大学孔子学院的活动等方面内容。专栏的设立提升了孔子学院的知名度,扩大了孔子学院的影响力。在与中国国家汉办交流方面,孔子学院承担了国家汉办的小语种项目,对汉办派往意大利进行意大利语培训的12名同学进行培养。同时,孔子学院还承办了第六、第七届"汉语桥"中文比赛意大利赛区预选赛,意大利中部地区的汉语水平测试。这些活动的开展拓宽了孔子学院组织交流的途径,丰富了交流的内容,加强了与孔子学院总部的联系。然而,孔子学院未能参与意大利当地华文教育组织或当地教育机构组织的一些教育教学交流活动,显然这是罗马大学孔子学院今后工作必须加强的一大着力点。

二、华文学校的组织交流

最早的华文学校是海外华人在"落叶归根"的情愫下,由华人团体自发的、自筹资金组织的培训组织,随着当地经济发展和政治变革,几经风雨后才伴随着中国国际影响力和综合国力的日益提升,发展成为现在具有一定组织性的、有一定政府参与的一类教育机构,但大多数海外华文学校仍属于私立学校。目前,华文学校的组织交流也分为两类。一类是华文学校之间的交流,如国家侨务办公室每两年举办的世界华文教育大会、各国的华文教育联合会等;另一类是华文学校与国内组织之间的交流,主要指华文学校与国内相关中小学结对,形成姊妹学校等。

(一)华文学校之间的交流

早期的华文学校大多由华人社团或华人商会投资兴办。随着华人社团之间交流的加强,华文学校之间的交流也日益密切,各国的华文教育联合会也相继成立。华文教育联合会成立之后,一般会定期就组织内华文学校面临的共

---

① 北京外国语大学. "欧洲人的汉语研究历史"国际研讨会在意大利罗马大学召开[EB/OL]. http://bfsu.cuepa.cn/show_more.php? doc_id=369120, 2011-8-2.

② 源自孔子学院总部. 罗马大学孔子学院[A]. 见:第五届孔子学院大会. 第五届孔子学院大会交流材料欧洲(二)[C]. 2010(12).

同问题进行商讨,并利用团队的力量来争取社会各界的支持,解决华文学校个体难以解决的问题。有了华文教育联合会这一平台,华文学校之间经常就资源获取、师资发展、组织管理、政策支持、社区关系、教育教学等问题开展讨论。由于同一国家(地区)的华文学校有许多相似之处,因此,华文学校之间的交流能开拓华文学校领导者的视野,激活他们的办学思路,从而为华文学校的发展提供更好的环境与更大的支持。如2006年加拿大蒙特利尔举行了"全加华文教育大会",来自加各大城市中文学校的200多位代表围绕"海外华文教育的新机遇与挑战"进行了全面的探讨。[①] 然而,由于华文学校的日益增多,各华文学校之间的竞争日益激烈,各华文学校参与华文教育联合会的目的各不相同,华文教育联合会的积极作用正在缩减。

国家侨务办公室组织每两年举办的世界华文教育大会,规模空前,目前已经举办了两届。世界华文教育大会期间,来自世界各地的华文学校负责人就当前华文教育面临的主要问题——教材、教法、教师与华文学校发展过程中出现的新问题、新情况进行专门讨论,共享资源信息,借鉴彼此经验,相互学习,共同进步。

(二) 华文学校与国内相关组织的交流

华文教育不仅是一种语言教育,还承载着中华文化薪火相传的使命。要想留住中华文化的根,做好下一代的华文教育工作是必由之途。华文学校作为华文教育的主战场,肩负着"留根"的重要责任。我国政府一向支持华文学校的发展,特别是近年来,中央领导多次指出开展海外华文教育是中华民族义不容辞的责任。国内相关组织积极响应中央的号召,纷纷与国外华文学校开展各种形式的合作。目前,华文学校大都与国内中小学或华文教育基地有或多或少的合作与交流,有的华文学校甚至成为中外教育机构合作与交流的窗口。华文学校与国内相关组织交流的形式较多,最主要的是结为姊妹学校。下文就华文学校与国内姊妹学校的组织交流进行论述。

华文学校与国内中小学结成姊妹学校,通过姊妹学校这一平台,华文学校与国内中小学加强了交流。在交流过程中,华文学校不仅可以学习国内学校相对较为系统与完善的组织结构,而且还可以借鉴国内姊妹学校的教学、管理等经验,从而提升自身的组织管理水平。与此同时,通过与姊妹学校的组织交流合作,华文学校还可以获取更多有价值的国内资源,如国内的各种教学参考资源与网络教育资源等。意大利佛罗伦萨中文学校与浙江杭州学军中学、温

---

①　加拿大举行华文教育会议,与会者直面机遇与挑战[J].海外华文教育动态,2006(8):41—42.

州少年艺术学校结成姊妹学校后,佛罗伦萨中文学校积极利用姊妹学校的资源,邀请学军中学的优秀教师到该校传经送宝,同时也邀请温州少年艺术学校的师生到佛罗伦萨中文学校进行演出。在与两个姊妹学校交流的过程中,佛罗伦萨中文学校的组织管理能力与组织生存能力都得到了一定程度的提升。然而华文学校与国内姊妹学校的交流方式还较为单一,一些更深层次的交流,如远程课堂、校际互动活动等还有待开发。随着全球化进程的加快,华文学校与国内相关组织的交流在一定程度上得到了加强,组织交流对华文学校发展的影响将进一步加强。

华文学校要发展壮大。科学管理、形成品牌,必须拓展自己的信息来源渠道,以获取更多完善和发展自己的信息资源。由于国际、国内华文教育环境具有一定的相似性,华文学校之间的交流能使华文学校相互启发,相互借鉴,从而更有效地从相关组织中获取自己所需的各种资源,尤其是讯息资源,形成自己的比较优势,从而提升办学效益。因此,可以说华文学校要获取发展资讯,学习先进管理技术,发展壮大,形成品牌,加强组织交流是必经之路。

案例 2.11　佛罗伦萨中文学校

华文教育学校要实现长远的发展,必须与同行保持交流,并获取最新的资讯和发展举措的信息。潘世立校长一直保持积极进取的姿态,把组织交流作为办学的一大特色。除参与各类华文教育研讨会外,学校通过建立友好学校的方式与世界各国的同行保持交流和联系。

佛罗伦萨中文学校校长指出:"交流是我们学校的发展特色,一直是学校的重点工作之一。近年来,在加强与中国侨务部门、兄弟华文学校、国内姊妹学校学习交流的基础上,我们学校还积极参与了意大利及欧洲相关组织的交流活动,如去年我们作为全意大利华文教育的唯一代表,参加了意大利教育部在卡塔尼亚 Acicastello 召开的'地中海'学校多文化新教育改革研讨会,今年又参加了由意大利外交部和'国际移民组织(IOM)'举办的'移民文化交流促进融入'经验交流大会。我想通过我们学校的桥梁作用,来加强中国与意大利之间的全面交流与合作。"

潘世立校长连续参加了国侨办举办的第四届、第五届世界华文教育研讨会。2009 年潘校长参加了成都举行的"首届世界华文教育大会",2010 年 9 月还将参加国侨办组织的"海外华文学校校长访华团"活动。通过这些活动,潘校长充分认识到当前是海外华文教育事业飞速发展的大好机遇,学校应抓住机遇,稳步发展,不断加强与改进本校的中文教育事业。

多年来学校的华文教育、教学、科研工作一直走在欧洲华文教育的前列,先后牵线佛罗伦萨市的高中、初中、小学与幼儿园与浙江杭州学军中学、杭州文澜中学、温州华侨中学、温州少艺校、温州鹿城实验幼儿园、瑞安中学、瑞安实验中学等多所著名中小学结成姐妹学校。2007 年学校与杭州文澜中学签订了合作协议结成姐妹学校，多年来两校相互交流，博采众长，充分发挥学校的桥梁与沟通作用。2011 年 8 月学校承办了由中国教育部组织的，"2011 中意文化交流夏令营"①。同时学校还与北京语言大学合作在佛罗伦萨开设"北京语言大学佛罗伦萨中文学校教学点"，又将与九江学院共办"孔子课堂"。学校在组织交流方面的努力引起了意大利教育部、外交部的重视，并对其合作交流化的办学模式给予了较高评价。

案例 2.12　泰国芭提雅明满学校

作为华文学校，泰国芭提雅明满学校主要通过泰国华文民校联谊会，特别是泰国东部华文民校联谊会来进行交流，泰东地区共有 14 所华文学校，每两个月会举行一次例会，商讨办学中出现的问题。同时学校还与中国广西华侨学校开展合作，派遣学生到中国攻读高中课程。

与非华文学校的交流主要通过当地教育主管部门，特别是泰国民办教育委员会、当地教育局等，通过一系列活动、比赛等方式进行交流。作为泰东重要的华文学校，明满学校积极参与各种交流，例如承办汉语教材培训、汉语志愿者培训等，通过交流取长补短，相互学习，不断提高。今后要不断创新交流方式，扩大交流渠道，进一步促进华文学校的交流。

2012 年 9 月 29 日，泰国帕塔亚市明满学校举办八仙教学大楼揭幕暨明满学校孔子课堂三周年庆典，更是借此机会扩大了学校的社会影响力。

中华人民共和国驻泰王国大使馆高振廷参赞代表管木大使莅临现场并主持揭幕仪式。泰国第一任旅游和体育部部长乃颂他耶·坤本、泰国文化部部长素卡蒙·坤本、泰国春武里府府尹乃空讪·亿甲猜、泰国教育部民校教育委员会秘书长参威·塔素攀、泰国第二部检察厅厅长乃蓬塞·贴拍蓬素旺、泰国中华总商会主席吴宏丰、泰国华文民校协会主席梁冰、泰国华文教师公会代表以及泰国明联辖下各友坛主席和泰国华文民校主席校董校长、孔子学院和课堂负责人等一千多嘉宾出席了本次庆典活动。高振廷参赞表示，明满学校的学生不仅中文说得好，中华才艺也掌握得好，他非常高兴看到汉语和中华文化在明满学校生根发芽、枝繁叶茂。

---

① 该活动为意大利"中国文化年"的一部分.

三、孔子学院与华文学校组织交流比较

在全球信息化的今天,组织的发展对其外部沟通系统的畅通性要求越来越高。组织的外部沟通系统良好,其获得的有效信息就越多,获得的资源也相应越多,组织的风险预见能力与抵抗能力就越强,组织的发展也就相应越强。目前,孔子学院与华文学校都有自己独特的组织交流系统,由于所处环境的相似性,它们组织交流系统具有相对较高的一致性,但也存在一定程度的相异性。

孔子学院与华文学校组织交流的相似之处。从交流形式上看,孔子学院与华文学校都形成了全球性的交流会议,并定期举行。孔子学院总部每年组织一次全球孔子学院大会为孔子学院的组织交流提供平台;中国国务院侨务办公室则每两年举办一次世界华文教育大会为华文学校共商发展大计提供场所。从交流内容来看,孔子学院与华文学校组织交流的重点问题基本一致,都是汉语国际推广中普遍存在的"教师、教材、教法"与汉语热下汉语国际推广出现的新情况与新问题。从交流目的上看,孔子学院与华文学校组织的基本目的都是通过组织交流来获取更多有价值的信息,从而提升自身的发展能力。

孔子学院与华文学校组织交流的相异之处。从交流形式上看,小规模孔子学院的交流主要表现为同一国内合作院校所建孔子学院间的交流,各院中方院长为同一大学的教师,国内共事期间所形成的情谊为孔子学院的组织交流提供了便利。而小规模华文学校的组织交流则表现为同一国别(地区)的华文教育联合会组织的交流,如美国华文教育联合会就经常组织"全美华文教育大会"等。从全球交流活动的组织主体来看,孔子学院组织交流的组织主体主要是国家汉办/孔子学院总部,而华文学校组织交流的组织主体则是中国国家侨办办公室。从与国内相关组织交流的交流对象上看,孔子学院与国内相关组织的交流主要为与国内相关高等院校的交流,而华文学校与国内相关组织的交流则主要为中国各级华文教育基地。从合作形式来看,目前,孔子学院较少与国内院校开展形式丰富的合作,而华文学校则广泛地与国内中小学结为姊妹学校。

孔子学院与华文学校由于所处环境的具有相对较高的相似性,其在全球性的组织交流形式、组织交流内容、组织交流目的方面具有较大的共性。同时,由于孔子学院与华文学校的创办主体、创办目的、办学方式等的不同,它们在小规模的组织交流形式、全球交流活动的组织主体、组织交流的合作形式上具有一定的独特性。

第四节　社区关系比较

社区关系是指组织与周围同处这一区域的其他组织和个人的关系。俗话说"远亲不如近邻",社区是社会组织发展的根基,组织能否持续发展,"睦邻"工作扮演着重要的角色。在社区中,与组织发生直接或间接联系的社会组织十分广泛,包括地方政府、工厂、机关、学校、商店、旅馆、医院、公益事业单位以及众多的居民群众。一般而言,社区关系具有三个较为明显的特征:首先是地域互邻性。其次是利益相关性,孔子学院或华文学校与同一社区中的其他个体或组织同处一个社区,必然产生直接或间接的利益关联,如公共场所共享、社区环境维护和社区建设责任等。最后是组织主体与公众的互相制约性。孔子学院或华文学校能够给社区中的汉语爱好者提供汉语学习服务,提供汉语交流平台,通过输出教育和文化服务,造福于当地社区和民众,为社区的发展创造良好的人文环境。与此同时,社区对孔子学院或华文学校的大力支持有利于为孔子学院或华文学校提供教育需求、资源支持等,从而促进它们的"永续发展"。在这一部分中,本研究在分别论述孔子学院与华文学校社区关系的基础上,对两者社区关系的情况进行比较,从而加深对两者社区关系状况的了解。

一、孔子学院社区关系

为所在社区服务是孔子学院的天职。[1] 为了与所在社区建立良好的关系,各孔子学院纷纷采用多种方式与社区互动,服务于社区,力争成为当地社区文化活动的重要组成部分。然而,由于意识形态的不同,尽管各国人民有学习汉语的强烈需求,但其社区组织还是对孔子学院或多或少都存在一定的戒备心理,对孔子学院"爱在心里口难开"。

(一)孔子学院社区关系现状

自 2004 年第一所孔子学院在韩国首尔建立以来,截至 2013 年年底,已建立的 440 所孔子学院和 646 所孔子课堂,覆盖五大洲的 120 个国家与地区。孔子学院建立之后,怎样与当地社区建立良好的关系就成为摆在每一个孔子学院面前的一个重要课题。近十年来,各国孔子学院纷纷采用多种方式与社

---

① 国家汉办.齐心协办,乘势而上,推动孔子学院可持续发展——第五届全球孔子学院大会校长论坛综述(内部资料).2010(76):1—7.

区互动,如举办文化活动、开展中意文化交流等取得了一定的效果,一些孔子学院在一定程度上融入了当地社区,成为当地主流社会的一分子。然而整体而言,孔子学院的社区关系并没有随着孔子学院本身的快速发展而迅速改善。孔子学院中方院长主要负责的是孔子学院的教学、日常组织活动,一般较少参与当地社区的相关活动。同时,中方院长由于缺乏当地社会生活经验,对当地社会的一些风俗人情,为人处世方式不甚了解,在当地社会也缺乏相应的人脉资源,致使孔子学院拥有的社区关系资源相对较少。这就要求孔子学院的中方院长要在尽快适应当地社会生活的基础上,广泛接触社区里的各界名流,从而为孔子学院的发展探寻出新的信息支持源与资源支持源。然而,根据孔子学院章程,孔子学院中方院长的任职期限一般为 2—4 年,短短的 2—4 年的任职期限,中方院长一方面要适应当地的社会生活,另一方面要建立良好的社区关系,其难度可想而知。并且,中方院长在成功建立自己的人脉支持系统,为孔子学院的发展创造起良好的社区关系后,马上面临着回国,建立起的社区关系也必然会或多或少地受到影响。孔子学院的外方院长主要负责孔子学院的组织交流与发展,然而,外方院长一般为兼职院长,尽管他们非常关心孔子学院的发展,但受精力所限,他们为孔子学院社区关系的改善作用也是有限的。

意识到社区关系对孔子学院发展的重要性,孔子学院总部 2010 年举办的第五届全球孔子学院大会将主题设为"社区关系与孔子学院发展"。各孔子学院代表就社区与孔子学院的发展进行了深入探讨,并提出了一些有针对性的对策。可以预见在今后的发展过程中,孔子学院必将更加注重建立良好的社区关系,融入社区,成为社区的一分子,为社区的发展做出更多贡献。

(二)孔子学院社区关系建设方式

孔子学院通过开展各项活动,试图与当地社区建立良性关系,一方面,让当地社区更多地了解中国传统文化和中文,另一方面,也能够有效地开发潜在的学习者。这些活动包括:一是中国文化活动,如 2010 年 2 月 9 日,罗马大学孔子学院与意中基金会在学院礼堂联合举办了"迎新春"钢琴演奏会;泰国东方大学孔子学院 2009 年组织 35 名来自春武里府各校的学员参加了为期 10 天的丰富多彩的汉语夏令营活动等;二是中外合作交流活动,如冰岛北极光孔子学院促成了冰岛大学与宁波大学开展校际学生交流项目。三是学术交流活动。孔子学院中外高校合作办学的背景,使它们在促进国际学术交流方面具有独特的优势,各孔子学院也充分利用这种优势开展相关的学术交流活动。如,2010 年 9 月 13—14 日,罗马大学孔子学院联合世界汉语教育史学会和北京外国语大学中国海外汉学研究中心,举办了"欧洲人的汉语研究历史"国际研讨会暨世界汉语教育史研究学会第三届年会。如上文所述,孔子学院目前的社区关系建设还处于单方面的"引进来"阶段,孔子学院各级负责人与师生较少"走出去"参与当地社区的活动。这种状况的形成具有多方面的原因,既有孔子学院师资队伍建设方面的原因,也有孔子学院处于发展初期阶段当地社区组织或个人受意识形态的影响而尚未完全接受孔子学院方面的原因。

服务社区是孔子学院的天职。在服务社区的过程中,孔子学院通过与社区的互动,能逐步得到社区更多的支持,从而改善自身的要素禀赋结构,获取社区关系维度的比较优势。然而,由于意识形态的不同,特别是"中国文化入侵说"的负面影响,致使孔子学院改善社区关系的步伐发展较慢,目前,还未能真正融入社区。

案例 2.13　泰国东方大学孔子学院

孔子学院不是与世隔绝的象牙塔。扎根社区,建立良好的社区关系对于孔子学院发展有着重要的意义。泰国东方大学孔子学院以中医特色为载体,以汉语教学为主体,积极开展中国文化的传播推广活动。2009 年孔子学院中方负责人告诉我们:"孔子学院一直注重与当地社区建立良好的关系。每年我们都邀请春武里政府官员、当地华人、华侨及市民等参与孔子学院主办的各类活动。如:中国民族服饰展、中文歌曲比赛、中文演讲比赛、中秋佳节主题活动、中国游学活动等。同时,我们还根据当地社区需要开展汉语教师培训活动,孔子学院学生来华交流活动,通过这些活动拉近了学院与社区的关系。"活动大都邀请春武里政府官员、当地华人华侨与当地市民等参加,活动的举办拉近了孔子学院与社区的关系,促进了各方关系的良好发展。但由于东方大学孔子学院领导与教师队伍目前缺乏稳定性,负责人表示:"但由于我们在泰国工作时间相对较短,我跟泰国当地社区相关人员建立良好关系后,差不多就回国了,而我的下一任又要重新开始。"中方人员大都只在泰国工作两年,这不利于孔子学院与社区关系的良好持续发展,使其与社区的关系较难达到华文学校那种水乳交融的程度。

案例 2.14　罗马大学孔子学院

罗马大学孔子学院利用自身拥有的资源积极开展了多种融入社区的活动,如本土教师培养活动,意中跨文化艺术展览会,与驻意使馆教育处、罗马学联举办除夕联欢会,意中多媒体艺术讲座,"中国现代艺术文化——视觉艺术,音乐及当代文学"系列讲座,"老乡——在意大利生活的华人群体"摄影展,第五届欧洲华人书画展等。这些活动的开展体现了罗马大学孔子学院"入乡随俗。一直努力着与当地社区政府、组织、居民建立良好的关系。近几年来,我们开展了多种活动,还在罗马国立住读中学设立孔子课堂,以方便当地居民就近学习中国文化"[1]。同时,孔子学院在罗马国立住读中学设立孔子课堂,并支持罗马地区的八所中学开设汉语课。[2] 这些活动的开展拉近了孔子学院与当地社区、当地华人及当地主流社会的距离,促进了孔子学院的社区"融入"。但由于孔子学院中方人员频繁变动(一般工作期限为二年),招募的本地教师极不稳定,相关人员极少受邀"走出去"参与当地社区的重大活动。这使孔子学院难以真正扎根社区,也难以像华文学校那样成为社区多元教育的一部分。

二、华文学校社区关系

(一)华文学校社区关系现状

华文学校拥有三百多年的发展历史,三百多年的发展使得华文学校在当地社区拥有一定的知名度,部分华文学校已然成为当地社会学习汉语、传播中华民族文化的最主要阵地,成为当地社区特别是华人社区不可缺少的一部分。

华文学校的办学目的是为了华人、华侨子女能够学习华夏民族语言,掌握中华民族优秀传统文化,牢记中华民族的"根"。一般而言,华文学校大多由华人社团参与创办,华文学校的负责人一般也是当地社会特别是华人社会的名流。华人社团的参与使得华文学校具有良好的社区基础,华文学校负责人的社区人脉也使他们在社区中具有良好的关系。

同时,华文学校的学生大都是本社区内的,学生家长在来华文学校接送孩子的过程中,能认识许多华人、华侨朋友。在等孩子放学的几分钟时间里,他们经常谈论自己的育儿经验,谈论当地,特别是华人社会发生的重大事情。一些有学识、有经验、融入当地主流社会的家长时常介绍一下自己融入当地社会的经历及其过程中的一些经验教训,这就能使一批刚到当地社会不久的华人华侨少走弯路,迅速地融入当地社会。部分华文学校认识到自己在促进华人融入当地社会中的作用,积极建立家长学校。一方面让家长参与到学校的管理中来,为学校的发展出谋划策,从而提高华文学校在当地社区的影响力,促进华文学校的发展。另一方面,家长学校也为家长提供了一个交流、学习、分享经验的场所。在这个场所里,家长们形成的友谊能使他们在工作、生活过程

① 孔子学院总部.罗马大学孔子学院[A].见:第五届孔子学院大会.第五届孔子学院大会交流材料欧洲(二)[C].2010(12)和上海外国语大学附属外国语学校.我校与意大利第一所设立"孔子课堂"校签订合作备忘录[EB/OL]. http://www.sfls.cn/yhwl/ShowArticle.asp?ArticleID=3112, 2011-12-10.

② 孔子学院总部.罗马大学孔子学院[A].见:第五届孔子学院大会.第五届孔子学院大会交流材料欧洲[C].2010(12).

中互相支持,互相帮扶,团结一致为华人社会、华文学校争取更大利益。可以说,目前华文学校已经较为成功地融入了当地社区。

（二）华文学校社区关系建设方式

华文学校一般由当地社区的侨团侨社参与创办,当地教育机构紧密配合大力协助。华文学校的创办人及各届校长大多为华人社会的名流,在当地社区拥有较高的知名度。同时,华文学校作为当地社会多元文化教育的一部分,得到越来越多的当地主流社会成员的认同。目前,华文学校的社区关系方式较为多样,不仅有请当地社区成员参与华文学校的活动这种"请进来"的方式,也有积极参与社区建设或庆典活动这种"走出去"的方式,还有家长学校、家长委员会等华文学校独特的社区关系建立方式。

华文学校"请进来"的社区关系建设方式主要指在华文学校重大活动开展的时候请当地社区的相关人员参与,包括政府相关工作人员、华人社团相关人员、社区相关组织负责人、当地社区的各界名流及学生家长。如罗马中华语言学校每年举行"迎春晚会"、"'六一'儿童节游园活动"、"复活节旅游"等重大活动,每个重大活动都会邀请罗马市政府官员、中国侨团人员、当地社区的各界名流及学生家长参加。一年一度的华文学校学生毕业典礼是华文学校融洽社区关系的一个重大活动。一般而言,毕业典礼当天,华文学校会邀请当地社区相关人员来给孩子们见证他们毕业的难忘一刻。社区相关人员在与孩子们同庆之余,对华文学校发展过程中出现的新情况与新问题会提供一些策略支持,有时也会提供相应的资源或经费资助。同时,社区相关人员也会邀请华文学校的师生参与社区举办的大型活动,以丰富社区文化,优化社区人文环境。

华文学校"走出去"的社区关系建设方式主要指华文学校积极走向社区展现自己,与社区内相关组织一道开展丰富多彩的各种活动,包括:参与当地政府组织的各种庆祝活动、当地华人社团组织的各种活动、当地教育部门组织的各种活动等。如佛罗伦萨中文学校每年都会组织学校师生参与社区的"狂欢节"活动、多元文化演出活动、"三八"国际妇女节联欢演出活动等。与此同时,华文学校作为当地多元文化教育的一部分,也经常走出去参与当地教育部门举办的各种教育教学研讨活动。如2011年2月,佛罗伦萨中文学校潘世立校长作为全意大利华文教育的唯一代表参加了意大利教育部在卡塔尼亚 Aci-castello 召开的"地中海"学校多元文化新教育改革研讨会。

随着中文热在世界各地的兴起,华文学校除了华人、华侨子女外,还吸引着外国人学习中文。一般来说,华文学校都有数量不等的外国学生①,这些外国学生家长与华人家长一起构成了华文学校的家长学校成员。由于家长学校成员大都是本社区内的成员,他们的存在为华文学校构建良好的社区关系奠定了一个良好的基础。

在部分华文学校的影响下,目前,当地的一些优秀公立或私立学校也陆续地开设了中文班。华文学校一般会经常性地与这些开设中文班的学校进行沟通交流,并派遣经验丰富的中文教师与这些学校的中文教师进行教学方面的沟通交流。教学方面的交流,使得华文学校更好地融入当地的社会,提升了华文学校的知名度与影响力。

与所在社区互利互惠的鱼水关系,一方面丰富充实了所在社区的文化生活,另一方面,也为华文学校从社区里获取了较多的发展资源。扎根于社区是华文学校的一大比较优势,华文学校要深刻认识到这一优势,并遵循比较优势的发展战略,积极利用社区关系为自己开拓生源,以扩大影响,提升市场竞争力。

案例 2.15　佛罗伦萨中文学校

佛罗伦萨中文学校的管理者充分认识到社区关系对学校发展的作用,积极开展多种活动与社区联动,促进学校、社区一体化发展。佛罗伦萨中文学校校长说道:"大家都是乡里乡亲,佛罗伦萨这里的华人大多是温州老乡,办华文学校也是为了培养下一代,因此大家都很支持。学校与当地政府也有良好的关系,每年学校举办重大活动都会邀请佛罗伦萨市政府、教育局等相关官员来参加。我们也积极参加当地政府和社区组织的一些活动,通过加强与社区联动来提升学校与社区的关系。同时,我们的图书馆免费对社区相关人员开放,为社区提升了一个良好的中文学习环境。"

学校每年举行"迎春晚会"、"'六一'儿童节游园活动"等重大活动,每个重大活动都会邀请当地政府官员、中国侨团人员与学生家长参加。同时,佛罗伦萨中文学校组织学生多次参加当地社会举办的各类活动。如"狂欢节"活动、多元文化演出活动、"三八"国际妇女节联欢演出活动等。

一位佛罗伦萨中文学校的老师告诉我们:"佛罗伦萨有超过 2 万的华人,而这些华人当中的 80% 又是温州人。我们校长也是温州人,老乡的关系,校长与华人社团、华人组织的关系都不错。同时,COSPE 的玛丽娅也非常热情

---

① 这些外国学生中年龄可能各不相同,但大多是青少年儿童。因此,这里仅指外国青少年儿童学生.

地帮助我们,因此,我们与意大利当地社区组织的关系也很好。我们教师还经常受邀去意大利当地学校(当地部分学校以选修课的方式开设了中文课)传经送宝,帮助他们提升中文教学质量。"

除了建立各种规章制度,确立校风、学风、教风外,佛罗伦萨中文学校狠抓校园文化建设。2010年6月1日,佛罗伦萨中文学校建立了自己的校园网站,在帮助家长、学生了解学校的同时,也着力宣传华文教育,通过网站的形式让学生学到更好的中文知识。同时,学校也建立了自己的中文图书馆,免费向学生开放,把中文学习从课堂延伸至课外。

案例2.16　泰国芭提雅明满学校

明满学校的成立得到了泰国芭提雅市政府的支持,同时也得到了芭提雅侨团的支持。学校成立以来积极参与各项活动,融入社区。通过各种活动,扩大了学校的影响力,获得了社会的支持。选派学员组合参加"帕塔亚市青少年旅游大使"活动并获得十佳称号;与帕塔亚市有线电视台合作,录播"相约汉语"系列节目等。

在互动过程中,因为是民办学校,所以获得政府的社会资源相对较少,更多通过校董事会来发动广大侨团,利用中文特色来吸引普通民众,利用新闻媒体来扩大社会影响力。华文学校和社区的关系至关重要,获得社区的认可和支持,学校才能不断发展,学校将不断提高办学质量,积极参与社区活动,形成良性互动。

三、孔子学院与华文学校社区关系比较

如上文所述,由于教学对象、师资构成、发展历史等的不同,孔子学院与华文学校的社区关系之间存在着较大的差异,当然孔子学院与华文学校的社区关系之间也有一些相似之处,但总体而言,差异是主要的。孔子学院的社区关系状况相对而言,还处于成长建设期,其社区关系相对较差,而华文学校已经较为成功地融入了当地社区,成为当地社区的一部分。下文将就孔子学院与华文学校的社区关系进行比较分析。

（一）孔子学院与华文学校社区关系构建方式比较

目前,孔子学院社区关系处于成长建设期,在社区关系构建上主要有中国文化活动、中外文化交流活动和学术交流活动三种主要方式。三种方式都属于单方向的"引进来"阶段。孔子学院院长和师生较少受邀参与当地社区的活动,也较少参与当地社区的相关活动。可以说,孔子学院的社区关系还有较大的改善空间,需要孔子学院中外方院长及相关方共同努力。华文学校经过多

年的发展,不仅有"请进来",让当地社区相关组织与人员参与到华文学校的各种重大活动,如学生毕业典礼中来;而且有"走出去",参与社区举办的各种重大活动,如参与当地教育部门的学术研讨;还有家长学校、家长委员会等华文学校独特的社区关系构建方式。众多的社区关系构建方式,加上华文学校创办人或华文学校校长一般都为社区名流,拥有较好的社区群众基础,华文学校的社区关系一般较为良好。

（二）孔子学院与华文学校社区关系紧密程度比较

孔子学院近十年来,开展了丰富多彩的各种活动,采取了形式多样的各种措施以试图与当地社区建立良好的关系。然而,由于孔子学院中方院长缺乏当地社会生活经验、缺乏对当地社会风俗的了解,加上在外任职时间较短,故较难与当地社区建立起紧密的关系。而孔子学院外方院长大都为兼职,缺乏足够精力为孔子学院建立并维持良好的社区关系。因此,孔子学院的社区关系紧密程度较低。华文学校通过"请进来"、"走出去"、家长学校、家长委员会等形式与社区相关组织建立了良好的关系,并且由于华文学校的负责人一般为当地社会名流,拥有较好的社会资源,因此与孔子学院相比,华文学校的社区关系紧密程度相对较高。

第三章　孔子学院与华文学校内部治理比较

　　内部治理是组织所有者为实现组织的良性发展,提高组织的效益而采取的一系列激励或约束措施。一个组织内部治理的优劣,直接关系到组织的比较优势,影响组织的发展。对于内部治理有广义和狭义之分。广义的内部治理以威廉姆森、科克伦和沃特克等人的观点为代表,认为组织的内部治理是关于组织控制权和剩余索取权分配的一整套法律、文化和制度性安排。狭义的内部治理则以米勒、梅耶为代表,认为内部治理是研究组织内部组织结构的激励机制以及权力的相互制衡,机制是组织内部产权安排或权利的结构问题。[①]本研究采用狭义内部治理的概念,对孔子学院和华文学校的内部治理进行分析和比较。

　　孔子学院与华文学校作为最主要的"汉语国际传播"组织,其内部治理的合理与否,关系到汉语国际传播的成效,也关系到他们自身的发展。因此,正如前面提出的理论框架所分析的,在探讨孔子学院与华文学校的发展时,我们需要对孔子学院与华文学校的内部治理进行分析,以了解孔子学院与华文学校发展的内在动力。本章,将对孔子学院与华文学校的治理结构、资源获取与师资发展进行比较分析,探寻出两者之间的异同。

第一节　治理结构比较

　　在组织环境相同的情况下,教育服务机构的治理结构,直接影响

---

① 黄少安.中国转轨时期公司治理的特征分析[J].甘肃社会科学,2007(1):70-71.

到该机构的组织发展能力。对于这一点,林毅夫的企业自生能力理论给予了重点描述。林毅夫的企业自生能力理论认为,"自生能力是指在一个开放、竞争的市场中,一个有着正常管理的企业不需要任何外在扶持、保护就可以生存。如果一个企业在实际运行中并未获得预期的正常利润率,则一定是由于缺乏正常管理"①。据此,本研究认为孔子学院与华文学校的治理结构是研究分析的重要变量之一。本章,将结合企业自生能力理论、资源依赖理论与新公共服务理论对孔子学院和华文学院的治理结构进行分析与比较。主要内容包括:孔子学院与华文学校的组织结构状况及其管理特征,这种组织结构与管理特征对其发展有何种影响,影响的途径有哪些,等等。

一、孔子学院治理结构

(一)孔子学院组织结构

组织结构是指组织内部之间关系相对稳定的一种模式,既表现为静态的组织结构,又体现在动态的组织活动中。组织结构模式是由组织的目标任务以及环境情况决定的,其中包含组织内部的指挥系统和沟通网络,又包含着组织成员在不同层次的责权系统中的地位和相互关系。② 对于现代组织而言,由于组织内外环境的日益复杂,组织结构对组织发展的作用越来越明显。有管理学家得出这样的结论:一个组织生命力的强弱往往与它的组织结构有直接关系。③ 组织结构影响着组织的效率,进而影响组织的发展。国内有学者对直线结构、职能结构、直线——职能结构、事业部结构、分权结构和矩阵结构等传统企业组织结构模式进行了分析,并对它们的优缺点进行了比较,认为"它们都或多或少带有集权主义倾向,在组织中分权程度是低的……从而造成组织的低学习积极性,缺乏创新精神与激励创新的动力"④。孔子学院也是现代组织的一种,探讨其组织结构对于了解孔子学院的发展是十分重要的。孔子学院可采用总部直接投资、总部与国外机构合作、总部授权特许经营三种形式设立,不过就目前而言,主要是中外方合作办学模式。以下将对中外方合作办学模式孔子学院的组织结构进行分析。

全球孔子学院的管理和指导由孔子学院总部承担,孔子学院总部是具有独立法人资格的非营利机构,拥有孔子学院名称、标识、品牌的所有权,孔子学

---

① 林毅夫.企业自生能力与国企改革[J].发展,2005(8):11-12.
② 薛晴,朱永新.西方组织结构理论述评[J].铁道师院学报,1999,16(5):27-31.
③ 吴志功.国外大学组织结构设计理论研究概述[J].比较教育研究,1995(4):44-47.
④ 刘兴国,韩玉启,左静.传统企业组织结构模式的比较分析[J].企业管理,2003(3):76-80.

院总部设在中国北京。

孔子学院总部设立理事会,由主席、副主席、常务理事和理事组成。其中,主席1名,副主席和常务理事若干名,具体人选由中国国务院教育行政部门提出建议,报国务院批准。理事15名,其中10名由海外孔子学院的理事长担任,第一届理事由总部聘任,以后选举产生或按孔子学院成立时间顺序轮流担任;其余5名由中方合作机构代表担任,由总部直接聘任。理事任期为2年,可连任一次。理事会成员任职期间不从孔子学院总部获取任何报酬。理事会设立总干事、副总干事。总干事为总部法人代表,由常务理事担任。孔子学院总部在理事会领导下履行日常事务。各孔子学院设立理事会,中外合作设置的孔子学院,理事会成员由双方共同组成,其人数及构成比例由双方协商确定。孔子学院实行理事会领导下的院长负责制。院长负责孔子学院的日常运营和管理。①

孔子学院总部——孔子学院理事会——孔子学院院长的三级组织结构可以保证孔子学院总部对世界各国孔子学院的有效管理,同时也有利于孔子学院总部根据各国的具体情况对孔子学院进行规划布局与优化调整,从而增加孔子学院的针对性与适宜性。

(二)孔子学院管理特征

组织管理(organizational management)就是通过建立组织结构,规定职务或职位,明确责权关系,以使组织中的成员互相协作配合、共同劳动,有效实现组织目标的过程。② 它包括设立组织管理结构,明确成员职责及设计有效工作流程三个方面。孔子学院作为非营利的汉语国际化传播机构,其组织管理的效率直接影响到孔子学院的发展。

从目前的情况来看,在组织管理结构方面,孔子学院具有明显的中央集权式管理特征。按照《孔子学院章程》由孔子学院总部、孔子学院理事会、孔子学院院长等组成。孔子学院总部负责管理和指导全球孔子学院;孔子学院理事会负责审议孔子学院发展规划、年度工作计划、年终总结报告、项目实施方案及其预决算,聘任、解聘院长、副院长。院长负责孔子学院的日常运营和管理。在成员职责方面,孔子学院总部职责是:(1)制订孔子学院建设规划和设置、评估标准;(2)审批设置孔子学院,审批各地孔子学院的年度项目实施方案和预决算;(3)指导、评估孔子学院办学活动,对孔子学院运行进行监督和质量管

---

① 国家汉办/孔子学院总部.孔子学院章程[EB/OL]. http://www.hanban.edu.cn/confucious-institutes/node_7537.htm,2011-11-05.

② 陈树文.组织管理学[M].大连:大连理工大学出版社,2005.

理;(4)为各地孔子学院提供教学资源支持与服务,选派中方院长和教学人员,培训孔子学院管理人员和教师;(5)每年组织召开孔子学院大会;(6)制定中方资金资产管理制度。此外,总部还设专项工作委员会,为总部提供咨询意见,聘请中外知名人士担任高级顾问。孔子学院理事会职责是负责审议孔子学院发展规划、年度工作计划、年终总结报告、项目实施方案及其预决算,聘任、解聘院长、副院长。孔子学院院长主要负责孔子学院的日常运营与管理。在工作流程方面,孔子学院根据当地实际制订下一年度项目开展计划并编制"项目资金申请书"报孔子学院总部,总部收到申请后,对活动项目进行审核并批复孔子学院用于启动工作的预算,按时拨付预算款。[①]

通过对孔子学院的组织管理进行分析,孔子学院具有非营利性质,其市场运作相对较少,组织管理总体上属于总部支持、社会参与的中央集权式组织管理模式。这种管理模式与汉语国际推广的国家战略相适宜,提高了汉语国际推广的执行力和效率,节约了推广成本,建立了品牌,提升了知名度,对于汉语迅速地走向国际,增强我国的软实力具有一定的促进作用。但由于孔子学院重要决策需要通过层层审批,其对市场需求做出的反应有时就难免滞后,进而丧失一些发展的机会。同时中央集权式管理模式,也在一定程度上降低了各孔子学院创造条件发展自己的积极性,造成了对总部资源的过分依赖。

孔子学院治理结构是与其政府主导的非营利性海外语言推广机构的组织定位相适应的,是现阶段孔子学院发展的必然选择。其组织结构和管理模式使孔子学院具有与汉语国际推广战略保持高度一致,办学质量高,易形成品牌等比较优势。孔子学院要进一步发展,应根据各国不同的国情,在保证孔子学院办学方向的同时体现出一定的治理灵活性,创新教育管理机制,让更多的社会力量参与到孔子学院办学中来,提升孔子学院的发展能力,实现办学效益最大化。

案例 3.1 泰国东方大学孔子学院

泰国东方大学孔子学院是在中国国家汉办的批准下,由温州大学、温州医学院与泰国东方大学合作创办的旨在研究和传播中华文化,加强中泰文化、科技交流与发展的教育和文化交流机构。孔子学院的管理按照《孔子学院章程》

---

① 国家汉办/孔子学院总部.孔子学院总部资金管理办法[EB/OL]. http://www.hanban.edu.cn/confuciousinstitutes/node_7535.htm, 2011-7-18.

的相关规定，①由东方大学孔子学院理事会直接管理，实行独立核算、自负盈亏。理事会领导成员由中方与泰方共同组成，具体为理事长东方大学校长 Sompol Pongthai（泰方）；副理事长东方大学副校长 Pichan Sawangwong（泰方）；理事长温州医学院院长瞿佳（中方）；副理事长温州医学院副书记陈肖鸣（中方）、副理事长温州大学副校长薛伟（中方）。东方大学孔子学院现任泰方院长为 Wilai Limthawaranun，中方院长为缪立懿。理事会每年召开 1 次会议，确定孔子学院中、泰双方院长工作会议制度，具体讨论年度工作实施方案与计划。学院的管理形式为理事会领导下的院长负责制，中、泰方孔子学院院长负责处理学院的日常工作。

理事会领导成员对孔子学院的发展充满了热情，孔子学院成立以来温州医学院、温州大学与泰国东方大学曾多次组团互访并签订合作备忘录。同时，为使东方大学孔子学院形成自己的办学特色，温州医学院根据自己的学科特长把中华医学文化引入孔子学院。理事会领导大都是泰国东方大学、温州医学院与温州大学的主要领导，他们不仅有着办好孔子学院的强烈愿望，而且拥有良好的管理能力，较多的管理资源，这为孔子学院的可持续发展提供了强有力的保障。

案例 3.2 罗马大学孔子学院

"罗马大学孔子学院由北京外国语大学与罗马大学合作创办。学院由理事会领导，理事会成员由中国北京外国语大学和罗马大学相关人员组成，全面负责学院的各项重要工作。理事会下设中外双方院长。学院的行政与财务管理由罗马大学东方学院具体负责。"②

罗马大学孔子学院是依据国家汉办和意大利罗马大学签署的合作协议，由北京外国语大学与罗马大学合作创办的旨在研究和传播中华文化，加强中意两国文化交流与合作、展示中国文化魅力的教育和文化交流机构。孔子学院位于罗马大学东方学院的独立庭院内，可共享东方学院的众多资源。

---

① 《孔子学院章程》在第二十五、二十六、二十七条中对孔子学院的治理结构作了较为详细的规定。第二十五条：孔子学院设立理事会。中外合作设置的孔子学院，理事会成员由双方共同组成，其人数及构成比例由双方协商确定。第二十六条：孔子学院理事会负责审议孔子学院发展规划、年度工作计划、年终总结报告、项目实施方案及其预决算，聘任、解聘院长、副院长。聘任、解聘院长、副院长须报总部备案；中外合作设置的孔子学院院长、副院长的聘任由双方协商确定。第二十七条：孔子学院实行理事会领导下的院长负责制。院长负责孔子学院的日常运营和管理.

② 孔子学院总部.罗马大学孔子学院[A].见：第三届孔子学院大会.第三届孔子学院大会交流材料欧洲[C].2008(12).

　　罗马大学孔子学院采取中外机构合作方式设立,由孔子学院总部投入一定数额的启动经费。年度项目经费由罗马大学与中国国家汉办共同筹措,双方承担比例一般1:1。近年来,罗马大学孔子学院学生大增,学生的学费收入成为孔子学院日常工作资金的重要来源之一。

　　罗马大学孔子学院是在意大利罗马市合法注册的法人机构,由罗马大学孔子学院理事会全面领导与管理,理事会成员由中国北京外国语大学和罗马大学相关领导组成。罗马大学孔子学院外方院长由罗马大学东方学院院长马西尼先生担任,中方院长由北京外国语大学选拔、国家汉办考核派出。孔子学院的行政和财务工作由罗马大学东方学院具体负责,中方具体负责汉语教学和相关推广活动。

二、华文学校治理结构

(一)华文学校组织结构

　　学校组织机构是学校管理实体存在的重要外在形式,是按照学校发展目标的要求,将学校组织的职责、岗位和人员进行合理的组合和匹配,形成结构合理、权责清楚的协作系统。[①] "为了适应社会对学校的要求,取得社会的支持,满足社会对学校管理的参与,一些学校设立董事会、社区教育委员会、家长委员会、校友联系会、专家顾问委员会等机构,使学校成为开放性组织。"[②]

　　自海外第一所华文学校——明诚书院建立已有三百多年的历史。三百多年来,由于地域、移民人数、组织主体、资金来源、当地教育政策等方面的不同,海外华文学校的组织结构呈现多样化趋势。在东南亚大多国家,华文教育发展较好,形成了从幼儿(稚)园到大学的完整的华文教育体系。华文学校也相应有多种形式,如纳入国家教育体系的正规公办学校,纳入国家教育体系的民办学校,带有补习班性质的周末中文学校与旨在中华语言文化教育的语言学校。而欧美地区华文教育发展相对较晚,目前大多华文学校为带有补习班性质的周末中文学校与旨在进行中华语言文化教育的语言学校。对多样化的华文学校的组织结构进行合并与归类,发现华文学校的组织结构一般有四种模式:(1)校长负责制,如巴伐利亚中文语言学校,就是由中华文化协会注册办学,协会负责人担任校长;(2)校长领导下的教务长负责制,如柏林的华德中文学校,校长主要负责学校的行政管理,教务长负责教学管理;(3)家长大会制,由家长大会选举理事会负责学校的日常管理,如法兰克福的华茵中文学校;

---

① 李雯.中小学组织机构模式的新探索[J].教育科学研究,2005(9):21—24.

② 李春玲.对学校组织机构设计要素的探讨[J].教学与管理,2001(2):23—25.

(4)校董会领导下的校长负责制,如波恩华侨中文学校,校董会负责筹措资金,校长由校董会聘任,带领教师们开展教学活动,管理学校,开展对外交流。① 对这四种模式进行进一步的挖掘,发现华文学校组织层次一般较少,大多为校长—教研室和校董会—校长—教研室的通用性组织结构。

目前,华文学校大都规模不大,它不可能也没有必要像公立学校一样有专门的内部分工,建立很专门的教学和管理机构,以应对常规事务,而是通常设置通用性机构。通用性结构具有灵活的优点,可以随着外部环境的变化而有针对性地做出及时的调整。② 这使华文学校办学具有较强的灵活性与机动性,能较好地激发教师的主人翁意识,促进老师间互相帮助、互相激发,追求学校的发展与完善。

(二)华文学校管理特征

由于发展环境、发展历史、资源获取、市场运作方面的不同,华文学校的组织结构多样化,其组织管理也有首长制、委员会制与委员会领导下的首长制等的不同组织结构特征。

校长负责制与校长领导下的教务长负责制,华文学校大都由华文学校校长个人创办,具有明显的首长制特征。学校分工明确,责任清晰,决策迅速,办学灵活,效率较高。一般由学校校长独揽大权,对学校各种事务拥有最终决定权,一人决定一切行政措施,对学校的发展负责。其他校领导或教师只有建议权,而无决定权。这种组织管理模式的华文学校校长通常能力较强,能带领学校教师根据当地华文教育的环境做出较为正确的选择,同时也能通过个人影响力为华文学校获取一定的资源。但一个人的知识、能力、经验、精力毕竟有限,处理事务难免有思考欠周到之处,从而容易产生决策失误。③

家长大会制,华文学校的重大事项由家长会决定,校长在家长会上提出议题,家长对议题进行表决。这种华文学校大多依靠家长资助办学,能调动家长办学的积极性,社区关系较好。它能融合家长们对学校的相关意见,集中智慧、协调利益共同促进华文学校的发展,④但容易导致学校组织管理决策缓慢,行政效率下降等问题。

---

①　吕伟雄.海外华人社会新透视[M].广州:岭南美术出版社,2005:171-172.

②　阎凤桥.中国大陆私立大学组织特征的环境因素分析[J].民办教育研究,2004,3(1):21-30,107.

③　周民书.试论我国普通中学组织结构的改革与完善[J].华东师范大学学报(教育科学版),1997(3):27-34.

④　孙力.破解民主运作的难题:委员会制和首长负责制的正确运用[J].浙江学刊,2009(5):118-123.

校董会领导下的校长负责制兼有首长制与委员会制的共同组织结构特征。这类华文学校大多由华人社团、教会等主办,校董会一般负责学校办学资金的筹措,在办学资金、办学理念、办学规模、办学方向及学校发展速度等与华文学校发展相关的重大事项上采用委员会制。而在具有办学思路、教师招聘、教学活动开展等相对微观层面采用校长负责制。有研究认为,在学校管理方面,"对执行性、技术性一类的事物,首长负责制较适合,而立法性、顾问性、决策性一类事物,宜采用合议制"①。显然,校董会领导下的校长负责制兼有首长制与委员制的优点。校董会能为华文学校提供更多的资源,争取更多在政策与民众方面的支持,而校长负责制则有利于华校校长发挥自己的主观能动性,把握华文学校发展时机,集中精力在课程设置、教学质量、师资发展、教学评价等方面进行探索,从而提升学校的教育教学质量,扩大学校的影响力。

上述对华文学校组织管理特征的探讨,发现华文学校的组织管理不尽相同,但大多数华文学校都具有市场运作、社会参与的组织管理特征。这种管理特征与华文学校私立化的性质及其市场化的运营相适应,具有办学机制灵活,适应性强,社会参与程度高等优势,较好地适应了海外华人、华侨对华文教育的需求,对于汉语国际化推广具有一定的促进作用。

华文学校的治理结构较好地适应了教育市场化的发展趋势,具有办学灵活,社会参与程度高等比较优势,但同时也具有办学规模小,知名度不高,影响力不大,难以形成办学合力等不足。随着华文学校的进一步发展,华文学校必然会在规范化、规模化、专业化发展方面有所突破,华文学校的治理结构也将变得更加立体与多样。

案例 3.3　佛罗伦萨中文学校

佛罗伦萨中文学校是在中国驻意大利佛罗伦萨总领馆、温州瑞安市政府与佛罗伦萨市教育局的大力支持下,由潘世立先生投资兴建的,是中意友好交往的结晶。佛罗伦萨中文学校的校舍位于保罗茨落中学,是由佛罗伦萨市政府提供的。目前学校有中文班级 13 个,学生 213 人,教学大楼 1 幢,标准教室 6 间。拥有语音室、多媒体微机室。按照相关协议,佛罗伦萨中文学校具有校舍的使用权,但不具有相关的产权。

佛罗伦萨中文学校的老师告诉我们:"佛罗伦萨中文学校采用的是校长负责制的管理模式。由于目前学校教职工仅有 10 名,学校未设立教导处或教研室,但设副校长一名,班主任若干名(每学期不一样)。副校长具体负责学校的

①　陈孝彬.教育管理学[M].北京:北京师范大学出版社,1990:153.

教研、教学工作,班主任具体负责学生的思想、安全与管理工作。学校经过十年的发展,目前在教学管理、教风学风建设方面非常科学与规范。"

佛罗伦萨中文学校采用校长负责制,由潘世立校长全面负责学校的各项组织管理工作。学校管理结构为校长—管教学的副校长(其相当于部分华文学校的教导处主任或教研室主任)的两级组织结构。这与佛罗伦萨中文学校规模较小,教师数量不多的实际状况是相适的。

案例 3.4　泰国芭提雅明满学校

学校设立校董会,重大决策由校董会统一决定,下设校务总经理,负责学校的运营,泰文校长和中文校长负责学校的教学管理。这种组织结构下,中文校长只需负责中文教学,分工明确,采用这种结构主要是由学校的性质决定的,学校是由明满善坛赞助成立的民办华侨学校。在日常管理过程中,需要中文校长和泰文校长相互协调,用办学质量来赢得校董事会的支持。

目前的治理结构较为合理,只是需要进一步提高中文校长的话语权,现在实际负责人为泰方校长。

学校需要做好对外联络宣传工作,通过不断提升办学质量来获得各方面的支持。

三、孔子学院与华文学校治理结构比较

孔子学院与华文学校是汉语国际化推广过程中产生的两种最主要教育机构。由于发展历史、发展定位、发展目标等的不一致,在海外汉语国际化推广过程中,其组织结构与管理特征也存在众多异同之处。

（一）孔子学院与华文学校组织结构比较

孔子学院总部作为孔子学院的直接创办机构,为孔子学院提供统一标识、办学资金、师资力量、教材等支持。同时,大多孔子学院的办学模式为中外合作办学模式,中外合作双方依据《孔子学院章程》为孔子学院提供场地、教学与管理人员等支持。资源依赖理论认为,组织参与者的影响力与控制力来源于组织参与者对组织持续生存和成功的重要性水平。[①] 因此,孔子学院形成了孔子学院总部—孔子学院理事会—孔子学院院长的三级组织管理结构。这种组织结构带有明显的总部管理特征,组织结构稳定,有助于孔子学院在全球的合理布局,发挥规模效应,形成孔子学院的品牌,扩大孔子学院的影响力。同

---

① 费显政.资源依赖学派之组织与环境关系理论评介[J].武汉大学学报(哲学社会科学版),2005(4):451－455.

时，大多孔子学院是中外合作模式，理事会由中外合作双方成员构成，这样孔子学院一方面可以利用中外合作双方的优势资源，另一方面也降低了孔子学院的运营风险。[①] 但相对华文学校来说，孔子学院的这种组织结构缺乏灵活性，重要决策需要层层批复容易延误决策时机，影响决策效率。

华文学校一般由华人、华侨个人或华人社团、教会等创办。在创办过程中，部分华文学校得到了当地政府在办学场地、教学设备等方面的支持与补贴，同时，政府一般较少干预学校的具体事务，仅在宏观层面对华文学校进行管理。[②] 目前，华文学校主要有校长负责制、校长领导下的教务长负责制、家长大会制、校董会领导下的校长负责制等四种组织结构形式。无论何种组织结构的华文学校，其结构层次一般较少，大多为校长—教研室，或校董会—校长—教研室。[③] 这种组织结构决策效率较高，有助于华文学校根据当地教育需求、教育政策、教育环境灵活地开展华文教育。但与孔子学院相比，这种组织结构相对不稳定，影响力有限，较难形成教育品牌。

（二）孔子学院与华文学校管理特征比较

孔子学院实行三级管理模式，即总部/理事会—孔子学院理事会—孔子学院院长。总部主要从宏观上制定孔子学院的章程、把握孔子学院发展的基本方向；孔子学院理事会主要负责审查并通过孔子学院的项目工作计划，负责孔子学院的整体运作；孔子学院院长负责孔子学院的日常管理和行政工作，统筹学院的各项业务与活动开展。[④] 孔子学院在办学经费、师资、教材等方面得到孔子学院总部的援助，同时得到孔子学院中外合作双方在办学场所、教育教学资源方面的支持，具有明显的总部支持、社会参与特征。目前，孔子学院还处于布点探索阶段，孔子学院的品牌优势还没有完全形成，市场开发运营较少，大多孔子学院的项目实施都不能实现自负盈亏，因此现阶段孔子学院在组织管理上还具有市场运营少的特点。

华文学校一般实行校长—教研室或校董会—校长—教研室的管理模式。设有校董会的华文学校一般依附于华人社团或教会，由校董会负责华文学校的整体运作，校长负责学校的日常管理与行政事务，教研室负责学校的教务教学。由华人华侨个人创办的华校一般直接由校长负责学校的运作、日常管理

① 宁继鸣.汉语国际推广：关于孔子学院的经济学分析与建议[D].山东大学,2006(5).

② 目前，各国政府对华文教育的政策差异极大。有的国家把华文教育纳入当地的国民教育体系，有的国家纳入多元文化教育体系，也有的国家采取放任自由的政策，还有的国家抑制华文教育在当地的发展.

③ 大多规模较小的华文学校由校长直接管理教师，没有教研室（年级组）这一组织.

④ 孙鹏程.孔子学院和国际语言推广机构的比较研究[D].山东大学,2008(5).

与行政事务,教研室负责学校的教务教学。与孔子学院不同,华文学校大都实行自负盈亏,学校能使用的资源大多是个体资源,具有一定程度的私立化倾向。同时,华文学校进行华文教育在当地大多属于多元文化教育,除少数东南亚国家外,华夏民族在当地属于少数民族,华文教育也属于少数族裔教育,担负着民族文化传承的重任,具有一定的民族教育倾向。华文教育的民族教育倾向使其获得了华人团体及当地相关组织的支持,提升了社会参与度。如华人团体对华文学校进行资助,政府把华文学校纳入多元文化教育体系,在宏观层面对华文学校进行管理。然而华文学校最主要的管理特征还是它的市场化运作,众多华校尽管还是亏本运营,但其课程设置、经费来源等都体现了市场化运作。其实,华文学校由于不能得到政府足够多的支持,市场化也是众多华校的无奈选择。

目前,孔子学院在组织管理上具有总部支持、社会参与、市场运营少的特征;华文学校一般具有一定程度私立化倾向、社会参与多、市场化运作强的管理特征。两种不同的管理特征和两种教育机构的定位与现实境遇是相吻合的,体现了孔子学院与华文学校的不同历史使命与发展宗旨。

第二节　资源获取比较

资源依赖理论认为,组织是一个开放的系统,没有组织是自给自足的,所有组织都在与环境进行交换,以获取自己赖以发展所需的全部资源,从而实现自身的发展。而大量与组织生存相关的关键资源都包含于组织的外部环境中,因此,所有组织在某种程度上都依赖于外部环境。[①] 资源依赖理论的核心内容可以归纳为三点:降低环境中的不确定性;获取生存所需资源;提高组织的权力。由于自身拥有资源的局限性,组织不得不与控制关键资源的其他机构相互作用来保证资源的获取。与关键资源的提供者保持良好的关系有利于组织资源获取能力的提升。在特定的环境中,组织需要从对策和能动性入手,对组织自身的各个方面(战略、行为等)进行调整以适应环境,从而获得生存的机会。[②]

孔子学院和华文学校与其他的社会组织一样需要从外界获取资源来实现

---

①　费显政.组织与环境的关系——不同学派述评与比较[J].国外社会科学,2006(3):15-21.
②　张慧.跨国公司在华子公司创业导向研究—关系嵌入的视角[M].北京:经济科学出版社,2010:76.

自身的发展。资源获取能力的大小决定其发展的快慢,资源获取是否可持续决定了其发展的可持续性。它们与外部环境密切联系,外部环境可以保证孔子学院与华文学校在资源不足时获取其生存所需的各种资源,而这要求它们与外部环境中能提供这些资源的主体建立密切的关系,以保证它们的发展。

一、孔子学院资源获取

孔子学院采取由中国大学等公共机构与对方的大学或研究机构共同创办的办学模式。根据《孔子学院章程》,孔子学院的建设由外方提供土地和教学楼等物质基础,中国负责提供和培训汉语教师、举办汉语文化学术讲座、提供培训教材等活动。这种新型的中外合作开办的推广汉语和文化的办学模式为孔子学院核心资源的获取提供了现实保证。办学经费、校舍、师资、教材是一个教育教学机构最重要、最核心的资源,具有以上核心资源,孔子学院就具备了办学的基本条件。

孔子学院的经费资源获取。《孔子学院章程》规定,孔子学院由总部出资资助筹建。同时,对新开办的中外合作孔子学院,总部投入一定数额的启动经费,而年度项目经费则由外方承办单位和中方共同筹措,双方承担比例一般为1∶1左右。孔子学院中方所提供经费实行项目管理,遵照《孔子学院中方资金管理办法》执行,海外孔子学院的运营经费由双方共同筹措。① 孔子学院须按规定期限编制项目实施方案及预算、项目执行情况及决算,并报经总部审批。中方资产变更、处置须报总部审批。

孔子学院的校舍资源获取。目前,中外合作办学模式创办的孔子学院的校舍主要由外方合作机构按照孔子学院协议提供。但对于一些提供校舍有困难的外方合作院校,孔子学院总部给予了一定的支持。如孔子学院总部先后资助内罗毕大学、利比里亚大学、拉各斯大学孔子学院和马里阿斯基亚孔子课堂等共计约 80 万美元用于教学楼的改扩建。② 同时,也有部分孔子学院积极利用我国对外援助项目建设孔子学院校舍,如非洲的亚的斯亚贝巴孔子学院。

孔子学院的教材资源获取。孔子学院总部创新各地学院运营的新模式、开发汉语教学的新媒介、发展合作推广的新伙伴,先后开放网络孔子学院(Http://www.chinese.cn)、广播孔子学院(与中国国际广播电台合作,通过

---

① 国家汉办/孔子学院总部.孔子学院章程[EB/OL]. http://www.hanban.edu.cn/confucious-institutes/node_7537.htm,2011-11-07.

② 许琳:非洲国家孔子学院发展情况介绍[EB/OL]. http://www.counsellor.gov.cn/Item/7258.aspx, 2011-11-10.

调频在世界各国落地)和电视孔子学院(黄河电视孔子学院),编研发行《孔子学院院刊》,支持出版《汉语世界》杂志等等,其受众面达 149 个国家。① 据 2012 年孔子学院大会年度报告,该年孔子学院总部支持孔子学院开发本土教材,截至 2012 年年底,共有 119 所孔子学院开发各类教材 332 种,为孔子学院和孔子课堂配送教材 38 万册,缓解了教材匮乏问题;面向 70 个国家 11527 名本土汉语教师举办教材使用培训 216 场,培训外国汉语教师 6229 人,接受来华培训 50 个国家 1603 人,推动所在地区的汉语教学;为全球孔子学院搭建各具风格的子网站,为全球孔子学院提供交流及展示的平台,网络孔子学院多种频道与栏目不断增加,实现 46 个语种上线,注册人数 59.6 万,来自 124 个国家和地区。②

国家汉办在资源方面的大力支持,使孔子学院能相对较易地获取各种资源,保证了孔子学院的办学方向与快速发展。但国家汉办在资源方面的"划桨"行为,致使孔子学院各负责人开拓资源获取渠道的动机不强,从而间接地导致孔子学院对国家汉办的过度依赖,资源获取"风景一家独好"的情况。国家汉办应转变治理策略,强调服务而非"划桨",重视国家汉办与孔子学院、孔子学院相关人员之间的对话、沟通与合作共治,以建立健康的政府与孔子学院关系模式。

案例 3.5　泰国东方大学孔子学院

在资源获取方面,泰国东方大学孔子学院依照孔子学院章程从孔子学院总部获取办学经费、师资、教材等资源。在办学经费方面,泰国东方大学孔子学院的办学经费主要来自孔子学院总部,来自学生的学费较少。2009 年孔子学院中方负责人告诉我们:"孔院办公经费主要来自于总部的办学项目经费,学生学费所占比例较小,目前没有得到社团的资助。教师、志愿者工资,汉语教材,图书和音像制品等由总部提供。"每一年,孔子学院按孔子学院章程的规定期限编制项目实施方案及预算、项目执行情况及决算,报经总部审批,从孔子学院总部获取办学项目经费。在办学环境方面,按照《孔子学院章程》由泰国东方大学给予提供。③"学院的校舍是东方大学在春武里省政府的大力支持下建立起来的。除孔子学院校舍外,如有需要,我们还可以利用东方大学中

① 厦门大学国际合作交流处. 厦门大学与孔子学院[EB/OL]. http://ice.xmu.edu.cn/confucius.aspx,2007-03-26.
② 2012 年孔子学院大会年度报告.
③ 中外合作办学的孔子学院一般由外方合作单位提供用于孔子学院的教学场所、设施和设备等.

国文化研究中心的场地。"

在教育教学资源获取方面,泰国东方大学孔子学院的各类教材基本由孔子学院总部提供。孔子学院总部提供中华文化体验中心的建设,使学生通过设备体验了解中国文化,直观的体验取得了良好的宣传效果。

从目前的情况来看,泰国东方大学孔子学院资源获取的渠道相对单一,对孔子学院总部的依赖程度较高,对孔子学院总部的强烈依赖造成了孔子学院组织的脆弱。根据资源依赖理论,"组织的管理人员要确保组织的存在与延续,如果可能的话,就从外在限制中得到尽可能多的自主性与自由度"①。最直接的解决办法就是将组织发展成为一个依靠各种交换、较少依赖单个交换的状况。② 与华文学校相比,泰国东方大学孔子学院能够获取众多他们难以企及的资源,然而,由于孔子学院与总部在整个汉语国际化推广中所扮演的不同职能角色,尤其是总部具有教育管理者、资金提供者、政策制定者等角色职能,决定了泰国东方大学孔子学院对资源的选择行为只能是被动的适应。

案例3.6 罗马大学孔子学院

目前,罗马大学孔子学院主要从孔子学院总部、罗马大学东方学院和北京外国语大学获取相关资源。

"学院主要从孔子学院总部、罗马大学东方学院和北京外国语大学获取相关资源。学院的办学经费主要有两个来源,一个是孔子学院总部经费,这是最主要的;另一个是学生学费。教材方面,我们主要用自己的自编教材《意大利人学汉语》,其他的教材和教辅材料大多由总部提供。东方学院为我们提供了多媒体教室、网络课堂教室等先进的硬件设施,北京外国语大学为我们提供了部分远程教育资源。"③

在办学经费方面,罗马大学孔子学院的办学经费主要来自孔子学院总部与学生的学费。按照《孔子学院总部资金管理办法》的相关规定,孔子学院房屋修缮、设备购置;开展汉语教学;培训汉语教师,提供汉语教学资源;开展汉语考试和汉语教师资格认证;提供中国教育、文化等信息咨询;开展中外语言文化交流活动等由孔子学院总部提供资金。与此同时,由于教育需求大,学生较多,学生的学费也是罗马大学孔子学院的一项重要收入来源。

① 虞维华.非政府组织与政府的关系——资源相互依赖理论的视角[J].公共管理学报,2005(2):32-39.

② [美]约翰·S.布鲁贝克.高等教育哲学[M].郑继伟等译.杭州:浙江教育出版社,2001.

③ 根据第三届孔子学院大会和第五届孔子学院大会罗马大学交流材料整理而成.

在教学资源获取方面,除孔子学院自编教材《意大利人学汉语》外,中国国家汉办为孔子学院提供部分教材、图书及音像制品,丰富了孔子学院的汉语教学资源。同时,罗马大学东方学院为孔子学院提供多媒体教室,网络课堂教室等;北京外国语大学为孔子学院提供优质远程教学资源,丰富了同学们对中国语言和文化的了解,激发大家学习汉语的热情。

从目前的情况来看,罗马大学孔子学院形成了以中国国家汉办为主体,北京外国语大学、罗马大学及孔子学院学生为辅的资源获取渠道。国内有研究者对孔子学院经营模式类型与可持续发展进行研究认为孔子学院发展的最佳模式是"产业经营＋基金捐助＋汉办项目"型。[①] 同时,有学者考察了歌德学院的发展逻辑,认为"歌德学院财政来源是否多渠道、是否稳定直接决定了个别歌德学院分院的存亡"[②]。显然,罗马大学孔子学院还没有建立多渠道的资源获取模式,还存在对国家汉办过于依赖的问题。孔子学院作为非营利的汉语国际化推广机构,不可能走商业化的道路,但只要充分挖掘中外合作两方的各种资源,利用好孔子学院的品牌优势,罗马大学孔子学院还是能够多渠道稳定地获取办学资源的。

二、华文学校资源获取

华文学校作为华文教育的重要载体,是华文教育的最重要途径,华文学校规模的大小、管理的规范程度、教学质量的高低等直接关系到华文教育的推广与持续发展。近年来,随着"中文热"在世界各国的兴起,华文学校不仅在华侨、华人主要聚居的地方迅速发展,在华侨、华人不太多的一些地区也得到了快速成长。马来西亚著名企业家郭鹤年认为"华文学校不但可以为华裔青少年提供华文学习的机会,还能使华人保存自己的民族特性及价值观,从而扮演促进经济成长的角色"[③]。彭俊博士依据华文学校的教学组织形式或基本的生存形态,把华文学校从小到大分为五种:①家教和私塾;②各种语言学习班(中心);③私立学校(个人创办);④新兴的周末制中文学校(社团创办);⑤传统的全日制华文学校。[④] 其中第①、②种的学校目前数量较少,③、④、⑤种的学校具有较大的共性,而其中又以中文学校最为有代表性。下面仅以中文学校为例探析海外华文学校的资源获取途径。

---

①　吴应辉.孔子学院经营模式类型与可持续发展[J].中国高教研究,2010(2):30－32.

②　刘丽平,蒋鑫鑫.从歌德学院看孔子学院可持续发展之路[J].当代教育与文化,2011(3):83－87.

③　梅林.马来西亚华文学校地位日益受到重视[J].八桂侨史,1992(2):10.

④　彭俊.华文教学研究[M].广州:暨南大学出版社,2009.

华文学校的经费获取。中文学校的办学经费大多由学生学费组成,不够部分大都由其所依靠的侨团资助,当地政府在学校场地或教学设备等方面也会给予一定程度的支持与补贴。目前,由于中文热在各国的兴起,中文学校的生源都相对较好,学费收入也相对较高,大多中文学校能够依靠学生学费来维持自己的发展。

华文学校的校舍资源获取。由于财力有限,大多中文学校依靠租赁当地学校的校舍进行教学。华文学校属于当地多元文化教育的一部分,在部分国家,政府会在租金方面给予一定的支持。也有部分有实力的中文学校购买了自己的校舍,如西班牙马德里中文学校。[①]

华文学校的教材资源获取。大多华文学校的教材都是由国务院侨务办公室根据学校需要提供。部分华文学校根据自己学校的特点采用了人教版或其他版本的教材,这些教材一般由校长联系国内朋友帮忙购买。也有少数有实力的华文学校自己开发了校本教材,以增强自己教学的针对性,提高华校的竞争力。

华文学校根据自身的资源禀赋优势,从市场、华人社团、企业、个人甚至政府当中获取资源,具有资源获取渠道多的优势,可以说华文学校的资源获取呈现出姹紫嫣红的态势。但华文学校未能充分从政府中获取有价值的资源来发展自己,致使华文学校办学资源的持续获取具有较大的不确定性。其实,大多华文学校在汉语国际推广中,或多或少地还具有一定的公益性,因此华文学校有必要加强与政府之间的联系,获取政府更多的资源支持,以减少对市场的"唯一性依赖",更好地应对所在国华文教育的环境,提升自身的发展能力。

案例 3.7　佛罗伦萨中文学校

佛罗伦萨中文学校的设立过程就是一个从中国驻意大利佛罗伦萨总领馆、温州瑞安市政府与佛罗伦萨市教育局等多个利益相关者中获得所需的资源的过程。当然,这些资源,对于学校的继续发展同样是非常重要的。

佛罗伦萨中文学校校长告诉我们:"中文学校校舍位于保罗茨落中学,是市政府提供的,下午由中文学校使用,清卫工作、门卫人员由保罗茨落中学统一安排。学校办公经费主要是学生学费;学校教材是中国国家侨务办公室免费提供的,部分教参资料由我托人在国内购买。2009 年,浙江省侨办和广东省侨办给我们捐赠了 1500 多本图书,帮助我们建立了自己的图书馆。"

---

① 中国新闻网.圆梦海外华教情系维权护侨的西班牙侨领叶玉兰[EB/OL]. http://www.chinanews.com/hwjy/2011/10-27/3417633.shtml, 2011-01-10.

从目前的情况来看，佛罗伦萨中文学校的办学经费是从学生家长中进行筹措的，主要为学费收入。学费由潘世立校长统一负责管理、使用，主要用于支付教师、清卫人员、门卫等的补贴、中文办公室租用、学校办公和公共设施的购买及教育教学相关活动。

在校舍方面，佛罗伦萨中文学校的校舍是在意大利协助发展中国家协会（COSPE）的帮助下，由佛罗伦萨市政府免费提供的。学校校舍（教室、语音室、微机室等）上午由保罗茨落中学使用，下午与周末由佛罗伦萨中文学校使用。清卫工作、门卫人员由保罗茨落中学统一安排。

在教材方面，佛罗伦萨中文学校的教材是我国驻佛罗伦萨总领事馆联系中国国务院侨务办公室根据学校需要提供的。2009 年六一国际儿童节前夕，佛罗伦萨中文学校在浙江省侨办、广东省侨办的帮助下办起了拥有 1500 多册图书的中文图书馆，满足学生对中文学习的需要。①

案例 3.8　芭提雅明满学校

学校的经费主要来源于校董事会，包括明满善坛的资助，华侨捐助还有学生的学费，从目前来看，学校经费方面没有问题，可以持续发展。

学校的校舍、设备等都由校董事会提供，2001 年，学校面积仅为 30 莱（1莱＝1600 平方米），仅一座教学楼，学生人数也仅百人左右；2004 年，学生人数达五百多人，此时，教室不敷应用，于是，同年学校又增建了第二座教学大楼；教学大楼内设有电脑室、视听室、科学实验室、舞蹈室和音乐室等现代教学设施；2008 年，学生数量又大量增加，原有的两座教学楼已不够使用，通过董事会决议扩建了第三座现代化八层教学大楼，于 2011 年第一个学期正式启用；2013 年，学校新购土地 200 莱，经费主要来自明满善坛的资助及广大华侨人士的捐款。

教材和教参方面，国侨办每年免费为每个学生提供汉语教材，并派遣 5 名教师到校工作，基本能够满足教育教学需求。

三、孔子学院与华文学校资源获取比较

从核心资源的来源看。孔子学院的核心资源大都来源于孔子学院总部，资源来源比较单一。一旦总部资源减少或停止供应，大多孔子学院就难以独立生存。因此，孔子学院应借鉴华文学校的相关经验，拓宽资源获取渠道，形

---

① 中国新闻网.佛罗伦萨中文学校获浙、粤侨办所赠儿童节大礼［EB/OL］. http://www.chinanews.com/hr/hr-hxdt/news/2009/05-26/1707672.shtml, 2011-07-26.

成多个核心资源支持系统,以减少对孔子学院总部的单一依赖,提升孔子学院的发展能力。有学者认为,孔子学院可以形成"产业经营＋基金捐助＋汉办项目"的模式①,这值得各孔子学院思考。华文学校根植于当地华人社会,核心资源渠道相对较宽,既有华人社团、企业资助,也有家长委员会筹集,还有当地政府与中国各级侨务部门在一定程度上的支持。多元的资源来源渠道,保证了华文学校办学的灵活机动,也保障了其办学的针对性、效益性。

从资源的稳定性来看。在办学经费方面,孔子学院总部每年向各孔子学院提供一定数目的项目支持经费,这些经费相对稳定,且具有一定的可持续性,同时孔子学院总部按计划向孔子学院派遣教师,保证了孔子学院教师的持续性。相比而言,华文学校在这方面存在较大弱势,尽管华文学校资源来源渠道众多,但其办学经费的主要来源还是学生学费,因此学生数量的变化对华文学校的影响较大。当学生数量多的时候,华文学校办学效益好,学校发展快;当学生数量不足时,华文学校发展将遇到挑战。校舍方面,在外方合作院校的支持下,孔子学院一般都会有自己的教学大楼,专门用于孔子学院的教学。而华文学校的校舍主要靠租赁,租赁而来的校舍会因为租赁方的某些行为而具有某种不稳定性。许多华文学校不得不因为校舍问题而经常搬迁。在教材资源方面,孔子学院的教材由孔子学院总部提供。华文学校在向国家侨务办公室提出申请后,一般也能得到国侨办免费提供的华文学校通用式教材。

第三节　师资发展比较

文化推广机构是用知识生产知识,教师培养学生,人格塑造人格的组织。任何一个文化推广组织中最核心的人力资源都是他们的教师。"一所学校要站得住脚,教师一定要出色","一流的学校要有一流的师资……"。② 在 21 世纪的今天,人们愈来愈认识到师资队伍对教育教学的重要性,教师的专业水平决定了教学的水平。教师对孔子学院和华文学校发展的重要性不言而喻。教师是班集体的主导,班级学习风气的好坏、学生的学习习惯、学习状态都与教师有较为直接的联系。一个好的教师能激发学生的求知热忱,培养学生良好的学习习惯,促进学生身心和谐发展。本节从师资发展的角度来对孔子学院与华文学校的发展进行比较,以厘清它们在师资发展方面的异同。

① 吴应辉.孔子学院经营模式类型与可持续发展[J].中国高等教育,2010(2):30—32.
② 熊志翔.本科院校质量保障体系研究[M].广州:广东高等教育出版社,2008(5):249.

一、孔子学院师资发展

孔子学院规模日益扩大,相应的任职教师也日益增加。据国家汉办暨孔子学院总部 2012 年年度报告,截至 2012 年,已建立的 400 所孔子学院和 535 所孔子课堂,覆盖五大洲的 108 个国家与地区。孔子学院有专兼职教职工 2 万人,其中,中方院长和教师占 30%。开设各种层次的汉语课程 3.4 万多班次,注册学生 65.5 万人;举办各类文化活动 1.6 万场,参加人数达 948 万人次。[①]

目前,孔子学院的师资力量主要由中方外派教师与招聘的本土教师组成。中方外派教师分为公派教师与志愿者教师两类。公派教师由国家汉办公开选拔,并在出国之前参加相关集训,然后统一派出,这些教师大都从事对外汉语方面的工作,具有较为丰富的教育教学经验。志愿者教师一般要经过专业知识、教学技能、跨文化交际能力、外语水平和心理素质的层层选拔,并参加国家汉办统一组织的面试和心理测试最后确定。严格的选拔程序保证了志愿者教师的专业素质与教育教学水平。招聘本土教师是孔子学院师资发展的一个趋势,也是孔子学院可持续发展的新保障。为此,国家汉办开始试行"国际汉语教师海外志愿者计划",并已在英国、德国、俄罗斯等 9 个国家的海外留学生和华人、华侨中招募志愿者教师 20 多人。[②] 与此同时,部分发展较快,发展较好的孔子学院也开始着手本土教师的招聘与培养工作。如罗马大学孔子学院从 2010 年年初开始系统建立本土教师资源库,储备本土汉语教师资源。[③]

孔子学院的教师大都为中方外派人员,汉语水平高、教学经验丰富,这为提升孔子学院品牌的知名度与影响力奠定了基础。但这种仅"输血"不"造血"的师资派遣方式,一方面导致了孔子学院教师不熟悉当地文化,从而影响孔子学院的教学质量;另一方面,这一方式的可持续性也值得孔子学院担忧。目前,国家汉办负起了孔子学院教师发展的责任,有计划地为孔子学院空降教师,保证了孔子学院的师资力量。

案例 3.9　泰国东方大学孔子学院

泰国东方大学孔子学院的教育队伍正在建设过程中,其最终目标是建立

---

① 国家汉办/孔子学院总部.国家汉办暨孔子学院总部 2012 年年度报告[R].2013.

② 孔子学院总部暨国家汉语国际推广领导小组办公室.孔子学院总部暨国家汉办 2007 年年度报告[R].北京:中国人民大学出版社,2007.

③ 孔子学院总部.罗马大学孔子学院[A].见:第五届孔子学院大会.第五届孔子学院大会交流材料(欧洲部分)[C].2010(12).

一支来源稳定、结构合理的教师队伍。孔子学院现有工作人员8人,中、泰方院长2人、公派教师2人、志愿者教师2人,泰方事务人员2人。其中志愿者教师和1名事务人员是2010年6月份到孔子学院工作的。

中方院长缪立鸳出国之前为温州医学院国际教育学院院长助理,了解泰国国情,具有较丰富的外事和教学管理工作经验。两名公派教师出国前在温州大学国际合作学院从事对外汉语教学方面的工作,具有较为丰富的对外汉语教育教学经验,且参加了由国家汉办组织的出国前集训,汉语功底较好。孔子学院的公派教师是根据国家汉办文件,由孔子学院中方院校——温州大学组织推荐。推荐人选必须热爱汉语国际推广事业,符合孔子学院的相关要求,填写《国家公派汉语教师申请表》,经单位审批后寄往汉办,国家汉办组织专家对申报者的申请材料进行审核初选,择优推荐人选参加复试。孔子学院中方院校推荐的教师由学校选拔后直接进入复试。初选合格者将由国家汉办组织专家进行复试,从中择优确定录取人选。复试分为外语水平、综合能力、专业技能、心理素质测试四个方面。国家汉办将根据复试情况确定录取人员。被录取人员在派出前须参加由国家汉办组织的出国前集训。公派教师根据教育部、财政部联合印发的《国家公派出国教师生活待遇管理规定》享受相应待遇。教师在外工作期限一般为两学年或根据双边协议规定的期限确定。教师延聘将根据国家汉办有关规定执行。

而志愿者的招募也是温州大学根据国家汉办相关文件通知,在网站上发布公告,接受报名。推荐人选必须符合孔子学院的相关要求,如掌握汉语、中华文化、当代中国国情和教学理论知识、具备较好的汉语教学实践能力、外语沟通能力和跨文化交际能力,具有中华才艺专长等。志愿者候选人须参加国家汉办统一组织的面试和心理测试,内容主要为专业知识、教学技能、跨文化交际能力、外语水平和心理素质等。选拔合格的志愿者须接受国家汉办组织的相关培训。培训结束后,由国家汉办组织统一考试,并为考试合格者颁发《汉语教师志愿者资格证书》。持该证书者方可确定派出。根据志愿者待遇相关规定,国家汉办和外方共同为志愿者提供每人每月800—1000美元生活津贴、一次性安置补贴1000美元,往返国际旅费、人身意外伤害保险、住宿和医疗保险。温州大学国际合作学院的外派老师告诉我们:"经过层层选拔与培训,我们教师的汉语水平还是比较高的,我们几个教师包括志愿者普通话水平都是二甲,出国前,他们(外派教师)教学经验较为丰富,都有给泰国学生上课的经历。"①相对华文学校而言,孔子学院的师资力量无疑是更强的。然而孔子学院中方院长在外工作期限一般为 2 至 4 年(大多为二年)②,院长们在适应泰国教育教学生活,为孔子学院发展积累到一定社会资源时,即面临离开,这无疑不利于发挥孔子学院中方院长的工作积极性,也不利于孔子学院的长远发展。

为了孔子学院师资的进一步发展,东方大学孔子学院的负责人在教师专业发展方面建立了常规化"教学经验交流会"。然而"根据国家汉办相关规定,教师在外工作期限一般为两学年(以实际出国任教的日期开始计算)。两年时间,一些教师刚刚在孔子学院教学上成长起来,就要回来。接着又来一批新教师,我们又要重新开始培养。"近两年来,由于具有孔子学院教学经验的回国教师越来越多,许多新教师在去泰授课之前,都会向有经验的"老"教师讨教当地人思维方式、风俗习惯、对他们进行汉语教育的有效办法等,使东方大学孔子学院教师教学的针对性有所加强。2011 年孔子学院中方负责人在访谈中说道:"以前听说部分泰国学者认为,孔子学院这种'空降'的教师尽管非常优秀,但却并不十分合适。国内去的老师大多不懂泰语,语言的障碍使老师在教学过程中较难找到学生学习汉语产生偏误的原因,给针对性的教学造成困难。因此,大多孔子学院的中国老师只能发挥一半作用,教学效果大打折扣,不过我在这两年好像没有这种说法了。这从侧面也说明了我们教师来泰之前是做了功课的。"教师的高素质,较好地保证了孔子学院的教育教学质量,提升了泰国东方大学孔子学院的知名度和影响力。

案例 3.10　罗马大学孔子学院

自 2006 年 9 月正式挂牌,罗马大学孔子学院已经成立五年了。由于成立较早,其师资发展方面也相对地走在了前列。"教师是学院发展的核心软实力。孔院一直以来都非常注重师资发展的状况。孔院的专业教师都是北京外国语大学外派过来的,有着较为丰富的对外汉语教学经验。志愿者都是北外对外汉语专业的优秀学生,中文基础扎实,教学充满活力。近两年,我们针对学院的具体情况,加大了师资建设的力度。建立了意大利本地教师师资库,培养本土教师,为学院汉语教师储备资源;建立了志愿者教师档案袋,跟踪他们

---

① 2009 年 9 月,泰国东方大学孔子学院举行揭牌仪式期间,温州大学与东方大学签署了汉语言文学专业"3+1"合作培养项目协议。根据协议,每两年将有一批东方大学学生来温州大学接受汉语言文学方面的教育,因此,温州大学的外派教师中一般都有给泰国学生上课的经历.

② 中国新闻网.中国公选 199 名高素质孔子学院中方院长[EB/OL]. http://www.chinanews.com/hwjy/2011/04-21/2987291.shtml, 2011-7-18.

的汉语教学,提升他们的教学能力。同时,学院还制订了教师听课制度,建立了汉语教师工作坊,让老师们互相听课,互相交流、启发进步,共同提高。"①

目前罗马大学孔子学院在本土教师培养、志愿者教师培养及教师专业成长方面进行了有益的探索。在本土老师培养方面,"2010 年 10 月起,罗马大学孔子学院汉语教师免费培训班正式开讲。本系列讲座共分三讲,分别由罗马大学孔子学院中方院长朱勇、意方院长马西尼和在意大利工作多年的汉语教师孙萍萍主讲。讲座主要涉及'如何在意大利教汉语'、'汉语口语课观摩与讲评'以及'《意大利人学汉语》的编写与使用'等方面"②。同时,孔子学院开始建设本土汉语教师资源库"2010 年初开始,罗马大学孔子学院开始系统建立本土教师资源库。主要通过网站和布告栏等渠道,向社会各界诚招符合条件的汉语教师。自宣传日起至今,已有数十人相继投送简历、参加面试。他们中的合格者将作为罗马大学孔子学院和罗马国立住读学校孔子课堂等中学的汉语教师储备资源,以备日后任用"③。在志愿者教师培养方面,罗马大学孔子学院从 2010 年 10 月初开始为志愿者教师建立教学档案袋,对他们每一次课的课前计划、课堂活动和课后反思进行教学跟踪,以提高志愿者教师的教育教学能力。在教师专业成长方面,罗马大学孔子学院主要采用建立教师听课制度与汉语教师工作坊的形式。教师听课制度鼓励教师之间互相听课,相互交流,启发监督;汉语教师工作坊则希望所有任教教师定期举行交流与研究,以共同提高教学水平,完善教学效果。④

罗马大学孔子学院进行本土教师的培养,迈出了可贵的一步。这有助于解决孔子学院师资贫乏与中国"空降"教师"文化休克"对孔子学院可持续发展带来的影响。但孔子学院外聘的本土教师还不稳定,大都教师任期较短,不能形成一支稳定队伍。与此同时,国内外派教师在外工作的期限一般也为二年,教师的频繁变动特别是中方院长的变动,使孔子学院的发展思路、人脉积累甚至发展规划都会发生改变。

二、华文学校师资发展

自第一所华文学校——明诚书院建立以来,华文学校已经有 300 多年的

---

① 根据罗马大学第三届孔子学院大会交流材料和 2010 年汇报材料整理而成.

② 孔子学院总部.罗马大学孔子学院[A].见:第五届孔子学院大会.第五届孔子学院大会交流材料(欧洲部分)[C].2010(12).

③ 罗马大学孔子学院.罗马大学孔子学院 2010 年工作汇报材料[R].北京外国语大学,2010.

④ 孔子学院总部.罗马大学孔子学院[A].见:第五届孔子学院大会.第五届孔子学院大会交流材料(欧洲部分)[C].2010(12).

发展历史。据 2001 年数据统计,全球五大洲共有华文学校 5000 多所,华文教师 2 万多名。其中亚洲有华文学校 3000 多所,欧美各国的华文学校也在蓬勃发展,美国有华文学校 500 多所,学生 6.8 万人(现已远远超过这个数)。①

华文学校教师一般由本土的华人、华侨组成,近年来也有部分教师是国侨办外派的教师或志愿者。这些本土华人、华侨熟悉当地文化,能用当地语言与学生进行较好地交流,从而发现学生在汉语学习过程中存在的问题,并提出针对性地解决策略。但这些本土教师大都非师范专业,没有受过专门的教育学、心理学训练,教育理念、教学思想、教学方法都还需改善。同时,由于不少华文学校是周末班教学,大多教师(有的学校甚至是全体教师)是兼职教师,队伍的流动性较大。由于担心教师跳槽,大多华文学校在教师专业成长培训上缺乏投入,也缺乏教师专业成长的规划。

华文学校师资数量少、教师普遍缺乏教育学与心理学方面的专业培训,同时专职教师少,致使华文学校的师资力量相对较弱,如同一只从事华文教育的小小鸟。华文学校应加强与政府的联系,通过与政府的互动,来获取市场上较难获取的优质华文教师资源,以更好地实现与环境的互动,提升学校的知名度,扩大自己的影响力。

案例 3.11　佛罗伦萨中文学校

佛罗伦萨中文学校现有教职工 10 人,其中专职教师 9 人,5 名教师拥有中国教师资格证。这样的师资力量,在华文学校中,可以说已经属于是"高素质、呈专业化发展"的教师队伍。目前,学校的班师比是 1.8∶1,生师比近 30∶1,平均班额约 17 名学生。根据相关研究表明,2003 年我国小学的平均生师比为 20∶1,高中、初中、小学的总体平均生师比为 19.33%,而发达国家大多在 20∶1 以下,意大利则在 1992 年时就已经达到 10∶1 左右。② 因此,从生师比这一指标来看,佛罗伦萨中文学校的师资力量还是相对不足的。

在师资来源方面,佛罗伦萨中文学校的教师主要由自己招聘、瑞安市教育外派和国侨办外派三种方式,其中自己招聘教师是佛罗伦萨中文学校教师的主要来源。佛罗伦萨中文学校校长告诉我们:"2000 年 5 月,中国浙江省瑞安市政府与佛罗伦萨市教育局签订了有关两地教育文化交流协议,形成《中意文

---

①　周世雄、林去病:《面向 21 世纪的海外华文教育》,载中国海外交流协会文教部:《第三届国际华文教育研讨会论文集》,北京:华语教学出版社,2001:242.

②　梁慧立,吴慧云.论我国基础教育阶段班额与生师比之悖[J].教育理论与实践,2006(23):12—19.

化交流协议书》。根据《中意文化交流协议书》规定,在浙江省瑞安市教育队伍里挑选 2 位教师,由佛罗伦萨市教育局邀请出国任教,基本上采用一至二年轮换制,现在我们的教师主要是通过'学联'组织聘用留学生的方式来充实的。2011 年学校又迎来了 2 名国务院侨办外派教师,加强了学校的师资力量。"

在提升教师的专业水平方面,佛罗伦萨中文学校也着手采取了一系列的措施。如近 5 年来佛罗伦萨中文学校派教师参加国侨办、浙江省侨办举办的"海外华校教师培训班"共达 14 次

此外,佛罗伦萨中文学校也加强学风建设,学校大力加强以"增强交流,教书育人"优良教风为核心的师德师风建设,希望能够以此提升教师队伍的整体水平。

案例 3.12 泰国芭提雅明满学校

现有中文教师 27 人,其中泰国本土教师 9 人,汉办志愿者 11 人,侨办教师 5 人,相关管理教师 2 人。本土教师占 1/3,其余为中国汉办和侨办派遣的教师,从长远来看不具备持续性,需要加大本土教师培养。学校一向注重本土汉语教师培养,通过教学实习,发掘和培养泰国年轻汉语教师,通过孔子学院奖学金鼓励教师到中国攻读硕士学位,通过工资调节来鼓励教师发展。

由于中国外派教师服务期多为 1—2 年,所以教师队伍变动比较频繁,对学校的教学稳定性和可持续发展造成了影响。提升师资力量需要从几个方面入手:

a) 政策支持,提高中文教师待遇,鼓励年轻人从事汉语教学。

b) 泰国大学设立汉语师范专业,培养适合汉语教学的人才。

c) 加强进修学习,提高现有教师的教学水平。

三、孔子学院与华文学校师资发展比较

孔子学院与华文学校是海外汉语传播最主要的两种方式,由于其所处的汉语国际推广的大环境基本相同,他们在师资发展方面具有一些相似之处。同时由于两种传播方式各有自己的特点,他们之间也存在一些相异之处。

(一) 孔子学院与华文学校师资发展相似之处

从宏观方面来讲,孔子学院与华文学校存在教师数量紧、师资质量有待提升、教师专业发展不足、教师流动性较大等共同之处。

从教师数量上看,在全球中文热兴起的今天,孔子学院与华文学校都面临教师数量欠缺的问题。国家汉办没有自己的教师队伍,派向海外孔子学院的教师大多是从国内各大学抽调的,师资缺口极大。"学习中文的需求增加也意

味着对中文输出的挑战增大。我们现在正面临着教师瓶颈,至少在英国,就严重缺乏有经验的教师力量。"英国伦敦大学亚非学院院长威伯利在第四届全球孔子学院大会指出。① 华文学校同样面临师资力量缺少的困难,"师资缺乏是各国华教界面临的基本问题,且短期内难以解决"②。据国家汉办提供的资料显示仅马来西亚汉语教师就缺口 9 万名,而印度尼西亚汉语教师更是缺口 10万名。③

从教师质量上看,由高校派遣的孔子学院教师部分没有从事对外汉语教学经验,并不具备对外汉语教学的能力。部分语言教师只能教语言,对中国文化了解不多。大多教师缺乏对孔子学院所在国语言、人们思维习惯、社会风俗等的了解,使得教育针对性不够。华文学校教师相对学历较低,缺乏汉语教学相关训练,相对而言教学理论、教学方式较落后,教师专业发展滞后于华文教育发展对教师发展的要求。

从教师专业发展方面看,孔子学院与华文学校都存在着教师流动性较大,教师专业发展困难等问题。

(二)孔子学院与华文学校师资发展相异之处

在宏观方面,孔子学院与华文学校所处的汉语国际推广的大环境基本相同,因此有较多相似的地方,但孔子学院与华文学校各有自己的特点,它们在师资发展方面也有不少相异之处。

在师资质量上,孔子学院与华文学校都存在质量有待提升的问题。但其问题的原因与本质并不相同。孔子学院师资的主要缺陷在于缺乏对当地社会的了解,缺乏当地语言、人们思维、风俗习惯等方面的知识,这些缺乏使得他们在教学过程中对学生学习,特别是语言学习出现问题的原因较难把握。而华文学校师资的主要问题在于教师大多缺乏教育学、心理学方面的专业训练,相对缺乏先进的教育理念与教育思想,教学方法较为落后。

在教师专业发展方面,孔子学院的教师大多是从国内各大学抽调的,他们在孔子学院任教结束之后回到国内。由于在国外时间较短,加上刚出国还要一段适应时间,大多外派孔子学院教师对自己孔子学院教学生涯及专业发展没有相关规划。同时大多孔子学院并未制定孔子学院教师专业发展的相关制

① 对外汉语网.深度:孔子学院世界布局难掩中国文化缺失[EB/OL]. http://www.dwhy123.cn/dwhy8/bencandy.php? fid=31&id=749,2012-1-13.
② 李嘉郁.海外华文教师培训问题研究[J].世界汉语教学,2008(2):101-108.
③ 严奉强,陈鸿瑶.东南亚华文教育:现状、问题与对策[J].深圳大学学报(人文社会科学版),2006,23(4):113-117.

度,未建立教师专业发展的激励机制。华文学校的教师大多为兼职教师,他们主要利用自己的休息时间来从事华文教育。从事华文教育在较大程度上是基于民族情感与个人兴趣爱好。由于工作的兼职性,华文教师不可能把主要精力放在华文教育上(个别专职教师例外),华文学校也较难对教师提出专业发展的要求。随着华文学校规模的逐步扩大,一些生源较好的华文学校专职老师也逐渐增多。

第四章 孔子学院与华文学校发展的关键 影响因素和发展逻辑

在前面几章的研究中,根据研究框架的分析维度对孔子学院与华文学校的发展逻辑进行了深入的分析。在本章中,将综合影响孔子学院和华文学校发展的外部环境因素和内部治理因素,对孔子学院与华文学校的发展做理论上的分析和探讨,为进一步分析如何制定相应政策来提升孔子学院和华文学校发展的效益奠定基础。

第一节 孔子学院发展的关键影响因素和发展逻辑

影响孔子学院发展的因素既有教育需求、政策支持、组织交流、社区关系等外部环境因素,又有治理结构、资源获取、师资发展等内部治理因素。这些影响因素哪些是目前孔子学院自身所拥有的要素禀赋优势,哪些是其可以弥补的发展"短板",根据孔子学院的自身特征应该优先发展哪些因素? 在本节中,笔者将基于孔子学院发展的基本特征对其发展过程中的优势和"短板"进行分析。

一、孔子学院发展的关键影响因素分析

(一)孔子学院教育需求分析

孔子学院教育需求的发展空间与孔子学院教育需求的开发水平密切相关。孔子学院教育需求开发水平高,潜在的各种教育需求都转化为实际需求,教育需求就处于饱和或近饱和状态,其发展空间就相对较小。反之,孔子学院教育需求的发展空间就大。

随着中国经济社会的迅猛发展,中国的国家综合竞争力和国际影响力的不断提升,世界各国人民对学习汉语、了解中国文化的需求

也在持续地处于升温的状态之中,这是近 10 年国际文化交流和传播过程中一个无可争辩的事实。据统计,2007 年全世界 100 多个国家的 2500 余所大学开设了汉语课程,中国以外学习汉语的外国人近 4000 万人。当前,在世界范围内,越来越多的人到中国做生意,越来越多的人到中国旅游,越来越多的人开始对中国感到好奇。各国人民自愿学习汉语,是因为他们看好中国的未来,愿意更加深入地了解中国的语言文化,这种内生性的需求,无疑为孔子学院的发展提供了坚实的生源基础和发展依据。

孔子学院建立以来,发展迅速,最快时全球每四天诞生一所。截至 2013 年年底,已建立的 440 所孔子学院和 646 所孔子课堂,覆盖五大洲的 120 个国家与地区。但从教育需求的角度来看,孔子学院提供的汉语教育服务供不应求,其教育需求还处于开发成长阶段,开发水平处于中等略下状态,还有较大的发展空间。与此同时,美国次贷危机以来,中国经济的坚挺表现进一步加强了汉语的实用价值。实用价值的增强必将转化为教育需求的增加,可以预见孔子学院的教育需求在近期将进一步增长。

(二)孔子学院政策支持分析

如上文所述,孔子学院的组织性质具有半官方性。孔子学院的每一步发展都有中国政府在政策或经费方面支持的影子,甚至可以说孔子学院的每一个重要活动都带有中国政府的"烙印"。在这一点上,孔子学校与华文学院存在着明显的不同。2006 年,中国政府国务委员陈至立宣布筹建孔子学院总部,作为全球孔子学院的最高管理机构,并承诺孔子学院总部将竭诚为各国孔子学院服务,加强与各孔子学院的合作和联系,并为之提供力所能及的支持。与此同时,孔子学院总部也颁发了《孔子学院章程》,对孔子学院的设立、管理和教学等各方面制订了明确的标准。而在 2007 年的第二届孔子学院大会上,更是对孔子学院办学过程中的一些具体问题进行了探讨,如师资培训、教材开发、教学教法研究、资金筹措等问题,会议还讨论通过了《孔子学院指南》和《孔子学院教师任职条件》等。在这一系统的制定建设和办学条件方面,都体现着中国政府的政策支持和大量的人员和资源投入。因此,中国政府的官方行为,不仅从一开始启动了全球孔子学院的发展进程,更是在孔子学院的发展过程中提供及时、现实的各种办学条件和办学资源的支持。这是促进孔子学院发展的一个非常重要的因素。

与中国政府在政策上大力支持孔子学院不同,外国政府对孔子学院的态度往往折射着该国与中国的外交关系,也折射着该国对中国崛起的态度和复杂心理。目前,由于体制方面的原因,尽管外国政府对孔子学院在教师入境政策方面有所支持,但总体而言外国政府提供的政策支持还比较少。

孔子学院的每一步发展都渗透着中国政府的政策支持。与此同时,外国政府也在政策方面给予了孔子学院或多或少的支持。因此,整体而言,孔子学院政策支持发展水平较高。

(三)孔子学院组织交流分析

资源依赖理论认为,任何组织的生存与发展都需要与环境打交道,需要与其他组织交流信息以获得自身发展所需的资源。一般说来,孔子学院的外部沟通系统越好,其获得的有效信息就越多,获得的资源也会相应越多,其风险预见能力与抵抗能力就越强,其生存与发展也就相应越强。目前,孔子学院组织交流主要有两种形式,一种是孔子学院同行之间的交流;另一种是孔子学院与国内有关组织特别是教育组织之间的交流。

对于孔子学院同行之间的交流,孔子学院总部每年举办一次的全球孔子学院大会、孔子学院院长大会,效果较好,但部分相关孔子学院的联合交流,特别是以国别(区域)为单位进行的交流似乎并不多,还有待进一步的发展。

对于孔子学院与其他组织的交流,主要指孔子学院与国内相关组织的交流。这种交流形式较为多样,有孔子学院牵线搭桥促进中外合作双方院校加强国际化合作,也有孔子学院举(承)办各种由国内外学者参加的学术会议或讲座,还有组织学生参加国内相关部门特别是侨务、教育部门的汉语交流活动。然而,孔子学院与国外相关组织,特别是孔子学院所在国相关组织的交流似乎并不多,这使得孔子学院组织交流的空间较为狭窄,组织交流水平不高。

(四)孔子学院社区关系分析

俗话说"远亲不如近邻",社区是社会组织生存与发展的根基,组织能否持续发展,"睦邻"工作扮演着重要的角色。社区能为孔子学院提供教育需求、资源支持等孔子学院可持续发展必备的一些条件,提升孔子学院的自生能力,因此,做好"睦邻"工作对孔子学院的生存与发展具有重要意义。

孔子学院较为重视与社区建立良好的关系,纷纷采用多种方式与社区互动,一些孔子学院在一定程度上融入了当地社区,成为当地主流社会的一分子。然而整体而言,孔子学院的快速发展并没有伴随着孔子学院社区关系的迅速改善。孔子学院中方院长由于缺乏当地社会生活经验、缺乏对当地社会风俗的了解,加上在外时间较短,较难与当地社区建立起紧密的关系,又因为孔子学院外方院长大多为兼职院长,缺乏足够精力为孔子学院建立并维持良好的社区关系。

孔子学院的社区关系发展还处于开发成长阶段,发展水平较低。目前,孔子学院社区关系构建方式大多属于"引进来",较少"走出去"参与当地社区举办的各种重大活动。因此,整体而言,孔子学院的社区关系发展水平较低,社区关系改善空间较大。

（五）孔子学院治理结构分析

孔子学院可采用总部直接投资、总部与国外机构合作、总部授权特许经营等三种形式设立。现阶段主要以中外合作方式建设孔子学院,具体合作方式由孔子学院总部与外方院校共同协商确定,再由中方院校与外方院校共同创办,建立理事会,各项工作均由中外双方人员共同开展。孔子学院的治理结构为孔子学院总部—孔子学院理事会—孔子学院院长的三级组织结构。孔子学院总部负责管理和指导全球孔子学院,孔子学院理事会则审议全球孔子学院的发展战略和规划,审议总部年度工作报告和工作计划,院长负责孔子学院的日常运营和管理。

在早期,孔子学院的工作以外方院校为主,外方管理人员较多。随着中方投入的增多和外派人员管理水平的提升,中方院校在孔子学院的运行中起的作用越来越大。中方外派人员一方面代表着孔子学院总部,另一方面也代表着中方院校。这种变化一定程度上提升了孔子学院的执行力和效率。

孔子学院的治理结构已经形成一定的成熟模式,属于总部支持、社会参与的中央集权式治理结构,与孔子学院非营利性海外语言推广机构的组织定位相适应,能与汉语国际推广战略保持高度一致。要实现办学效益最大化,在保持孔子学院办学方向的同时,还应增加社会力量的参与,增强治理灵活性。

（六）孔子学院资源获取分析

资源依赖理论假设,没有组织是自给自足的,所有组织都需要通过获取环境中的资源来维持自身的生存。孔子学院要保证自身的生存与发展,也必须从环境中获取自己所需的各种资源。《孔子学院章程》规定,孔子学院的设立可采用三种模式:总部直接投资经营、中外机构合作经营和总部授权特许经营。不过,到目前为止,孔子学院的建立模式都为中外机构合作经营。其具体做法是,采取由中国大学等公共机关与对方的大学或研究机构共同创办的方式,对方国家提供土地和教学楼等物质基础,中国方面负责提供汉语教师和教材。此外,中国方面还负责培训汉语教师并举办汉语文化学术讲座等活动。

孔子学院作为一个汉语国际推广的非营利性教育机构,其生存与发展的必备资源无非是办学经费、师资、教材、校舍等。从办学经费来源看,主要来源是政府拨款。对新设置的孔子学院,中方投入一定数额的启动经费。年度项目经费由外方承办单位和中方共同筹措,双方承担比例一般为1:1。孔子学院中方所提供经费实行项目管理。从教学师资来源方面看,孔子学院的教师主要是孔子学院总部派遣的汉语老师和志愿者。从教材来源看,孔子学院所用主要教材由孔子学院总部免费提供。从校舍来源看,按照《孔子学院章程》,校舍一般由外方合作院校提供。对于建设校舍有困难的部分外方合作院校,孔子学院总部予以一定的经费支持。当然孔子学院也收取少许的学费,部分孔子学院还得到了华人社团、企业的捐赠,但相对孔子学院的生存与发展,学员学费与社会捐赠显然是杯水车薪。很明显孔子学院的资源获取渠道单一,除总部支持外,其他支持资源开发较少,支持程度较低。目前,尽管孔子学院总部的支持能保证孔子学院的基本生存与发展,但这种支持不可能一直持续下去。同时,总部提供的仅是孔子学院生存必需的一些资源,孔子学院要想提升自己的竞争力与影响力获取进一步的发展,必须拓宽资源获取渠道,提高资源获取水平。

孔子学院对总部资源依赖程度较高,而对学生学费、社会(企业)资助、家长捐赠等资源渠道的开发程度较低,因而资源获取渠道单一且水平较低,因而资源获取还具有巨大的发展空间。

(七)孔子学院师资发展分析

对于任何语言传播机构或组织而言,作为软实力表现的师资力量都是举足轻重的。一个好的教师不仅能吸引学生,让更多人学习汉语,更能够影响学生,以点带面在当地社区形成中文学习的热潮,从而提升孔子学院的知名度,扩大孔子学院的影响力。

为了提升孔子学院的师资力量,保证师资的高质量,除《孔子学院章程》外,孔子学院总部近年来还制定颁发了《汉语教师志愿者工作管理办法》、《孔子学院教师任职条件》、《孔子学院总部专职教师队伍建设实施办法》《国际汉语教师标准 2010》、《国际汉语教师培训大纲》等一系列的相关文件。

根据《孔子学院章程》,孔子学院的师资力量主要由中方外派教师与外方工作人员组成。目前,由于孔子学院的外方工作人员一般不从事学院的汉语教学活动,因此,孔子学院的师资力量大多指中方外派的教师。中方外派教师分两类:一类为公派教师,另一类为外派志愿者。根据《孔子学院教师任职条件》规定,孔子学院教师必须是大学本科(含)以上学历;具有讲师(含)以上职称;志愿者教师应符合中国国家汉办关于志愿者任职资格的要求;语言教师普通话要达到国家二级甲等或相当于二级甲等的水平;具备所在国通用语言的知识与技能;具有汉语作为外语教学、课程设置、教学评估、教师培训等方面的能力和经验;具有熟练运用现代信息技术并服务于教学的能力等。从以上规定可以看出,孔子学院对教师的要求较高。目前,全球各孔子学院的教师都是国家汉办/孔子学院总部经过国内层层选拔最后派出的优秀教师,这就确保了孔子学院师资雄厚。

然而正如我们在上一章所述,中国国家汉办/孔子学院总部外派的教师虽然素质较高,但也存在数量不足、质量应提升(缺乏对当地文化与社会风俗的了解)的情况,与此同时,孔子学院师资的"造血"功能不足,本土教师较为缺乏。

孔子学院的师资整体处于一个相对较高的水平,但也存在不少需要提升的地方,如增加教师数量,提升教师对当地社会文化风俗的了解及培养本地教师等。因此,孔子学院的师资发展还是有一定的空间的。

二、孔子学院发展关键影响因素中的优势和劣势

通过对孔子学院发展关键影响因素的分析,可以看出政策支持、师资质量较高是孔子学院发展的主要优势,而资源获取渠道单一以及社区关系不扎实则是孔子学院发展的短板。

(一)政策支持:孔子学院生存之基

其实,每个国家的语言推广机构都与政府有着密切的关系,无论其国家体制有何不同,推广机构的成功运作都离不开政府的支持。各语言推广机构是政府实施其语言推广战略的重要载体,加大对语言推广机构的投入和支持是政府的重大战略举措。政府与语言推广机构之间具有某种亲密无间的关系,主要表现为语言推广机构在性质上与政府的附属性,在资金上对政府的依赖性,以及在组织管理上政府的参与性。[①]

孔子学院肩负着汉语国际推广的任务,是汉语国际推广最主要的实施者与推动者,其历史使命决定了其在政策支持方面的比较优势,也决定了其围绕政府政策开展各种活动的外源性组织特性。这里并不是否认孔子学院的非营利组织特性,而是说,政府掌握孔子学院运作的大框架,以保证孔子学院同政府导向的一致性。其实孔子学院并不是在政府的组织框架下运行的,其仍然具有一定的相对独立性。

(二)师资发展:孔子学院的品牌之本

师资队伍作为孔子学院的"软实力",是孔子学院教育教学改革与发展的关键。学者周松云认为办学质量的好坏,取决于学校管理的各个方面,而其中最为关键的方面是教学管理。教学管理的诸方又是以师资队伍建设为重点,

---

因为师资素质的提高是教学质量提高的关键。[①] 孔子学院成立时间较短，要迅速地形成自己的品牌，提升汉语国际推广的效益，很明显，应该大力提升师资队伍。然而，位居海外的孔子学院如果仅依靠自身的努力，要在较短的时间内招聘到优秀的教师并不容易，因此，从中国政府中获取外派的优质教师资源就成为目前孔子学院的最佳选择。国家汉办/孔子学院总部提供的教师，虽然数量有限，但基本能保证孔子学院的正常运作。这些教师素质相对较高，他们使孔子学院的师资力量具有了比较优势，同时，也使孔子学院成为中国语言、文化乃至教育"走出去"的第一品牌。[②]

然而外源性的师资来源也导致了孔子学院教师存在数量不足、缺乏对当地文化与社会风俗的了解等问题，因此，提升孔子学院的造血功能，建立优秀且适宜的孔子学院教师队伍，进而扩大孔子学院的知名度和影响力，对于孔子学院的进一步发展有着极其重要的影响。

（三）资源获取：期待多方来源

尽管现在孔子学院的发展得到了国内外政府的大力支持，但是孔子学院在其发展过程中，局限于与当地的某个大学或某个企业联合办学，还缺乏与当地政府、媒体、民众以及当地的其他学校的多方面合作，毫无疑问，这将制约孔子学院进一步发展。[③] 孔子学院要寻求更长远的发展，就必须借鉴其他类似机构的发展经验，我们要寻求多元化的资源注入，积极挖掘国内外现有的和潜在的资源，优化配置国内外资源，凝聚各种资源为我所用，借助各方面的力量，分工合作，形成有利于孔子学院发展的环境。

（四）社区关系：扎根尚须努力

孔子学院不仅是一个单纯的汉语教学机构，同时也是中外文化沟通与交流的平台。虽然大部分孔子学院是与当地高校或机构合作存在，并在开办或相关活动时，联系当地媒体发布消息，但除此之外，孔子学院在与当地社区的互动上还相对匮乏，这就使得孔子学院难以融入所在国的文化和社会环境，也难以在更大程度上影响当地社会。西方社会是以家庭为中心的社会，家庭之上的社区成为社会组织结构中的重要单位，市民工作之外的大部分生活和活

---

① 周松云.试论师资队伍建设的重要性及其主要问题[J].娄底师专学报(社会科学版),1988(3):131—134.

② 段奕.硬实力—软实力理论框架下的语言—文化国际推广与孔子学院[J].复旦教育论坛,2008,6(2):48—51.

③ 刘梓红.孔子学院发展过程中的资源优化配置问题研究[D].湘潭大学,2010.

动都在社区中完成,以社区为基本组织。① 因此,孔子学院需要加强与社区的联系,通过与社区组织、社区成员的互动可以有效地实现文化传播目标。此外,邀请社区参与孔子学院举办的各种含有中国特色的风俗活动,在改善社区关系的同时,也能增强中国文化的亲和力和感染力,在活动中自然传播中国文化。

三、孔子学院发展逻辑:外源性的组织发展逻辑

外源性组织是指组织的发展主要依靠源自外部而非本体的作用因素,外部因素主要是政策因素通过直接或间接的方式来主导组织的发展。国内学者陈运超认为,教育组织的外源性是指教育系统所处环境对教育组织的压迫所导致的质量需求的变幻。它包括外部环境对教育组织教育质量的动态性、多样性、层次性等的影响。② 外源性组织一般缺乏足够的内生能力,因此,其所受的政策支持对其发展有极其重要的影响。

孔子学院是由国家汉语推广办公室承办的,旨在开展汉语教学和中外教育、文化、经济等方面交流和合作的非营利性教育机构,属于非营利性组织。关于非营利性组织的含义,各国均有不同的解释,并且从法律、统计方法等不同角度所下的定义也不同。目前,学术界认可度较高的定义是,非营利性组织不以追求利润为目的、不向出资人和组织人员进行利益分配,向社会公共利益或者成员以外的社会需要救助人群提供服务,主要提供介于公共产品和私人产品之外的准公共产品,对社会发展具有积极作用的独立组织。③

孔子学院是个具有独立法人资格的非营利性教育机构,具备非营利性组织的基本特征,但与西班牙的塞万提斯学院、德国的歌德学院一样,孔子学院在总部的组织结构、师资力量、经费来源方面大都来自于政府的支持。从总部的组织结构来看,孔子学院的最高组织机构——孔子学院总部理事会的主席、副主席都是我国政府各部委的官员。从设立形式上看,孔子学院总部以国家汉办作为依托,国家汉办是我国政府机构的代表,由我国教育部管理。从经费来源看,孔子学院总部的资金主要依靠我国的财政拨款。显然,中国政府的政策支持及其派出的高素质的教师是孔子学院生存的必需条件,是决定其发展的最关键因素。因此,我们可以认为,孔子学院是外源性的海外汉语传播教育

① 吴瑛,提文静.孔子学院的发展现状与问题分析[J].云南师范大学学报:对外汉语教学与研究版,2009(5):28-33.

② 陈运超.高等教育质量的内生性和外源性[J].复旦教育论坛,2007,5(2):5-7,30.

③ 宁继鸣.汉语国际推广:关于孔子学院的经济学分析与建议[D].山东大学,2006.

机构。

　　教育需求、政策支持、组织交流、社区关系、治理结构、资源获取、师资发展七个因素对孔子学院的生存与发展都具有重要的作用，但他们的作用又不相同，政策支持直接关系到孔子学院的生存，而社区关系关系到孔子学院的品牌建立。其实，只要对孔子学院发展进行进一步深入分析，就可以发现中国政府在政策方面的大力支持在较大程度上带动了资源获取、治理结构、组织交流等因素的发展。而师资发展影响孔子学院品牌的树立，进而影响其教育需求。可以说，目前，政策支持、师资发展业已成为促进孔子学院发展的最为重要因素，然而资源获取渠道少、社区关系尚需进一步改善则为现阶段孔子学院发展的"短板"，直接影响到孔子学院办学效益的最大化，影响孔子学院的可持续发展。

　　根据以上对孔子学院性质特征的分析，发现孔子学院是外源性的海外汉语传播教育机构。因此，尽管教育需求、政策支持、组织交流、社区关系、治理结构、资源获取和师资发展等七个因素对孔子学院的发展都有一定程度的影响，但由于孔子学院的外源性特征与其自身的资源禀赋结构决定了其在政策支持和师资发展方面具有一定的比较优势，而在资源获取和社区关系方面有待进一步改善。孔子学院外源性的组织特性在一定程度上决定了其外源性的组织发展逻辑。

第二节　华文学校发展的关键影响因素和发展逻辑

　　自明城书院建立以来，华文学校已经有300多年的发展历史了。300多年的风雨发展，使华文学校的发展方式较为灵活，具有相对较强的发展能力。本节将采用整体而系统的观点，在分析华文学校的组织性质的基础上，综合影响华文学校发展的外部环境与内部治理因素，对华文学校发展的资源禀赋优势及其发展的短板进行分析。

一、华文学校发展的关键影响因素分析

（一）华文学校教育需求分析

　　海外华文教育的需求，与巨大的华侨群体是分不开的。海外华人、华侨的数量越多，华文学校的教育需求就越大。由于历史原因和经营经商等多种原因，中国人的足迹遍布世界各地，凭借勤劳肯干和聪明才智在侨居国不断发展壮大。这些人在当地社会的生存、延续和发展，对海外华文教育提出了现实的

需求。据相关媒体不完全统计,目前约有5000万华人散居世界各地,5000万华人对海外华文学校有巨大的需求。与此同时,随着中国大国崛起进程的加快,特别是中国经济在美国次贷危机后的坚挺表现,增强了汉语的实用价值,使许多非华裔青少年加入到学习中文的队伍当中。两股力量汇集在一起,构成了华文学校旺盛的教育需求。而各华文学校在招生、课程设置、教学安排、教学质量、社区活动的灵活安排,增强了华文学校的吸引力,使得更多的孩子愿意、乐意到华文学校学习汉语。

新世纪来,中国国际化进程不断加快,中国"走出去"到国外生活的人越来越多,外国"走进来"到中国生活的也越来越多。"走出去"到国外生活的中国人为华文学校未来的教育需求提供了保障,而"走进来"到中国生活的外国人则直接为华文学校提供了生源。随着全球化进程的加快和汉语实用价值的提升,可以预见华文学校的教育需求将进一步增长。

华文学校采用了多种形式来提升自身的教育需求开发水平。目前,华文学校教育需求的开发水平较高,但由于华人、华侨的不断增加与"汉语热"在世界各地的兴起,华文学校的教育需求还是有一定程度的发展空间的。

（二）华文学校政策支持分析

华文学校因为具有"使华人保存自己的民族特性"的功能,大多受到华人社团、华人企业的资助。然而,由于华文学校具有私立性,目前,无论是中国政府还是外国政府对华文学校的支持都相对较少。

目前,华文学校受到的中国政府政策支持主要体现为中国各级侨务部门的支持。中国各级侨务部门通过政策引导,对华文学校提供资金与教材资助及与华侨华人所在国政府教育部门进行沟通与合作,取得对方对汉语国际推广的理解和支持等来对华文学校进行支持。最近国侨办模仿孔子学院选派教师的方式试点在个别学校给海外华文学校输送教师,如试点成功,国侨办将建立相关的政策为华文学校提供师资方面的政策支持。

海外华文教育是当地多元文化教育的一部分。目前,除部分国家在部分时期反华势力极力排斥华文教育外,大多时期海外各国对华文学校都有一定程度的政策支持。

近年来,随着"华文热"在世界范围内不断升温,海外华侨华人学习中文、传承民族文化的热情空前高涨,希望获得政府政策支持来开展华文教育的需求越来越迫切,呼声越来越高。可以预见,以后无论是中国政府,还是外国政府对华文学校的政策支持都会加强。

目前无论是中国政府还是外国政府对华文学校的政策支持力度都是比较小的。整体而言,华文学校的政策支持发展水平相对较低,华文学校政策支持发展空间巨大。

（三）华文学校组织交流分析

组织交流有利于华文学校之间共享发展信息，获取发展资源，提升自己的生存与发展能力。因此，大多数华文学校的负责人都非常注重华文学校组织交流的开发建设水平。目前，华文学校的组织交流形式主要有两种：一种是华文学校之间的交流；另一种是华文学校与国内组织之间的交流形成中小学结对学校或姊妹学校。

华文学校之间的交流有世界华文教育大会与国家（地区）华文教育联合会等形式。华文学校之间由于所处历史环境具有一定的相似性，面临的问题也具有某种相似性。在世界华文教育大会或国家（地区）组织的华文教育联合会上，华文学校之间能针对共同存在的问题进行相互讨论，互谈自己的经验与教训，以促进各华文学校相关负责人开拓办学思路，提高办学效率。同时，各国华文教育联合会能发挥华文学校的合力，提升整个华文教育的影响力，为华文教育争取更多的资源与支持。然而，近年来，由于华文学校的增多，华文学校之间的竞争日益激烈，不少华文学校抱着功利的态度参加华文教育大会或华文教育联合会，致使世界华文教育大会与国家（地区）华文教育联合会的积极作用有所削弱。

在各级教育与侨务部门的努力下，海外华文学校加强与国内中小学的联系，纷纷与国内优秀中小学结成姊妹学校。通过姊妹学校这一平台，海外华文学校的办学思想、教学方法、管理经验等都有不同程度的提升。与此同时，海外华文学校与国内姊妹学校时常互派学生进行短期交流，在交流过程中中外学生互相学习，共同进步，不仅提升了华文学校学生的中文水平，也提升了华文学校在当地的知名度，扩大了华文学校的影响力。但华文学校与姊妹学校的交流内容还较为简单，一些更深层次的交流，如远程课堂等还有待开发。

各华文学校之间的交流较多，但由于办学竞争的加剧致使交流水平有所下降。同时，华文学校虽然与国内相关组织交流积极，但交流内容还有待深入。整体而言，华文学校组织交流发展处于中等水平，还有较大的发展空间。

（四）华文学校社区关系分析

华文学校的发展与当地华文社区的发展紧密相连。华文学校建立的前提是当地社区有汉语学习的需要，社区为华文学校提供生源支持。大多华文学校在创办的初期都或多或少地受到当地社区关心中国或热爱汉语的相关人士的关心与帮助。一般而言，华文学校从创办伊始，就成为当地社区中文教育最主要的阵地，成为当地社区传播中华民族优秀传统文化不可缺少的一部分。

华文学校与当地社区有着天然的、不可分割的关系。华文学校的学生大都是本社区内的华人子弟;华文学校的负责人大都是社区内华人社会的名流;华文学校的教师也大都是本社区的华人、华侨。同时,大多华文学校也受本社区华人社团或企业的捐赠。

目前,华文学校建构社区关系的方式较为多样,社区关系也较为融洽。大多华文学校都会"引进来",经常请当地社区成员参与华文学校的重大活动,同时,也会积极"走出去",参与社区建设或庆典活动。华文学校还通过建立家长学校、家长委员会等形式,让大家参与到华文学校的生存与发展过程中来,通过让家长参与来获取家长的支持,进而进一步改善社区关系,获取社区更多的支持。近年来,众多非华裔儿童也纷纷学习汉语,华文学校应利用好这种机会,加强与当地社区内非华裔家庭的联系,也获取他们对华文学校的支持与帮助。

华文学校的社区关系"引进来"与"走出去"并重,同时,积极发挥家长学校、家长委员会融洽社区关系的作用,发展处于较高水平。目前,华文学校出现了非华裔孩子学习汉语的良好状况,华文学校应把握好这次机会,进一步改善社区关系,更好地融入当地社区。

(五)华文学校治理结构分析

华文学校一般由当地华人社团或华人个体自发创办,旨在传承、弘扬中华文化,学校的运行、发展大多依托华人社团,部分华校成为当地多元文化的示范点。由于目前的华文学校大多规模不大,组织层次一般较少,大多为校长—教研室和校董会—校长—教研室的通用性组织结构,部分由个人创办的华文学校,校长个人在学校的治理过程中显得尤为重要。这种治理结构具有较强的灵活性与机动性,能较好适应市场的需求,针对各种情况作出相应的调整与变化,且能促进教师的主人翁精神,有利于学校的发展与完善。但个人的知识、经验、能力有限,难免有错漏之处。部分依靠学生家长资助办学的学校,还能调动家长办学的积极性,具有较好的社区关系,扩大华文学校的影响。

虽然华文学校的治理结构不尽相同,但大多具有市场运作、社会参与的特征,随着规模的日益扩大,华文学校的治理结构也必须进一步完善,朝着规模化、专业化方向发展,才能提高知名度,获取更多的社会资源,以适应华人、华侨对华文教育的需求,利于汉语国际推广。

(六)华文学校资源获取分析

华文学校是最基本的也是最常见的、最直接的、最主要的华文教育形式。它有利于华裔青少年更好地学习汉语,掌握中华民族优秀传统文化。与其他组织一样,华文学校需要从环境中获取自己所需的各种资源,以确保自身的生存与发展。华文学校作为汉语国际推广的教育机构,办学经费、师资力量、教材、校舍等是其生存与发展的必备要素。这些因素的发展水平,直接影响到华文学校资源获取的发展空间。

华文学校的办学经费大多由学生学费组成,不够部分一般由其所依靠的侨团资助,当地政府在学校场地或教学设备等方面也会给予一定程度的支持与补贴。从目前华文学校的运营状况看,华文学校一般能实现收支的基本平衡,学费收入能维持自身的生存与发展。

华文学校的师资主要采用市场化运作,由华文学校自己招聘,所需费用也由华文学校自己承担。近两年来,国侨办也试图模仿孔子学院选派教师的方式,试点在个别学校给海外华文学校输送教师。

大多华文学校采用由我国国务院侨务办公室免费提供的教材。部分华文学校也使用其他版本的教材,这些教材一般由校长自己联系购买。

由于财力的限制,目前,华文学校大多没有自己独立的校舍,主要依靠租赁当地学校的校舍进行教学。部分当地政府会在校舍租金方面为华文学校提供一定的支持。

华文学校主要依靠市场化运作来获取自己所需的各种资源,资源获取的市场化开发水平较高。但华文学校较少通过政府渠道来获取政府在资源方面的相关支持,致使其资源获取受市场的影响较大。整体而言,华文学校资源获取水平中等,发展空间较大。

（七）华文学校师资发展分析

师资是一所学校的根本,只有好的师资才可能有好的教学质量,有学校良好的美誉度。学校师资力量雄厚,学校的知名度就能提升,学校的影响力也会随之增强。反之,学校师资力量薄弱,学校的教学质量就可能得不到保证,知名度与影响力都会相应地受损。

华文学校的教师一般由当地的华人、华侨组成,这些教师有在当地社会生活的经验,了解当地社会的人文风情与社会风俗。在华文学校的教育教学过程中,他们能用当地语言与学生进行较好的交流,从而发现学生在汉语学习过程中存在的问题,并提出针对性的解决策略。但华文学校的教师大多非师范专业,没有受过专门的教育学、心理学训练,教育理念、教学思想、教学方法等都需改善。同时,大多华文学校的教师是兼职教师,教师队伍的流动性较大,教师专业成长还有待加强。与此同时,华文学校教师缺乏,学校师生比过高,教师教学任务繁重也是华文学校师资发展面临的一个亟待解决的问题。

目前,各国还没有出现专门培养华文教师的师范学校,普遍缺乏华文教师培养机制,华文教师的认证评估体系也还未建立起来。华文学校的师资问题业已成为制约华文学校发展的一个公认瓶颈。

华文学校的师资力量较为薄弱,师资力量整体处于一个相对较低的水平,有许多亟须解决的问题,如教师数量、教师质量、教师稳定性、教师专业成长等。针对师资力量问题,华文学校积极采取多种措施提升华文学校师资力量水平,有利于提升华文学校的生存与发展能力。

二、华文学校发展关键影响因素中的优势和劣势

通过对华文学校发展关键影响因素的分析,可以看出教育需求旺盛、社区关系融洽是华文学校发展的主要优势,而政策支持不足以及师资缺乏则是华文学校发展的短板。

(一)教育需求:华文学校的生存之基

华文学校实行自负盈亏的办学方式,他们的办学经费大都来自于学生的学费。市场化的运作需要有教育需求作为保障。如果没有足够的教育需求,华文学校就不能招收到足够的学员,那华文学校就会失去生存的基础,进而被华文家教或华文培训班替代。很显然,海外华人数量的进一步增长、全球化的潮流和中国与世界各国教育文化交流的增多,使华文学校的教育需求进一步扩大,保证了华文学校能够仅依靠自身市场运作就能获取生存。值得注意的是,部分华文学校并没有完全市场化,它们只是象征性地收取少许的学费,学校的办公经费主要依靠华人社团、华人组织的资助。但如果华文学校的教育需求一旦减弱,当其社会效益,特别是对华人社会中华文化的传承作用不大时,华人社团或华人组织就会选择关闭华文学校。同时,如果华人社团或华人组织受极端情况的影响,没有能力资助华文学校时,这些学校也只能走市场化的道路进行自救。

(二)社区关系:华文学校持续发展之本

华文学校的维持良好社区关系的一种办法是通过让家长参与来获取家长的支持,进而进一步改善社区关系,获取社区更多的支持,同时,华文学校作为新移民向老移民学习的一个重要场所,具有促进华人、华侨融入当地社会,增强他们团结的作用。华人、华侨们刚移居海外时,由于人生地不熟,他们相对而言缺少社会、同伴的支持。在儿女上华文学校之后,他们在来华文学校接送孩子的过程中,能认识许多华人、华侨的朋友。在等孩子放学的几分钟时间里,他们会谈论自己的育儿经验,谈论当地特别是华人社会发生的重大事情。一些有学识、有经验、已融入当地主流社会的家长有时还会介绍一下自己融入

当地社会的历程及过程中的一些经验教训,这就能使刚到当地社会不久的华人、华侨少走弯路,迅速地融入当地社会。各华文学校建立家长学校,一方面让家长参与到学校的管理当中来,为学校的发展出谋划策,从而提高华文学校在当地的影响力,促进华文教育的发展。另一方面,家长学校也为家长提供了一个交流、学习、分享经验的场所。在这个场所里,家长们结成的友谊能使他们在工作、生活过程中互相支持,互相帮扶,团结一致为华人社会、华文学校争取更大利益。

（三）政策支持：期待政府加强服务

华文学校利用市场机制在海外办学,规模较小,缺乏政府的强力支持,一切资源都需要其本体与外部环境交换获取,不少华文学校的学生资源都来自于其所在的社区,教师也大都具有志愿或半志愿工作的性质。然而市场的逐利性,使具有公益性质的华文学校很难完全从市场中获取所需的全部资源。如一些投资大,见效慢的项目,私人和企业可能就不愿意去做。这就需要我国政府加强政策支持,以促进华文学校的健康发展。同时,随着汉语国际推广纳入国家战略,中国政府对海外华文教育的重视程度也越来越高,华文学校获取政府支持的可能性将进一步增强。

（四）师资发展：亟待突破的瓶颈

孔子学院的教师大多由中方外派,与此不同,许多华文学校几乎没有从国内外派的教师,而基本由学校在当地招聘一部分是曾在国内有过教学经验的或拥有一定文化水平的移民,另一部分则是留学生,由此造成了师资水平参差不齐、专业化水平不足等问题。甚至有教师表示,自己没有什么教学法,也没有参考资料,只能依托教材,多研究积累知识,达到灵活自如地处理教材,把该讲的讲明白,讲清楚。针对以上师资问题,除了政府应当加大对华文学校的支持外,华文学校自身也应采取一些措施,比如为了保证教学质量,提高教师队伍的素质,学校要增加组织课堂教学活动,鼓励、支持老师参加培训班、进修等机会。

三、华文学校：内生性组织发展逻辑

内生性组织是指组织的发展主要依靠组织自身本体的作用因素,组织在不受外部因素的影响下,拥有自生能力,能够持续地发展。内生性组织的成立大多是基于当地文化的一种行动自觉,与当地人民的思想、情感、意识、信仰等都有重要的联系,部分内生性组织甚至成为当地社会人民生活的一部分。华文学校是在华人、华侨的"根"的意识作用下建立起来的,凝聚着华人华侨们对祖(籍)国的情感,对中华优秀文化的眷恋。

　　华文学校一般隶属于当地华人社团,社团通过华校来推广中华民族语言,传承、弘扬中华文化,保持华侨华人的民族特性。华校的创办、维护和发展由华人社团承担。它具有办学机制灵活、投入少、资金充分等优点。华文学校的创立,大多是为了让华人、华侨孩子学习祖(籍)国文化,帮助他们在落地生根的同时能够吸取来自祖(籍)国的营养。海外华文学校的组织管理主要有四种模式:校长负责制、校长领导下的教务长负责制、家长大会制、校董会领导下的校长负责制。无论海外华文学校采用哪种组织模式,华文学校从成立到运作,在较大程度上都属于华人社会自身的主体行为,其办学经费、师资来源、校舍来源及课程设置、教学安排等都围绕学生的需求展开,体现出了自身的内生能力。

　　从办学经费看,华文学校的办学经费来源较为多样。有的主要依靠所属华人社团的资助;有的则主要依靠学生的学费;还有的华文学校依靠学生家长捐赠等。一般而言,政府没有对华文学校的办公经费进行资助,办学经费要自己募集,办学实行自负盈亏。

　　从师资来源看,华文学校的教师主要依靠华文学校自己招聘,教师的工资费用由学校承担。近年来,中国国务院侨务办公室加大了对华文学校的投入力度,向一些办学较好的示范性华文学校派遣了华文教师,费用由中国国务院侨务办公室统一支付,但派遣的教师毕竟太少,不足以改变华文学校属于内生性教育组织机构的属性。

　　从校舍来源看,与公立学校校舍由政府建设或政府提供资金建设不同,华文学校的校舍主要靠租赁,费用由华文学校自己承担。尽管当地政府大多会在校舍方面为其提供一定程度的支持,但这种支持仅限于减免校舍租金。

　　从课程设置看,华文学校的课程设置主要依据学生的学习需求。学生对某种课程具有强烈的需求,华文学校一般会设立该课程,反之,则不然。显然,这种以需求为导向的课程设置体现出华文学校扎根于华人社会,服务于华人社会的办学宗旨。

　　从教学安排看,华文学校的教学时间一般安排在周末,即使一些全日制的华文学校其教学时间也是在当地社会学校下课放学之后。华文学校教学时间安排的灵活性,针对了华人孩子发展的需求,使他们既能较好地接受所在国的教育,又能不忘"根"地学习中国文化,提升自己的综合素质。

　　通过上面的分析,无论华文学校创立的目的还是其今后发展的动力,都源自于华人、华侨社会,源自于华人社会对华文学校的教育需求和华人、华侨对祖(籍)国的情感及对中华文化的眷恋。华文学校是有志华人、华侨传承中华优秀文化的行动自觉产物,具有较强的内生性特征。

根据上文对华文学校性质特征的分析,发现华文学校是内生性的海外汉语教育传播机构。因此,尽管教育需求、政策支持、组织交流、社区关系、治理结构、资源获取和师资发展七个因素对华文学校的发展都有一定程度的影响,但由于华文学校的内生性特征与其自身的资源禀赋结构决定了其在教育需求和社区关系两方面具有较大的比较优势,而政策支持和师资发展则是其"短板"。下面将对华文学校的优势和"短板"作重点的分析。

教育需求、政策支持、组织交流、社区关系、治理结构、资源获取、师资发展等七个因素是目前影响华文学校发展的重要因素。然而这七个因素对华文学校发展的重要性并不是一致的,教育需求是华文学校的生存之基,而社区关系是华文学校可持续发展之本。其实,只要进一步对华文学校进行深入分析,就不难发现,对于任何一个华文学校来说,教育需求都是最主要的因素。有教育需求学校才能获取生源,才能从其他组织获取资源支持;有生源学校才可能发展师资,进而保证学校的生存。华文学校的内生性组织性质使教育需求成为了华文学校存亡最为重要的因素。当教育需求大时,华文学校师资发展、资源获取维度能相对较好地发展,华文学校也有人力、物力与财力来参加组织交流,华文学校就能较好地生存。反之,华文学校的生存就会遇到困难。华文学校扎根于社区,与社区的鱼水关系,使华文学校在极端困难的情况下,也能从社区中获取教师、学生等办学最重要的资源,克服困难,维持学校的正常运转。东南亚的一些百年名校的发展历程就是很好的例证。可以说,目前,教育需求和社区关系是促进华文学校生存与发展最为重要的因素。然而,华文学校要获取进一步的发展,其"短板"——政策支持和师资发展必须得到提升。

综合上述分析,可以发现,华文学校内生性的组织特性在一定程度上决定了其内生性的组织发展逻辑。

第三节　孔子学院和华文学校的发展逻辑比较分析

孔子学院和华文学校都是汉语国际推广的重要机构,是世界各国人民了解中国进而认识中国的最主要窗口。然而,由于孔子学院和华文学校的组织性质不同,它们的发展逻辑也各不相同,且都有自己鲜明的特点。下文将对外源性的孔子学院发展逻辑与内生性的华文学校发展逻辑从理论上进行深入分析。

一、孔子学院：汉语国际推广的必然产物

上世纪90年代以来，随着中国经济的持续快速发展，中国在国际舞台上扮演着越来越重要的角色，汉语的经济价值与实用价值得到提升，国际社会对汉语表现出了强烈的需求。在这种背景下，我国政府积极把握时机，进行总体规划、顶层设计，从国家战略高度来推动汉语国际推广。这样，一个能代表国家利益，以非营利性教育机构的身份来进行汉语国际推广的组织——孔子学院就应运而生了。

孔子学院是我国在海外促进汉语与中国文化传播的核心平台，肩负着摆脱以往汉语教学较为零散的局面，促进汉语国际推广的快速发展，加快中国优秀文化"走出去"的步伐，逆转"西学东渐"的文化逆差，提升中国的软实力乃至综合国力的重任，其设立的根本目的就是要服务于我国汉语国际推广的战略需要。显然，要服务于我国汉语国际推广的战略需要，孔子学院不可能走完全市场化道路，不可能以教育需求、以生源多少来决定其生存与发展，更不可能以师资发展、组织交流来主导其发展。服务于我国汉语国际推广的战略需要的目的决定了我国政府在政策方面的大力支持，也决定了孔子学院外源性的发展逻辑。因此，外源性的发展逻辑正是孔子学院对其发展宗旨的契合，孔子学院执行着国家汉语国际推广的规划，体现着我国政府汉语国际推广的战略部署。

二、华文学校：华人社会壮大后的必然产物

华文学校的发展与华人、华侨群体的发展壮大是分不开的。早期的中国人到海外谋生，由于人数太少，根本无华文教育可言，更不用说华文学校。[1]随着华人群体的扩大，部分较为富有且有远见的华侨开始开办私塾、义学。随着华人群体的进一步壮大，华人子女对华文教育的需求进一步增大，华文学校开始在华侨聚居地产生。

华文学校的诞生，标志着华文教育进入了学校教育阶段。学校教育的基本特征是必须要有教师、学生、校舍、统一的课程设置与教学内容。显然，华文学校要生存与发展，必须获取以上资源，而这些资源中，学生资源又是最为关键的资源。目前，海外华文学校具有私立的性质，大多采用市场化运作，自负盈亏，所以教育需求就成为影响华文学校存亡最为重要的因素。当华文学校

① 周聿峨，罗向阳.论海外华文教育与中国汉语推广[J].贵州社会科学，2008，222(6)：119—124.

教育需求旺盛时,华文学校师资发展就快,组织交流就频繁,华文学校也有更多的人力、物力与财力改善与当地社会的关系。反之,当华文学校的需求较弱时,华文学校就有可能会因为支付不起校舍租金或教师工资而面临关闭。尽管部分华文学校能得到华人社团、华人组织的捐赠,但这些捐赠一般不具有持续性。分析世界各国华文学校的发展状况,梳理各华文学校的发展历史,教育需求旺盛,生源良好,华文学校就发展得好,反之则遇到发展困难是华文学校发展的一条永恒规律。

华人社会发展壮大,随之而来的就是华人孩子的教育问题。由于对中华优秀文化的喜爱及对中国"根"的眷恋,众多华人家长都希望自己的孩子能学习中华优秀文化,于是创办并维持华文学校的发展就成为华人、华侨们的文化自觉行为。同时,随着华人在社区的影响力增大,华文教育能相对容易纳入到当地社区的教育发展规划当中,作为当地社区多元文化教育的一部分。内生性的华文学校组织特性,契合了服务于华人社会的办学宗旨,使华文学校在政策支持较少甚至政策不利的情况下,顽强而富有生机地持续发展。

三、孔子学院与华文学校发展逻辑的比较分析

由于使命与宗旨不同,孔子学院和华文学校的生存与发展逻辑也不相同。对两种不同的生存与发展逻辑进行利弊分析,以期找到两种发展逻辑各自最佳的发展途径。

对于孔子学院而言,外源性的组织发展逻辑保证了其发展策略与我国国家汉语国际推广战略的一致性。同时我国政府为孔子学院提供办学资金、优势师资等方面的支持,保证了孔子学院良好的教育教学质量,确保了孔子学院作为汉语国际推广的最重要品牌。

孔子学院通过政策支持和师资发展因素,在一定程度上决定了孔子学院教育需求、资源获取、治理结构、组织交流与社区关系等因素的发展。这一方面契合了孔子学院的创设宗旨,保证了孔子学院的办学方向;另一方面符合目前我国汉语国际推广的实际,是结合我国当前国情做出的较为正确的抉择。但目前,孔子学院外源性"看得见的手"使用过多,用力过大,导致了孔子学院资源获取渠道单一,较难融入当地社区等迫切需要解决的问题。检视孔子学院发展的模式,笔者认为孔子学院在以后的发展过程中,在服务于我国整体外交政策与利益诉求的基础上,应逐渐淡化其官方色彩,使政府在海外汉语言文化教育中的功能由最初的"看得见的手"向"看不见的手"转化。同时,开发多种资源获取渠道,积极走进社区,开展文化推广活动,促进当地社区人民对中国文化的认同。

对于华文学校而言,内生性的发展逻辑使其具有了办学机制灵活、资金投入少、社区关系融洽等优点。同时华文学校主动适应教育市场化的要求,积极参与市场竞争,通过市场的扬弃来实现学校的优胜劣汰。在市场中,各华文学校为了自身的生存与发展,纷纷采取多种措施来提升自身的教育教学质量,扩大自己的影响力,提升自身的知名度。

内生性的华文学校发展逻辑,既适应了教育市场化的发展要求,又与华文学校所处环境相适应,是目前华文学校较为理想的发展逻辑。但华文学校内生性的特征,也使得华文学校相对容易错失借助外力,特别是政府之力来实现自身快速发展的良好时机,导致华文学校政策支持少、师资力量薄弱等影响发展的问题。笔者认为,华文学校在坚持内生性、市场化的基础上,应积极争取中、外各级政府更多的政策支持,特别是办公经费、师资力量等方面的支持。各华文学校应积极建立起属于自己的联合组织,通过组织的力量来为华文学校争取政府更多的政策支持。同时,各华文学校要做好组织发展的长远规划,加大对教师的培养力度,鼓励教师专业成长,以提升本校的师资水平,提高教育教学质量,从而提升学校的知名度,建立学校的品牌。

通过上文的分析,我们可以得知,孔子学院和华文学校由于办学宗旨不同,它们分别采取了外源性的发展逻辑和内生性的发展逻辑。两种发展逻辑各有利弊,但都是适合它们现实境遇的相对正确选择。下面,我们将对这两种不同发展逻辑进行相关的比较。

通过表 5-1 对孔子学院和华文学校发展逻辑的比较,不难发现,由于办学宗旨的不同,孔子学院与华文学校的发展逻辑也存在差异。孔子学院服务于我国汉语国际推广的国家战略,具有明显的外源性特征,政策支持和师资发展是其组织发展的最主要影响因素,其发展逻辑具有较为明显的外源性组织发展逻辑的特征。华文学校扎根于华人社会,成长于华人社会,是华人社会发展壮大后的必然产物,具有内生性的特征,其组织发展的最主要影响因素是教育需求和社区关系,其发展逻辑具有较强的内生性组织发展逻辑的特征。

孔子学院和华文学校由于不同的办学宗旨,其发展逻辑也不尽相同,通过上文对两种不同发展逻辑的利弊分析,我们认为孔子学院和华文学校应依自身的要素禀赋结构,顺势而为,从而实现办学效益的最大化。

对于孔子学院而言,中国政府在政策上的大力支持,保障了其目前能够较好地发展。但孔子学院要想获取进一步的发展空间,必须以自己的要素禀赋结构为基础,顺势而为,积极提升阻碍自身发展的薄弱环节。一方面采用多种措施来拓展资源获取渠道,另一方面加强与当地社区交流,积极改善与当地社区的关系。国家汉办/孔子学院总部要淡化孔子学院的官方性,提高宏观管理水平,对孔子学院的政策支持应由"看得见的手"向"看不见的手"转化。国家汉办/孔子学院总部可以借鉴华文学校的一些组织发展经验,尝试让孔子学院适当市场化,通过发挥市场对资源的调配作用,加强孔子学院之间的良性竞争,让孔子学院在竞争中发展自己,在市场中实行产业化经营、品牌化运作,从而提升自己的发展能力。

表 5-1　孔子学院与华文学校发展逻辑比较

比较项目	孔子学院	华文学校
办学宗旨	适应世界各国(地区)人民对汉语学习的需要,增进世界各国(地区)人民对中国语言文化的了解,加强中国与世界各国教育文化交流合作,发展中国与外国的友好关系,促进世界多元文化发展,构建和谐世界	传承族裔语言文化,保持族裔文化特质,提高族裔文化素质和生存能力,促进他们更好地发展
组织性质	外源性的海外汉语传播非营利性教育机构	内生性的海外汉语教育传播机构
举办者	孔子学院总部(具体设立形式目前为中外合作办学)	个人、企业、社会团体
组织结构	孔子学院总部—孔子学院理事会—孔子学院院长的三级组织结构	校长—教研室,或校董会——校长—教研室两种组织结构
最终经费来源	总部项目基金为主	学费为主
教师	总部外派教师和志愿者为主	兼职为主
组织发展最主要的影响因素	政策支持、师资发展	教育需求、社区关系
外部评价	政府	当地社区、中介组织
发展逻辑	外源性组织发展逻辑	内生性组织发展逻辑

对于华文学校而言,随着中国走向世界脚步的加大,华人华侨群体的数量将进一步增长,同时,汉语的实用价值的增加也将为华文学校带来大量的非华裔学生。国际、国内良好的环境为华文学校提供了充足的教育需求,保证了目前华文学校的快速发展。然而,华文学校要想获取进一步的发展空间,扩大教育规模,提高教育质量,进而形成自己的品牌则是必经之路。华文学校应该弥补自己在师资发展与政策需求方面的短板,认识到华文教育作为当地多元文化教育(中华民族文化教育)的一部分,理应得到当地政府在教育政策、教育经费、教师培养等方面的大力支持。各华文学校要着力改变过去单打独斗的局面,联合起来一起争取更多的利益,必要时可以发动学生家长、华人社团、华人

组织相关人员与当地支持华文教育的社会名流一起参与进来,使华文教育得到当地政府在政策维度的切实支持。同时,各华文学校还应加强与我国政府,特别是政府侨务部门的联系,以获取我国政府在师资力量与政策支持方面的多种资源,从而提升自己的发展能力。

第五章　孔子学院与华文学校和国内
　　　　　教育机构的互动

第一节　孔子学院与国内教育机构的互动

　　孔子学院作为海外教育实体机构,是中外双方对等的合作办学机构,旨在开展汉语教学和中外教育、文化、经济等方面交流和合作的非营利性机构。孔子学院的功能是教授汉语和其所承载的文化,促进中外双方的文化交流和学术交流,而孔子学院与国内教育机构的互动是文化交流和学术交流的重要组成部分。本节将通过梳理孔子学院的办学制度和模式,了解孔子学院的运行方式,从而深入分析孔子学院与国内教育机构在这样的运行方式下所进行的互动及其影响。

一、孔子学院的办学模式和相关制度

　　孔子学院由孔子学院总部和海外各孔子学院组成。

　　总部 2006 年在北京成立。孔子学院总部是具有独立法人资格的非营利机构,拥有孔子学院名称、标识、品牌的所有权,负责管理和指导全球孔子学院。总部设立理事会,由主席、副主席、常务理事和理事组成。其中,主席 1 名,副主席和常务理事若干名,具体人选由中国国务院教育行政部门提出建议,报国务院批准。理事 15 名,其中 10 名由海外孔子学院的理事长担任,第一届理事由总部聘任,以后选举产生或按孔子学院成立时间顺序轮流担任;其余 5 名由中方

合作机构代表担任,由总部直接聘任。理事任期为两年,可连任一次。理事会成员任职期间不从孔子学院总部获取任何报酬。理事会设立总干事、副总干事。总干事为总部法人代表,由常务理事担任。

孔子学院总部在理事会领导下履行日常事务,其职责是:制订孔子学院建设规划和设置、评估标准;审批设置孔子学院;审批各地孔子学院的年度项目实施方案和预决算;指导、评估孔子学院办学活动,对孔子学院运行进行监督和质量管理;为各地孔子学院提供教学资源支持与服务;选派中方院长和教学人员,培训孔子学院管理人员和教师;每年组织召开孔子学院大会;制定中方资金资产管理制度。[1]

海外各孔子学院依据《孔子学院章程》与《孔子学院基本办学标准》向孔子学院总部提出申请设立。目前办学模式主要有三种:国内外机构合作、总部授权特许经营、总部直接投资,其中以第一种模式居多。根据各国特点和需要,从实际出发,中外合作办学又分为中外高等学校合作、中外高校联合跨国公司合作、外国政府与中国高校合作以及外国机构与中国高校合作等三种模式。目前,大多由国内知名大学与国外汉语教学基础较好的大学联合开办。现在全国有 100 多所高等院校都参与到孔子学院的合作办学。

在管理上,各孔子学院建立理事会制度。理事会由中外双方代表组成,其中中方人数不低于 40%,理事会表决实行三分之二通过;理事会有权任命院长,并实行院长负责制。院长向理事会负全责,中方合作者派出代表担任院长或副院长。在经费上,中外合作设立的海外孔子学院经费筹措由中外双方共同负责并实行年度预算和决算报告制度。在师资上,各孔子学院接受经总部选拔和培训的教师与志愿者,任期为 1—2 年,可申请留任一届。

二、国内教育机构对孔子学院的影响

(一) 国内教育机构在孔子学院的创办过程中的作用

在孔子学院的三种办学模式中,中外高等学校合作办学模式占了大多数,即由国内知名大学与国外汉语教学基础好的大学联合开办孔子学院。按照《孔子学院章程》,要派中方院长到孔子学院与外方院长一起对孔子学院进行管理,由于外方院长一般是兼职,因此中方院长在制定符合孔子学院发展的战略规划或作出重大决策的过程中,显得十分重要。同时,中方管理人员到海外孔子学院就任前,也需要更好地熟悉校情,充分了解孔子学院在规划、科研、人

---

[1] 国家汉办,孔子学院章程 http://www.hanban.edu.cn/confuciousinstitutes/node_7537.htm.

事、外事、干部管理等方面的政策,将孔子学院的工作与学校的发展需要和目标更好地结合起来。优秀的孔子学院中方合作院校需要在孔子学院的制度建设、队伍建设、品牌建设、构建评估机制和共享平台等方面不断探索,为孔子学院的健康发展提供有力保障。

如中国人民大学高度重视孔子学院工作,2006 年 11 月,成立了由校长任组长,有关副校长和职能部门负责人为成员的"汉语国际推广小组",统筹协调"汉推"工作。各领导多次召开专题工作会议,研究孔子学院工作的开展以及存在的问题,或亲自带队访问孔子学院,推介"孔子新汉学计划",推动孔子学院事业发展。

目前遍布全球五大洲的孔子学院八仙过海各显神通,他们在办学过程中取得了不少好的经验,也各有自己的不同办学教训,一所国内高校尽可能多地促进合作承办的各大孔子学院沟通,使他们能吸取兄弟单位的成功经验,然后有针对性地改进工作,取长补短,不断开拓孔子学院工作的新局面。这样的不断探索,不断总结,不断交流,能更有效地促进孔子学院的建设。

（二）国内教育机构对孔子学院的师资发展的影响

随着海外孔子学院数量的迅速增加,孔子学院对相应的汉语教师的需求也越来越大。目前孔子学院的教师主要由国外合作院校汉语教师、中方公派汉语教师、中方志愿者和中方留学生及当地聘任的汉语教师组成。尽管招聘本土教师是孔子学院师资发展的一个趋势,但现在的教师仍大多都为中方外派人员,并大部分为国内教育机构向外输送。这些由国内合作院校派出的公派教师和志愿者,都需符合国家汉办、孔子学院的相关要求,经过一定的培训及审核,具有较高的教学水平及汉语知识水平,整体素质较高。如中国人民大学自 2006 年至 2012 年向承建的海外孔子学院派出 128 人,其中,教师 46 人,学生志愿者 82 人,并通过培训,让即将赴任的院长和老师们更好的熟悉当地孔子学院的校情,尽快进入孔子学院的各项工作。

除了"走出去"向孔子学院输送师资,国内教育机构还积极配合孔子学院以"请进来"的方法,帮助孔子学院培训本土汉语教师,承担海外孔子学院汉语教师来华的培训任务,帮助本土教师提高自身教学水平。如菲律宾布拉卡国立大学孔子学院自 2009 年 1 月起,利用周末,为大学 31 名教师进行汉语及教学法培训,4 月选拔 14 名学员去西北大学强化培训。①

（三）国内教育机构对孔子学院教育需要的影响

国内教育机构对孔院的教育需要影响主要体现在文化活动开展和教学合

---

①　第七届孔子学院大会孔子学院先进中方合作院校经验介绍,北京,2012(12).

作项目上。

孔子学院的主要任务是教授汉语和其所承载的文化，而文化的传承不能只靠授课，因此国内的教育机构利用自身的丰富资源建立华文教育基地，承办各种活动，接收孔子学院的学生来华，帮助他们更好地学习中文，学习中华文化。

国内高校所举办的各种夏（冬）令营，以海外孔子学院周边的中、小学生和大学生为对象，以教授汉语为主，中国概况（历史、地理、旅游等）为辅，目的旨在提高孩子们学习汉语的兴趣，更好、更积极地学习汉语。同时，夏（冬）令营为孩子们了解中国、零距离接触中国人、体验中国文化提供了一个好的平台。除此之外，还有各种寒暑期的中国文化探访，让学员们把在课堂里学习到的知识运用于实际生活当中。同时通过游览中国历史名胜，为他们了解中国多民族、多文化及中国历史、文学等都起到了很大的帮助。

除了举办各种文化活动外，国内合作院校还与孔子学院开展各种教学活动，如"1+2"或"2+1"的教学合作，即孔子学院开设的高端课程，如教师培训课程、硕士课程、博士班课程可以在孔子学院培训一到两年，然后再到国内培训一到两年，国内院校承认孔子学院的学分，学生毕业颁发国内院校的毕业证书。同时也扩大 HSK 优秀奖学金、汉语桥奖学金等各类奖学金学生的数量，接收国外学生到国内院校学习汉语，使学生更加深刻真实地感受中国语言文化的魅力，并与国内学生交流，体验沟通两国文化的异同。

（四）国内教育机构对孔子学院资源获取的影响

教育质量第一取决于教师，第二取决于教材，全球数百家孔子学院，发展程度、师资力量、所处环境都大不相同，对教材的需要也千差万别，而教材的编写难度大、专业性强、过程复杂。目前应用于海外孔子学院的汉语教材，大都是由国内大学或研究机构编写的，同时还有国内高校与孔子学院当地合作编写的以及孔子学院自行出版的。国内高校所编教材如《新实用汉语》、《博雅汉语》、《体验汉语》和《跟我学汉语》。这些教材都是汉语教学的经典教材，经过多年的使用和修订，以编写的严谨性、对象的适用性，受到教师和学习者的欢迎；国内和国际联合编写的有《走遍中国》、《泰国人学汉语》等，这些教材注重整合两国的教师资源和教学理念，力图编写针对性强、有明显国别特征的实用性教材；另外，孔子学院的教师和院长也根据实际教学经验组织编写教材，这些教材的使用范围虽然不广，但综合了孔院教师在当地任教的丰富实践，它们在孔院内部受到较高的赞誉。泰国皇太后大学孔子学院、朱拉隆功孔子学院都出版过这样的教材。

教学模式是在一定理论指导下，为实现特定教学目标而设计的比较稳定的教学程序及其实施方法的策略体系。各国孔子学院,除了开设传统的长期和短期语言课程,还开设了书法、剪纸、茶艺等文化才艺课程,并开展各种文化考察活动。在教学方法上,各地孔子学院也与时俱进,逐渐从以纸质、面授为主转变为更多地利用现代信息技术,如网络授课等。尽管如今世界各地孔子学院的汉语教学工作都在紧锣密鼓地展开,但对于孔子学院具体应该采用什么样的教学模式并没有、也无法有固定的或者说是成熟的模式可参考,因此国内各高校建立相应的研究所,在汉语教学、华文教育上展开多方面的研究,协助突进孔子学院建设和汉语国际教育。如北京语言大学对美国外语教育标准(5C)和欧洲语言共同参考框架等开展了研究,开发出符合这些标准的教学法,以推动教学法的国别化进程。同时,通过对外汉语研究中心和国际汉语教学基地,加强汉语国际教育的理论研究和应用研究,创新教学模式,提高教育教学模式的针对性和实用性。

三、孔子学院对国内教育机构的影响

随着全球化进程的加快,国际化已经成为世界高等教育发展的一大基本趋势,成为"高等学校管理、规划、培养目标和课程的一种中心因素"①。孔子学院作为汉语国际化推广的重要品牌,其独特的中外合作设置和运营模式为全世界汉语学习者提供方便、优良的学习条件,增进世界人民对中国语言和文化的了解,发展中国与各国的友好关系外,同时为加强中国与世界各国教育文化交流合作,促进中、外合作高校国际化交流与发展的重要平台。这里以浙江省的一些高校为例,说明孔子学院对我国高校国际化进程所发挥的不可替代的影响与作用。

(一)孔子学院对高校师资国际化的影响与作用

师资国际化是高校国际化的重要标志,只有师资国际化才能给学生带来国际化的思维与视野。一所高水平的大学,往往有高度国际化的教师。师资的国际化不仅体现在国际化师资的量上,更体现在师资的质上。它不能是简单地增加几张异国的面孔,而是要争取得到具有国际化视野、国际化水准的优秀教师。就目前国内的实际来说,由于受政治、经济、文化等因素的制约,要求大部分教师具备国际化师资的资质显然不现实,我们应根据自己的实际情况,量体裁衣,建立恰当的国际人才引进与培养机制。因此,各高校在师资国际化进程中,除了引进海外高层次人才外,更重要的还是发挥高校自己的造血功

①　陈学飞.高等教育国际化——从历史到理论到策略[J].上海高教研究,1997(11).

能,让业务过硬,素质全面的教师到国外去接受教育,把他们培养成为具备国际视野、国际修养的国际化高层次人才。

各高校可以充分利用孔子学院这个中国与世界文化交流的平台,让外派教师到孔子学院进行教学与交流。外派教师到孔子学院后,通过与他们的教师共同开展科学研究,在服务中学习,在实践中成长,拓展自己的国际化视野,提升自己的国际化修养。在外派教师的同时,要善于利用合作举办孔子学院的国外高校的资源,把国外高校的教师引进国内,为学校师资国际化开拓一条新的途径。浙江师范大学在成立非洲研究院之后,教师们凭借喀麦隆雅温得第二大学孔子学院这一平台,与该大学的教师开展了多种形式的非洲研究,取得了较好的效果。先后承担了外交部、教育部、国家汉办的众多非洲研究课题,其中还包括国内首个非洲领域的国家重大攻关课题。浙江科技学院与罗马尼亚克鲁日大学共建孔子学院,该校在派遣教师赴罗马尼亚教授汉语和传播中国文化的同时,引进克鲁日大学能用英语开展教学的经济类师资,为学院经济类专业外国留学生授课。

(二)孔子学院对高校学生国际化的影响与作用

学生国际化主要是指招收外国学生或本国学生前往他国就读,包括长期和短期生,前者多为了取得学位,后者多属于交换或游学性质,主要在于获得文化经验和语言能力。① 目前,大力开拓留学生市场已成为欧美高校发展的共同策略。据统计,世界一流大学的留学生一般占学生总数的 13.4%,研究生的比率更高,约占 29%。近年来,随着我国经济的迅猛发展与全球化进程的加快,越来越多的高校本着加强"对国际开放,面向世界,加强教育、科技和文化的国际交流和合作,吸收各国高等教育之长,促进东西方文化交流"②的理念招收外国留学生。

在招收外国留学生过程中,孔子学院对国内、外合作高校具有积极的影响:一是直接的影响,即国内孔子学院合作院校通过孔子学院奖学金,直接吸引优秀的外国留学生到国内学习与交流。这些留学生大都具有一定的中文基础,因此他们来到中国后能很快与国内的学生打成一片,在提升自己汉语水平的同时,也给国内学生带来了国际的气息与活力,促进了国内学生的"校本国际化"。浙江大学通过征集大学生、研究生志愿者,一对一为参加"浙江大学短期留学班"与"中国文化之旅"的孔子学院学员提供帮助。在提供帮助的过程

---

① 戴晓霞.高等教育的国际化:外国学生政策之比较分析[J].复旦教育论坛,2004(5).

② 袁本涛,潘一林.高等教育国际化与世界一流大学建设:清华大学的案例[J].高等教育研究,2009(9).

中,学生的国际化视野得到了拓展,国际修养也得到了提升。二是间接的影响,孔子学院的学生在中国学成回国后,会把自己在中国学习、生活的情况通过口口相传的形式在国内进行宣传,由于孔子学院奖学金的学生都是成批量的,因此他们的宣传就有群体效应,容易引起大家的关注,也能够吸引更多的优秀学生到国内孔子学院合作高校留学。除此之外,孔子学院还是国内高校在孔子学院所在国推介自己的一个窗口,通过这个窗口,可以让更多的人认识中国,了解中国的高等教育,从而促成更多的学生来中国求学。2009－2010年度,共有 38 名泰国留学生申请到孔子学院奖学金,来温州大学学习汉语,这批学生经过一个学期的汉语专业课程学习,已经能够运用汉语进行较高层次的学习、工作和交际活动。在一个学期的学习过程中,泰国留学生与温州大学的众多学生朝夕相处,共同学习与交流,让许多中国学生在国内就较深入地了解了泰国的政治、经济、文化、教育等,实现了"校本国际化"。同时也扩大了温州大学在泰国的影响力,推动了温州大学学生国际化的发展。

（三）孔子学院对高校管理国际化的影响与作用

国际化的大学不但要有国际化的师资、国际化的学生,更要有国际化的管理。高校管理国际化是一项复杂的系统过程,它要求学校的办学机制、管理人员素质、管理水平及管理效率都必须适应国际化发展这一形势与目标。

作为中外交流与合作重要平台的孔子学院,按照其章程,要派中方院长到孔子学院与外方院长一道进行管理。中方院长在对孔子学院管理的过程中,通过与外方院长、外方相关管理人员的沟通与合作,可以拓展自己管理国际化的视野,提高管理国际化的能力。同时,通过孔子学院这个平台,中方院长可以立足国际大背景,制订出符合孔子学院发展的战略规划,或者做出重大决策,在此过程中,获得宝贵的国际化发展经验,此其一。其二,孔子学院学生来到国内高校学习中文,必然带来留学生管理的问题。留学生在文化、政治、宗教信仰方面与国内学生存在或多或少的差异,这就要求对留学生的管理必须是国际化的管理,以国际化管理来满足留学生的多种需要,促进留学生更好、更快地适应学校生活,提高留学生在中国学习的自我效能感。在管理当中,中方相关人员通过总结管理经验,自身的国际化管理水准也能得到相应地提高。浙江师范大学先后与喀麦隆雅温得第二大学及乌克兰卢甘斯克国立大学合作建立了孔子学院。目前,学校已经拥有了专任教师和志愿者相结合的孔子学院中方院长和教师队伍,派出的院长和教师通过与孔子学院外方院长与教师的交流与合作,管理的国际化水平得到了较大幅度的提高。至今,浙江师范大学共有 3 位老师获得喀麦隆政府颁发的"喀麦隆金质劳动勋章",1 位老师获孔子学院优秀院长称号。已分别在泰国和美国共建两所孔子学院的温州医学院更是把孔子学院中方院长的位子作为学校培养中层干部的孵化器，以提高学校的国际化水平。

（四）孔子学院对高校国际交流与合作项目的影响与作用

国际交流与合作是高校国际化的灵魂，也是其本质与落脚点。目前，我国高校国际交流与合作最主要的形式是开发并拓展国际交流与合作项目。通过项目的开展达到促进高校师资国际化、学生国际化、课程设置国际化、管理国际化的目的。

孔子学院作为中外交流的重要窗口，能有力推进中、外双方高校之间的全面合作，让双方实现高校优势互补，从而达到共赢的目的。在孔子学院的管理与教学过程中，中、外双方教师与工作人员通过工作交流与合作，结下了深厚的友谊。中方工作人员回国之后，大都能根据双方学校的特点，力推学校之间合作，达成交流与合作项目，从而加速学校的国际化进程。温州大学自 2008年与泰国东方大学合作建立孔子学院以来，努力拓展学生交流项目，提高中文专业联合教育层次。2009 年 9 月两校签署了《温州大学与泰国东方大学合作培养教育项目协议书》，规定了双方在短期汉语交流、中文本科"2＋2"、中文本科"3＋1"、中国研究专业硕士学位联合培养等项目的合作办学。尤其是中国研究专业硕士学位联合培养项目，温州大学不仅帮助东方大学设计培养方案以及课程设置，还定期派遣专家教授赴泰国讲授主要课程。学生在泰国东方大学完成 2 年的学习计划后，前往温州大学完成 1 年的学习计划，将分别获得温州大学和东方大学颁发的硕士学位（双学位）。教育项目协议书的签订，为双方开展更深层次、更加全面的合作奠定了坚实的基础，促进了两校国际化合作与交流的深化。浙江工业大学也积极利用孔子学院的作用，在 2009 年与孔子学院合作院校——美国瓦尔普莱索大学就两校通过"3＋2"、"3＋1"方式联合培养学生、开展学分互认等方面的问题进行了深入的探讨，为两校进一步开展相关的交流与合作打下基础。在 2010 年举办的冰岛北极光孔子学院理事会上，宁波大学与冰岛大学一致同意，要大力推进两校间的交流项目，以吸引更多的冰岛学生到宁波大学学习交流。

（五）孔子学院对高校"软实力"的影响与作用

"软实力"（soft power）是由美国哈佛大学教授小约瑟夫·奈提出来的，主要包括文化影响力、意识形态影响力、制度安排上的影响力和外交事务中的影响力。近些年来，随着我国综合国力和文化传播实力的不断提升，我国的文化软实力也得到了进一步的提升。党的"十七大"明确指出，要"提高国家文化软实力，使人民基本文化权益得到更好保障，使社会文化生活更加丰富多彩，使人民精神风貌更加昂扬向上"。高校"软实力"包括大学文化的生命力和优秀传统的感染力、学科引领的创造力和办学理念的吸引力、师生关系的融合力和教育规范的控制力、国际标准的导向力和国际形象的赞赏与认可程度等。[①]有学者在对高校"软实力"进行深入研究后指出,高校的"软实力"与"硬实力"同等重要,它们一起对高校的综合实力产生影响。因此,在高校国际化过程中,提高高校的"软实力"不但有利于提高学校在国外的影响力,提高学校在国际上的综合竞争力,还有利于提升学校的国际标准导向力,提升学校的国际形象。

孔子学院作为合作中方学校在国外的窗口,其建设与发展直接影响到孔子学院所在国对中方学校的认知、理解、接纳与推崇,影响中方学校在国外的竞争力与导向力。目前,浙江省各高校都比较重视孔子学院对学校"软实力"的提升作用,充分利用自己的学科与专业优势来促进孔子学院的建设,同时也利用孔子学院的辐射与宣传作用来提升高校的"软实力"。温州医学院在与泰国东方大学合作建立孔子学院后,充分发挥本校的资源优势,将医学文化特别是中医文化引入孔子学院的建设当中,帮助泰方建立中国传统医学中心,并在泰国开展患者咨询、中医知识宣传、中医诊疗等活动,在泰国社会产生了广泛而良好的影响,得到了泰国人民的肯定,建立了良好的口碑,提升了学校在泰国的影响力与竞争力,增强了学校的"软实力"。杭州师范大学利用自身艺术教育的特长,在杭州师范大学-美国中田纳西州立大学孔子学院揭牌仪式上,举办了名为"风从东方来"的专场演出。演出不但展示了绚丽的中国文化,同时展示了杭州师范大学艺术教育的特长,扩大了学校在美国的影响力。

案例 5.1　厦门大学[②]

以厦门大学为例,厦大已在五大洲的 12 个国家建设了 15 所孔子学院和 38 所附属孔子课堂,是"985"高校中承建数量最多、孔院分布最广的承建单位。在这些孔子学院和孔子课堂中,有 3 所孔子学院、1 所附属孔子课堂及 4 名中外方院长曾受到孔子学院总部的表彰。

2012 年底,厦门大学将孔子学院和汉语国际推广工作从学校的大外事中独立出来,由专门的分管校领导主抓;设立汉语国际推广南方基地(孔子学院

---

① 王恩林.科学规划留学生教育发展战略[A].中国高教学会外国留学生教育管理分会.来华留学教育管理研究(2009)[C].北京:北京语言大学出版社.2010.

② 第八届孔子学院大会孔子学院先进中方合作院校经验介绍[EB/OL] http://www.chinese-cio.com/conference/article/2013-11/26/content_516661.htm.

办公室)这一新的正处级机构,专门对应承接孔子学院总部(国家汉办)下达的任务。同时,作为高度国际化的重点综合性大学,充分发挥对外教育开展早、国外校际合作院校资源多、全英文授课专业师资力量强、学科门类齐全、师资力量雄厚的多方面优势,整合力量,全方位支持承建孔子学院的业务开展,是孔子学院办学的坚强后盾和依靠。厦门大学充分发挥各方面的资源优势,整合力量,全力支持孔子学院办学,为海外孔子学院的创办、管理、资源获取等提供了有力的帮助和影响。

此外,作为第一批孔子学院专职教师储备学校,厦大目前是唯一为专职教师提供正式编制的学校,也是接收人数最多的高校之一,对专职教师安置最早、最好、兑现承诺也最到位;作为首批"孔子新汉学计划"接收院校,学校校长、分管副校长亲自动员、部署、协调,在最短时间内启动招生工作,推荐及录取人数均居全国接收高校第一,受总部委托制定《厦门大学"孔子新汉学计划"博士生奖学金项目管理条例》,促进了该项目的制度化、规范化建设。出色完成总部交办的2013年孔子学院外方院长研修班等培训任务,全力推进汉语国际推广南方基地(总部孔子学院院长学院)项目建设,为全球孔子学院发展提供强有力的支撑和保障。这些措施都从积极的层面影响着海外孔子学院的师资建设和教育需求的发展。

另一方面,与孔子学院的交流也给厦门大学带来了积极的影响。近年来厦大与孔院合作院校开展的活动即有厦门大学"土耳其日"、"马耳他周"、"英国南安普顿大学日"、"圣地亚哥州立大学日"以及马耳他"厦门大学日"等。另据统计,2006年以来学校与孔院合作院校开展的合作项目共30个,交换学生500多名,互派讲座教授50多人次。这其中的亮点项目如:3所孔院外方合作院校已与我校达成协议,成为我校国际化师资培训基地;法国西巴黎大学副校长兼孔子学院外方院长作为我校客座教授来校讲学并与我校教授共同申请居里夫人项目;英国纽卡斯尔大学孔院理事会成员与我校教师共同申请欧盟项目等。以上种种,都从各方面促进了厦门大学的师资、学生、管理等方面的国际化,提高厦门大学的"软实力",增强厦门大学的综合实力,并提高学校在国外的影响力,提高学校在国际上的综合竞争力。

第二节　华文学校与国内教育机构的互动

2010年7月25日,时任中共中央政治局常委、中国国家副主席习近平在北京人民大会堂出席2010年海外华裔及港澳台地区青少年"中国寻根之旅"

夏令营开营仪式时指出:"海外华裔青少年是海外华侨、华人社会的希望和未来,衷心希望海外华裔青少年继承和弘扬祖辈的光荣传统,从中华民族的历史和文化宝库中汲取精神营养,成为中华文化的热情传播者,为中华文化发扬光大和世界文明共同进步发挥积极作用。"海外华裔青少年作为海外华侨、华人的未来与希望,要让他们牢记中华民族这个"根",抓住中华文化这个"魂",实现伟大复兴这个"梦",就必须大力发展华文教育,提高华文教育的效能。华文学校的创办与发展是华文教育的重要组成部分,加强与国内教育机构的互动,则有利于华文学校创建更好的华文教学环境,帮助华裔学生不断确认自己的文化归属意识。

一、华文学校的办学模式和相关制度

华文教育是指在海外由华人兴办的以汉语为教学媒介语的学校教育,也包括以学习汉语为主要目的的中华语言文化教育,而华文学校亦是当地华人华侨内心深处"中华文化情愫"的传承地。华文学校一般由当地华人社团创办、维护和发展,华文学校通过推广中华民族语言,传承、弘扬中华文化,保持华侨华人的民族特性。

华文学校的创办已有三百多年的历史,三百多年来,华文学校经历过低谷、兴盛,积累了许多宝贵的办学经验,当前又得到国内外许多学者和有关机构的关注,在学科定位、教学总体设计、师资培训、教学资源供给、教材编写等方面得到很多帮助,华文学校呈现出良好的发展势头,形成了有效的办学模式和制度。

目前海外华文学校的组织管理主要有四种模式,其中,校长负责制和校长领导下的教务长负责制,一般由学校校长掌舵,对学校的各种事务拥有最终决定权,学校分工明确,责任清晰,具有较强的灵活性与机动性。家长大会制的华文学校一般由家长资助办学,重大事项由家长会决定,校长在家长会上提出议题,家长对议题进行表决。校董会领导下的校长负责制的华文学校大多由华人社团、教会等主办,校董会一般负责学校办学资金的筹措,在办学资金、办学理念、办学规模、办学方向及学校发展速度等由校董会讨论决定,而在相对微观层面的办学思路、教师招聘、教学活动开展方面由校长决策决定。

在华文学校的教学组织形式方面,分为五种:家教和私塾,各种语言学习班,私立学校,新兴的周末制中文学校,传统的全日制华文学校。中文学校是其中最具代表性的。随着中国国际化进程的加快,不仅华人、华侨的子女对学习中文的热情高涨,许多非华裔青少年也加入了学习中文的队伍,除此之外,还有来自不同年龄层,不同社会层次的人所需求,因此华文学校的办学形式灵活多变,从小学到中学到高等专科、师范、职业学校等,还有名目繁多的中文业余学校、夜校、培训班、进修班、实习班等,并有不少地区开设了具有中国特色的中医班、民族乐器班、武术班、书法班等。目前华文学校能针对不同的学制及办学形式,设置不同的课型,再根据不同的课型,采取灵活的教学方法。

为贯彻落实胡锦涛主席的指示精神,2004—2008 年间,由中央多个部门组成的中国"国家海外华文教育工作联席会议"成立并先后实施、制订了2004—2008、2009—2012 年工作规划;中央财政和地方财政对侨务工作经费投入大幅增长;中国华文教育基金会募集的过亿资金全部用于华文教育项目,这些都为华文教育的长足发展提供了有力的物质保障。此外,国家汉办在向国外主流社会开展汉语国际推广的同时,也尽力满足华侨华人社会的需求,"孔子课堂"、教师培训、汉语水平考试等项目落户华文学校,广大华文教师和华裔学生从中受益;国内几十所华文教育基地院校充分发挥人才和地域优势,在华文教育诸领域为海外华文教育提供了形式多样、内容广泛的帮助与支持。①

二、国内教育机构对华文学校的影响

在第二届世界华文教育大会上,针对海外华文学校与国内教育机构开展交流与合作,几位西班牙代表认为,"海外华校加强与国内教育机构的交流与合作,一方面可以引进国内高校优秀的华文教育或对外汉语专业毕业生,应对日益严峻的华文教师资短缺问题;另一方面可以学习、借鉴高校先进的管理模式和办学理念,推动海外华校发展。此外,双方还可以合作编写适合当地需要的华文教材,提高华文教育的针对性"②。

目前,大多华文学校的规模不大,大部分依托华人社团运行发展,在资源获取、治理结构、师资发展等方面都有待发展,加强与国内教育机构的交流与合作,必定在各方给华文学校带来一定的影响。华文学校与国内教育机构的互动,大多通过国侨办设立的华文教育基地,以及华文学校与国内院校结为姐妹学校等形式开展。下面将从几个维度分析国内教育机构对华文学校的影响。

(一)国内教育机构对华文学校师资发展的影响

华文学校的师资建设问题一直是华文教育所面临的重要问题。华文学校

① 中华华文教育网,赵阳副主任在开幕式上的主题讲话 http://www.hwjyw.com/zt/worldChinese/activity/200910/t20091014_32627.shtml,[EB/OL].2009-10-14.
② 第二届世界华文教育大会简报第 11 期,2011-10-31.

的教师一般由所在国的华人华侨组成,尽管他们熟悉当地文化,在语言、生活习惯方面没有问题,但大多非师范类专业,缺乏一定的教育学方面的培训,且大多是兼职教师,流动性大,而大多华文学校在教师专业成长培训上也缺乏投入。总的来说,缺乏从事华文教育的师资,实际上包括量和质两个方面。

为了解决上述几个问题,华文学校应加强与国内教育机构的联系,通过与国内教育机构的互动,来获取更多的优质华文教师资源,促进师资建设,以增强自身的竞争力。

海外华文教育并非单纯的语言教育,如何将汉语语言和中华文化相结合并传承于学生,是非常具有挑战性的任务,因此随着华文教育的发展,华文学校对师资的要求也逐步提高。以国侨办在国内教育机构设立的华文教育基地为依托,举办各种华文学校教师培训班,为海外华文学校的教师提供了有关素质教育、校园管理和现代多媒体课件制作等方面的做法和经验介绍,从而使他们对国内的教育教学情况有一定的了解,拓宽了视野,提高他们的教学水平,同时也为下一步与海内外学校结对打下了基础。

除了"请进来"承担华文教师的来华培训任务,国内教育机构还积极地以"走出去"的方式培训华校教师,如浙江省侨办在 2006—2008 年实施的华文教育示范教学团,先后组织了 3 个华文教育示范教学团赴法国、奥地利、荷兰等十余个国家进行师范教育,开办讲座培训教师,并与华文教师座谈交流。海外华文学校老师通过此类活动,受益颇多,教师们普遍反映"收获多、效果好","学到了很多东西"。

(二)国内教育机构对华文学校资源获取的影响

教材是教师教学与学生学习的基本依据之一,是教育教学的根本。华文学校的教材大多由我国国务院侨务办公室根据学校需要提供,不少华校选择了暨南大学编写的《中文》教材,也有部分华文学校根据学校自身的特点,由校长联系国内朋友帮忙购买人教版或其他版本的教材,也有少数华文学校自己开发校本教材。目前,华文教材的缺乏已成为华文教育发展的一大障碍,面对这种情况,海外华文学校必须加强与国内华文教材出版社的合作,加大对华文教材的研究力度,共同开发出具有本土性、系统性、科学性和针对性的教材供广大华文学校选用。

编写华文教材,如果断掉与目的语言国文化的联系,有如"断奶"文化,语言植根于文化,与母体脱节的语言教材起不到最好的作用。同时华文教材的编写也应与当地的教育水平、教学环境、学生学习情况紧密结合起来,尽量做到教材的"本土化"。只有与当地实际情况结合的本土化教材才更能充分调动学生学习的积极性,熟悉的民族故事和人名地名能更好地吸引学生,让他们乐于接受。因此在编写教材时,所在国的华文教育工作者能与国内教育机构联手,积极吸纳国内专家关于编写教材的理论,并且密切联系国内的发展现状,把政治、经济、文化上的变化融入教材,将"本土化"和"专业化"有机结合起来,则能使孩子在学习汉语的同时,更能了解中国。如《新编菲律宾华语课本》,编写者包括中国及菲律宾的华文教学专家,他们都具有丰富的教材编写经验和教学经验。由北京大学出版社出版,每册含课本、练习本、汉字本或轻松读本配套销售,另有教师手册。

除教材外,基于现代教育技术和网络平台的语言、文化教学资源的开发,华文学校还可以依靠多媒体技术,与国内教育机构共享更多的教学资源,搜集优秀教案、课件及教学用音频、视频等,以提高教学水平,满足华文教学和学习的需要。

（三）国内教育机构对华文学校组织交流的影响

从整体看,随着"汉语热"、"华文教育热"的持续升温,各地侨胞纷纷创办各类华文学校,华文学校的数量达到了一个新的高峰。国内院校参与华文教育、支持华文教育的热情也在不断高涨,许多学校纷纷成为国务院的华文教育基地,为海外华文教育发展提供更多支持。国务院侨办所举办的一系列项目,如海外华文教师培训、华裔青少年"中国寻根之旅"夏（冬）令营等,都极大地加强了海内外学校的合作与交流。

为推动海外华文教育新发展,国侨办、浙江省侨办批准设立华文教育基地作为活动载体和工作平台。自 2006 年至 2011 年 3 月底,浙江省共有国侨办华文教育基地 5 个,省级华文教育基地 25 个。华文教育基地在承办华裔青少年夏令营、培训华校教师、与海外华校合作交流和接待来访师生、提供教学信息和中华文化书籍等方面,发挥了师资和设施优势,它们是开展海外华文教育工作的重要载体。一些地方侨办为便于本地区开展工作,也相应建立了基地。在浙江省内,如温州市已建立了 4 个华文教育基地,舟山建立了 3 个。各级华文教育基地逐步形成了大学、高中、初中、小学都有基地的格局。

来华参加各种培训营、座谈会的华文学校教师、校长,在与国内教育机构交流学习的过程中,互相之间也能较深入地了解。来自各地的华文学校就各自的教学经验、心得进行交换,形成良好的互动,共同讨论华文学校发展中所面临的新问题、新情况,开拓办学思路,互相借鉴,共同进步。

三、华文学校对国内教育机构的影响

华文学校近年发展迅速,分布广泛,形成了一定的教学规模,也加强了与国内教育机构的交流与合作,给国内教育机构的师资、生源、教学管理模式带来一定的影响,合作的各种项目也使得部分国内教育机构在国际上形成了知名度,增进了不同文明之间的交流互鉴,成为国内教育机构了解世界文明的重要窗口,为国内教育机构迈向国际化发挥了独特作用。

（一）华文学校对国内教育机构教学管理国际化的影响

华文学校在世界各国兴办,并普遍拥有较好的社区交流基础,能较好地融入所在国社会。通过开展广泛、多层次和形式多样的交流与合作,加强海内外华校和教育机构之间的交流,促进国内教育机构与海外华文学校在学校管理、教师培训、课程设置、学术交流、校际互访、学生成长等方面,发挥海内外各自的教育资源优势,实现教学资源共享。如在浙江省侨办、市地侨办及海外侨团等多方协调和沟通下,至2011年底,浙江省海内外结对学校已达到116所,包括小学、初中、高中各层次。其中浙江旅游职业学院与加拿大Prospect商科学院于2008年5月结对,是办学层次提升的一个表现。

华文学校应立足自身,充分发挥自己的能动性和积极性,与国内教育机构共同组织多种形式的活动,形成华语教学的品牌和社会效应,比如"走出去,请进来"夏令营活动和中华文化知识竞赛等。同时,能利用在当地的有效资源,宣传、介绍与国内教育机构合作的华文教育相关活动,在推动海外华文教育的同时,也能为国内教育机构在国外打开知名度,并以此为国内教育机构与国外其他民间组织的交流起到了搭桥引线的作用,推动了海内外华校和教育机构之间合作的国际化和多元化。温州大学与澳大利亚莫纳西大学就"意大利普拉托的中国人"这一课题合作开展研究并已取得了丰富的成果。

（二）华文学校对国内教育机构师资国际化的影响

与海外华文学校的合作交流另一方面能促进国内教育机构的师资国际化。师资的国际化不仅指引入外籍教师,更在于拓宽本校教师的国际化视野。学校结合教学目标、人才培养规划等,有目的、有重点地推进国际交流与合作,巩固和加强与海外华文学校的联系,积极寻求较高层次、较高水准的合作伙伴,开展学术交流,促进教师参与国内外合作交流项目。让教师在与华文学校合作交流的过程中,将国内专业化的教育理念、教育方法带到海外华文学校的同时,也能从海外华文学校得到启发,在为华文学校服务的过程中,提升自己的国际化修养,加强对世界各国政治、经济、科学、文化、民族乃至风土人情的了解。

通过华文学校这个平台,国内教育机构教师接触到更多外籍学生,在不同种类的学生身上获取更多的教学经验,从而提升自己的教学水平,能把握不同水平不同层次学生的教学,充分调动和发挥学生的学习积极性和主动性。

此外,华文学校作为进行华文教育的重要场所,可以成为国内对华文教育的研究基地,针对华文教育的现状、问题研究,华文教育资源研究,华裔青少年的文化认同等研究,都能以华文学校的师生作为研究对象而展开。

(三)华文学校对国内教育机构学生国际化的影响

国内教育机构的学生国际化主要是指招收外国学生或本国学生前往他国。与华文学校各种形式的交流使得国内教育机构的学生有机会与外籍学生交流,拓展国际视野,体验不同的文化,增强语言能力。各种夏令营活动,是以国内教育机构为依托的,华裔外籍青少年来华体验生活、提高自身汉语水平的同时,提供帮助的国内教育机构的学生也能得到丰富的经验与交流,提升国际修养。各种其他形式的交流,也能给国内学生带来接触更多西方文化与艺术的机会,提高整体素质。此外,来华交流、体验过的华文学校学生,拥有了国内生活、学习的经验,对中国国情有了一定的了解,更有倾向选择归国求学深造,从而促进国内教育机构的学生国际化。

案例5.2 温州少艺校

以温州少艺校为例,2000年少艺校被国务院侨办批准为全国首批23个华文教育基地之一,也是唯一的小学华文教育基地。十三年来,学校在国侨办及省、市、区各级侨办的指导下,多次应邀赴京参加华裔青少年联欢会演出;每年参与温州市华裔青少年"寻根之旅"活动的演出、交流和授课工作;多次选派教师到国外任教并参加由国侨办组织的"中华文化大乐园"活动。学校努力拓宽视野,面向国际,先后与意大利保罗茨落学校、佛罗伦萨中文学校、荷兰乌特勒支中文学校、西班牙马德里中文学校结成友好学校,开展定期互访、学生结对和交流活动。

2011年3月,温州少艺校的11名师生,对意大利佛罗伦萨保罗茨落中等学校进行为期4天的访问。这些学生居住在当地学生的家里,一起生活,一起学习,互相交流两国的文化和艺术。同年5月,保罗茨落中等学校小学部的师生一行10人对少艺校进行了回访。同年十月,少艺校友好代表团携歌舞《童年的叮叮当》、配乐诗朗诵《团圆月》、舞蹈《中国风》和民乐重奏《苏南小曲》等九个具有中国特色的节目赴荷兰,为10月15日举行的荷兰乌特勒支中文学校建校三十周年校庆活动献上了精彩的演出,并借此机会向海外推广了中华传统文化,增进了双方的交流。温州少艺校和国外学校的友好互动,一方面使得这些学校进一步了解了中国的教育体制和教育教学方法,另一方面也有力促进了少艺校的对外合作工作,有利于少艺校和各华校之间的信息互补、资源共享,开阔了少艺校学生的国际视野,培养了学生的语言表达和交往能力,并有力推动了温州与海外华文教育界的合作与共同发展。

多年来,少艺校经常组织艺术团队,应邀赴澳大利亚、英国、法国、意大利、乌克兰等国家和地区访问演出,深受海外华侨、华人欢迎。尤其是学校与意大利、荷兰等国家中文学校的定期互访,积累了丰富的华文教育经验,校领导和教师也积累了大量关于华侨子女教育现状以及教育方法的感性认识,加深了对如何发挥学校优质艺术资源来拓展华文教育的理性思考。因此为满足华侨、外籍华人、港澳同胞子女回国接受优质全日制华文教育和艺术教育的需要,少艺校于 2011 年 9 月与国侨办、温州市侨办联合开办了"华文教育艺术特色班"。该班第一届共有来自五大洲 15 个国家和地区的 28 名学生,每年招收一个班,预计到 2016 年将增加到 6 个班,占学校总班级数的三分之一。华文班保持少艺校原有特色,采用"文化"与"艺术"相融合的教学模式,开设国家规定的所有常规课程,并积极拓展文艺课程,同时结合华侨子女特点,适当增加中华传统文化课程、英语课程以及综合实践活动,接受本土文化熏陶,培养爱祖国、爱家乡的"留根"情怀。面向华侨子女招生,旨在让孩子们学习中华传统文化,提升艺术修养,培养国际视野和交往能力,为他们将来走向侨居国、登上国际大舞台,传播中华文化,做具备优秀国际素养的中国人打好人生底色。华文班的创办使得少艺校更具国际化特色,成为开展华文教育工作的重要载体,也是华文教育的新创举,成为少艺校办学的一个新的品牌。

第六章 中国政府在孔子学院与华文学校发展过程中的作用分析

任何一种语言在世界上的地位和影响力,都是由使用这种语言的国家和地区的政治、经济和军事等方面综合力量的状况所决定的。孔子学院和华文学校作为海外汉语传播的教育组织,中国政府在其发展过程中扮演着重要的角色。下面将结合孔子学院和华文学校发展的影响因素,对政府在孔子学院和华文学校发展过程中的作用进行分析。

第一节 中国政府对孔子学院和华文学校发展的影响

孔子学院和华文学校都是汉语国际推广的重要机构,是世界各国人民了解中国进而认识中国的最主要窗口。在孔子学院和华文学校的发展过程中,中国政府作用不可忽视,本节中,研究将以新公共服务理论为理论支点,以影响孔子学院和华文学校发展的七个因素为基准,紧扣孔子学院和华文学校发展的外部环境和内部治理因素,深入分析政府对孔子学院和华文学校发展的影响。

一、中国政府对孔子学院和华文学校外部环境的影响

(一)中国政府对孔子学院和华文学校教育需求的影响

无论是孔子学院还是华文学校,中国与其所在国的关系都会极大地影响其教育需求。当我国与孔子学院和华文学校所在国家关系良好时,其国民就愿意了解中国、走进中国,孔子学院和华文学校的教育需求就旺盛。反之,则对孔子学院与华文学校采取敌视态度,抑

制孔子学院与华文学校的教育需求。

近年来,在促进世界和谐发展的外交政策指导下,我国政府与世界大多国家建立了良好的外交关系。中国的大国作用,正成为当今国际外交、政治领域中关注的焦点。同时,中国经济的崛起,使中国已成为国际注目的投资市场和商品市场。基于政治与经济方面的考虑,过去对汉语教育不甚热情的一些国家近年来,也深刻认识到了汉语的重要性而改变了对孔子学院与华文学校的态度。部分国家的政府官员、学者甚至在公开场合阐述汉语教育对发展本国经济的促进作用,鼓励本国公民学习汉语,使孔子学院和华文学校的教育需求大大提升,教育产品供不应求。面对孔子学院和华文学校教育需求相对较为旺盛的状况,政府强化了对孔子学院和华文学校的发展规划。2010年来,全球孔子学院的设立速度慢了下来,孔子学院正从量的扩张向质的扩张迈进,通过提升孔子学院的教学效益维持其高的教育需求。同时,国侨办也加强了对华文学校的引导,2011年表彰了第二批46所华文教育示范学校(单位),[①]通过表彰示范学校引导广大华文学校以它们为榜样,提升教育教学质量,建立教育品牌,维持自身的影响力,从而进一步提升教育需求,保证教育需求的持续旺盛。近年来,我国政府一直举办华裔青少年中国"寻根之旅"、汉语桥、中国年等活动,这些活动使世界各国人民进一步地认识了中国,展现了中国良好的形象,直接或间接地提升了孔子学院和华文学校的教育需求。

(二)中国政府对孔子学院和华文学校政策支持的影响

中国政府对孔子学院和华文学校政策支持的影响是显而易见的。政府重视汉语国际推广,重视孔子学院和华文学校时,就会设立一系列的优惠政策来鼓励孔子学院和华文学校的发展。当政府无意汉语国际推广时,孔子学院和华文学校只能自力更生,发展变得相对缓慢。

具有半官方性的孔子学院的在办学经费、师资力量、组织结构特别是孔子学院总部的组织结构方面无处不体现出政府运作痕迹。孔子学院的重大事件一般有中国政府相关人员参加(有时不以政府官员身份),其具有比较优势的要素禀赋也由中国政府或直接或间接提供。具有私立性质的华文学校,其兴衰历史与中国政府的政策支持有着一定程度的关联。尽管中国政府对华侨、华人在当地兴办的华文学校不直接参与或干涉,但我国政府在汉语水平认证、师资培训、教材开发方面的支持还是极大地促进了华文学校办学效益的提升。华文教育的发展与进步离不开代表我国政府的国侨办等单位的支持。目前,

① 第二届世界华文教育大会会议简报组.第二届世界华文教育大会简报第21期[R].西安:国务院侨务办公室,2011.

国侨办与部分省、市侨办制订了华文教育发展规划,并争取到了政府经费支持;部分华文教育基地也在政府的积极鼓励下与海外华文学校对接,在教材编写、培训师资、外派教师方面给予海外华文学校更多的支持。①

（三）中国政府对孔子学院和华文学校组织交流的影响

孔子学院和华文学校的组织交流大多与中国政府有关。每年一次的孔子学院大会、孔子学院院长会议由国家汉办筹备组织,会议的主要议题由国家汉办征求各孔子学院意见后组织相关专家讨论决定。孔子学院之间的小规模交流项目一般在得到了国家汉办的支持,并由国家汉办提供项目经费。同时,孔子学院与国内相关组织的交流,特别是与国内高等院校的交流,更体现了中国政府对孔子学院及国内高校国际化政策的支持。目前,除召开孔子学院大会、孔子学院院长会议外,中国政府还成立了孔子学院奖学金,奖励各孔子学院的优秀学员来国内学习汉语。部分省市将汉语国际推广作为高校教育国际化评估的观测点,纳入教育现代化评估指标体系,②以督促国内高校加强与孔子学院的交流与合作。

如前所述,华文学校的组织交流主要有两类,一类是华文学校之间的交流,另一类是华文学校与国内组织之间的交流。对于第一类交流,国务院侨务办公室每两年举办一次的世界华文教育大会是华文学校最重要的交流形式。同时,华文学校组织交流的另一重要形式:华文校长、华文教师培训也由我国各级侨务部门组织。在这些交流过程中,政府及各研究团体还会根据相关研究成果,对华文学校的组织交流提出建议。如在第二届世界华文教育大会上,国务院侨务办公室赵阳副主任建议"在已成立全国性或地区性华文教育组织的国家,华教组织要充分发挥组织、协调作用,加强会员学校之间的信息沟通和经验交流,努力促进所在国或地区华文学校整体水平的提高"③。对于第二类交流,华文学校与国内中小学结为姊妹学校,国内中小学为受政府管理的事业单位,政府的态度对其与海外华文学校结对影响是较大的。如在浙江省政府的支持下,2008年浙江省侨办牵线搭桥浙江省12所学校牵手海外华文学校。④

---

① 第二届世界华文教育大会会议简报组.第二届世界华文教育大会简报第22期[R].西安:国务院侨务办公室,2011.

② 江苏省教育厅.江苏省教育厅孔子学院建设工作总结交流材料[A].见:孔子学院总部.孔子学院中方合作机构总结交流材料(内部资料)[C].北京,2008.

③ 赵阳.第二届世界华文教育大会闭幕词[R].西安:中国国家侨务办公室,2011.

④ 中国华文教育网.浙江省十二所学校"牵手"海外华校[EB/OL]. http://big5.hwjyw.com/info/news/200805/t20080524_17254.shtml,2011-10-15.

（四）中国政府对孔子学院和华文学校社区关系的影响

政府在对孔子学院的管理过程中,"有形的手"用力过多,使部分海外地方政府、社区、相关人士对孔子学院的发展形成了某种先入为主式的提防,使中国善意的文化传播活动变成了"中国文化入侵",阻碍了孔子学院的进一步发展壮大。同时,我国对于外派教师在海外工作年限的规定也导致了孔子学院中方教师的不稳定性,影响孔子学院与社区良好关系的积累。因此,孔子学院应不断进行品牌创新,充分发挥自己服务社区、深入民众、人文交流的独特优势,与其他相关机构优势互补、强强联合,以更好地融入当地社区。① 同时,孔子学院应利用自己在中国文化资源方面的优势,加强文艺巡演、教材巡展、文化巡讲的"三巡"等品牌建设,让社区居民充分感受中国,感受中国文化,进而与孔子学院建立良好的关系。政府对华文学校社区关系的影响相对较小,政府的"无为而治"符合华文学校的现状,为华文学校与社区建立良好关系,灵活发展提供了巨大的空间。

二、中国政府对孔子学院和华文学校内部治理的影响

（一）中国政府对孔子学院和华文学校治理结构的影响

为了提升孔子学院的知名度,扩大孔子学院的影响力,全球孔子学院统一标识,统一挂牌,国家汉办采用了中央集权式的方式来管理孔子学院。在创立方式上,明确指出采用中外合作方式,成立孔子学院理事会,治理采用理事会领导下的校长负责制。这种治理结构使孔子学院直接接受国家汉办的领导,能保证孔子学院的办学方向与国家汉语推广战略的高度一致,但也使得孔子学院办学灵活性不够,容易因为层层上报而贻误发展时机。

对于华文学校的治理结构,政府采用市场化治理的方式,不对其组织形式与组织结构进行干涉。这一方面使华文学校办学灵活,机制灵活;另一方面也使得华文学校分散,难以进行合力,影响力较小,不易建立品牌。随着华文学校的进一步发展,特别是华文学校的外部环境变得较为稳定,认受性地位得到一定认可后,学校对未来的发展预期也比较确定,学校的固定投入和基本建设随之加强,华文学校的治理结构也必然会发生一定的变化②,一些专门的事务部门如教务处、总务处等将进一步规范。由于华文学校的校长在管理方面的造诣可能不是很高,政府的培训引导作用就显得尤为重要。

---

① 国家汉办/孔子学院总部.深化合作,开拓创新,努力推动孔子学院可持续发展[A].见:国家汉办简报(内部资料)[C].北京,2010.

② 阎凤桥.中国大陆私立大学组织特征的环境因素分析[J].民办教育研究,2004,3(1):21-30.

（二）中国政府对孔子学院和华文学校资源获取的影响

对孔子学院而言，政府是其最主要的资源获取渠道，政府提供的资源是其生存的基础。政府为孔子学院提供办学经费、教材资源、教参资源等，同时，授予孔子学院举办国家汉语水平测试（HSK）的职责。从某种意义上讲，正是有政府在资源获取方面对孔子学院的大力支持才保证了孔子学院的生存与发展。然而，也正因为政策对孔子学院资源获取方面的大力投入，使孔子学院缺乏开拓新的资源渠道的动力。目前，对大部分孔子学院来讲，如果政府政策发生改变，不为它们进行资源支持，那他们就可能无法生存。因此，政府有必要创新体制机制，加强"无形的手"的作用，创造良好的海外汉语学习环境，使学习汉语成为一种市场需求，利用市场机制来倒逼孔子学院强化造血功能，提升自生能力，从而实现可持续发展。

对华文学校而言，政府也是其资源获取的一大渠道。华文学校能从政府中获取教材资源，部分优秀华文学校还能获取教师资源，这些资源对于拓宽华文学校的发展空间，提升华文学校的发展能力具有重大意义。政府对华文学校发展的意义可能不像孔子学院那样雪中送炭式（缺乏政府支持就可能死亡），但却是锦上添花式的，政府的支持使华文学校的办学效益更高，发展空间更大，发展更有活力。在华文学校的发展过程中，政府针对华文学校相对弱、小的现状，在一些投资大、见效慢的项目上大力支持，如编写华文教育教材、建立华文教育网络、建设华文教育数据资源库、开展华裔青少年中国"寻根之旅"活动等，这些支持能相对地减少华文学校的办学成本，提高华文学校的办学效益。

（三）中国政府对孔子学院和华文学校师资发展的影响

对孔子学院而言，如果没有中国政府在师资方面的大力支持，孔子学院就不可能有自己的教师队伍。孔子学院的中方院长和教师（包括外派教师和外派志愿者）都是由国家汉办层层选拔之后外派的。教师们的所有工资待遇都由国家汉办和相关单位承担。[①] 可以说，正是政府在师资方面的大力支持，才使孔子学院具有了师资禀赋上的比较优势。

华文学校的师资是自己招聘的，这些教师大多缺乏专门的教育学、心理学培训，教学理念、教育教学方法都有待提升。政府通过举办华文校长和华文教师培训班的形式，让华文教师回到国内免费接受相关的培训，提高他们的教育教学技能。同时，政府还会通过送教到校的形式，派"讲师团"到各地的华文学

---

① 外派教师的工资和福利待遇由原单位继续维持，外派志愿者工资由国家汉办支付.

校进行教学示范和教学研讨,通过送教到校,能使华校的教师或多或少地实现自身的专业成长。为了促进华文学校的师资力量的可持续发展,我国政府鼓励国内高等院校特别是华文教育基地院校与海外华文学校展开校际合作与民间交流,举办华文教师学历培训班,提高华文教师学历层次。[①]

第二节　孔子学院与华文学校发展过程中政府职能分析

"政府职能"是指政府的功能及其效用,其实质是指在政府与公民、市场、社会等的相互作用中,政府可以在多大程度上影响经济、社会的发展。在海外进行汉语国际推广活动,中国政府的作用不可忽视。分析政府在孔子学院和华文学校发展过程中的作用,有利于我们识别"庐山真面目",从而在制定相关政策,提供相关服务的过程中扬长避短,进而促进孔子学院和华文学校效益的提升。本节中,研究将从政府治理的角度,在微观层面上,深入挖掘目前我国孔子学院和华文学校发展过程中政府职能的状况。

一、孔子学院发展过程中的政府职能:"划桨"式治理

政府职能的核心即"政府能做什么,政府不能做什么",也即政府作用问题。尽管在政府作用的范围、内容、方式和力度等问题上,专家学者们还没有统一的观点,但根据政府的职能不同把政府分为"划桨"型政府、"掌舵"型政府和"服务"型政府还是得到了大家的普遍接受。"划桨"型政府,又称为官僚制政府,即政府一旦介入到某一公共行政领域内就可以通过官僚制组织结构成为物品和服务的直接提供者。"掌舵"型政府则主张把决策制定(掌舵)和决策执行(划桨)分离,强调政府应该"掌好舵",而非"划好桨"。"服务"型政府将公民置于整个治理体系的中心,强调政府治理角色的转变,即服务而非掌舵,推崇公共服务精神,目的旨在提升公共服务的尊严与价值,重视公民社会与公民身份,重视政府与社区、公民之间的对话沟通与合作共治。[②]

在孔子学院发展过程中,政府在孔子学院办学经费、师资力量、教材教参等左右孔子学院发展的最主要方面大包大揽,"划桨"式地主导着孔子学院的

---

① 第二届世界华文教育大会会议简报组.第二届世界华文教育大会简报第20期[R].西安:国务院侨务办公室,2011.

② 褚卫中,褚宏启."新公共服务"理论及其对当前公共教育管理改革的启示[J].教育理论与实践.2007,27(4):23—27.

发展。

在办学经费方面,尽管《孔子学院章程》第二十三条规定,"对新开办的中外合作设置孔子学院,中方投入一定数额的启动经费。年度项目经费由外方承办单位和中方共同筹措,双方承担比例一般为 1:1 左右",然而在实际操作当中,外方承办单位一般较少对孔子学院进行投入,孔子学院的年度办学经费还是主要依靠中方资金。对于中方资金的支出范围,《孔子学院中方资金管理办学(暂行)》作出了规定。

孔子学院的中方资金用于经总部批准的以下项目:

(一)新建孔子学院的开办,包括房屋修缮、设备购置、宣传广告等;

(二)面向社会各界人士,开展汉语教学;

(三)培训汉语教师,提供汉语教学资源;

(四)开展汉语考试和汉语教师资格认证业务;

(五)提供中国教育、文化、经济及社会等信息咨询;

(六)开展当代中国研究;

(七)孔子学院个案协议中所规定的其他项目。

从中方资金的支出范围上,不难看出孔子学院总部对海外孔子学院在办学经费方面的"划桨"式治理。

在师资力量方面,正如前面对孔子学院师资队伍的分析,孔子学院的教师大多是中国的"空降兵"。这些"空降兵"中的公派教师主要由国家汉办组织选拔的优秀教师构成,按国家公派教师出国相关规定派出,享有国家公派教师出国相关待遇。志愿者教师在获得《汉语教师志愿者资格证书》后由国家汉办派出,其岗前培训费用、生活费用由国家汉办提供。

在教材教参方面,尽管国家汉办并没有规定各孔子学院使用哪一种教材,但国家汉办为各孔子学院免费提供《快乐汉语》、《新实用汉语课本》等系列教材。

政府"划桨"式的治理方式在孔子学院的初创期具有重要作用。它使孔子学院在短时间内得到了迅速的发展,并树立了孔子学院的品牌,提升了孔子学院的知名度,使孔子学院成为中国文化走出去的第一品牌。然而,政府对孔子学院的"划桨"式治理,也容易造成误解,使一些当地人士难以心平气和地接受孔子学院,相反,通过鼓吹"中国文化入侵"说来打压孔子学院。

二、华文学校发展过程中的政府职能:"掌舵"式治理

海外华文学校与孔子学院不同,它们或隶属于私人、或隶属于社团、或隶属于企业,从理论上讲,它们与我国政府不存在直接的隶属关系,不属于我国

政府的管辖。因此,我国政府对华文学校不可能像对孔子学院一样大包大揽,进行"划桨"式的治理。然而,华文学校在海外从事的汉语推广活动与我国汉语国际推广的国家战略相吻合,符合我国的整体利益和长远利益,这就需要我国政府为其发展积极提供服务。目前,我国政府对华文学校采取"掌舵"式的治理方式。

"掌舵"式治理主要表现为在对华文学校的管理过程中,我国政府不对华文学校进行直接的管理,不干预华文学校的具体事务,通过"放任自流"的方式,让华文学校在市场中实现优胜劣汰。"掌舵"式治理要求把决策制定(掌舵)和决策执行(划桨)分离,强调政府对华文学校发展方向的宏观把握作用。它减少了由政府部门对学校进行直接干涉而造成的管得过多、效率低下等问题,通过引入市场竞争机制,促进了华文学校之间的竞争,从而提高了教育质量和办学效益。同时,家长和学生也被赋予了一定的教育选择权,促使华文学校重视家长和学生(顾客)的不同需要和愿望,对他们的需求做出积极的回应,从而不断提高教育服务质量。①

政府的"掌舵"式治理,有利于华文学校利用市场机制获取发展所需的各种有价值资源。市场机制不仅能为华文学校提供生存必需的办学经费、师资资源,而且可以促进华文学校资源的优化配置。然而,完全依靠市场机制的作用可能使华文学校丧失公益性,并且部分投资大,周期长的项目,如师资培养、教材教参编制等,私人投资无力,也不愿参与进来。在这些情况下,政府需要发挥积极作用,为华文学校的发展排忧解难,以保证华文学校健康较快地发展。

三、孔子学院和华文学校的发展需要政府转变职能

(一)孔子学院的发展需要政府转变职能,发挥更加有效作用

孔子学院是外源性的海外汉语传播非营利性教育机构,是国家汉办为了响应汉语国际推广国家战略,审时度势地创办的。孔子学院作为一个非营利性教育机构,肩负着中国文化走出去的重任,其从事的教育服务具有公共产品的性质。根据公共产品理论,由于公共产品具有效用的不可分割性、消费的非竞争性和受益的非排他性等特征,仅依靠私人投资和市场机制不可得到有效、及时和足量的供给,也不可能实现社会效益的最大化。② 孔子学院的发展在

---

① 田华.从新公共管理到新公共服务:服务型教育政府的构建[J].中国教育学刊,2006(8):6—9.

② 周义程.公共产品民主型供给模式的理论建构[M].北京:中国社会科学出版社,2009.

政府主导的非营利性教育机构这一框架下进行,需要政府转变职能,变"划桨"为"服务",以发挥更加有效的作用。

语言与政治、经济、文化等领域紧密相连。推广语言能给推广国带来巨大的政治、经济和文化方面的利益。由于意识形态的不同,部分海外政治势力、媒体经常歪曲与丑化孔子学院跨文化交流与传播,认为其是中国文化入侵,从而有意无意地侵害孔子学院的合法权益。大多数情况下,海外孔子学院由于势单力薄,自身能力有限而难以维权,这个时候需要我国政府发挥积极作用,做海外孔子学院强有力的发展后盾。

值得说明的是,在这里我并不是说孔子学院的发展不需要私人投资和市场机制,更不是说要中国政府去干预他国内政,而是说当私人不愿投资或市场运作会丧失孔子学院公益性,违背孔子学院宗旨时,政府应发挥有效作用,负起相关责任。同时,在海外孔子学院合法权益受损,而孔子学院又无力维权时,政府也应发挥积极作用,帮助孔子学院维护自身合法权益。

(二)华文学校的发展需要政府转变职能,发挥更加积极作用

华文学校要发展必须获取对其有价值的关键性资源:足量的学生、优秀的师资、充足的办学经费、优秀的教材教参、良好的社区关系等。在这些资源中,优秀师资、优质教材教参的获取对于多数华文学校来说都有或多或少的困难,这就需要我国政府转变职能,变"掌舵"为"服务",以发挥更加积极的作用,帮助华文学校克服困难,实现平稳快速发展。

在师资资源方面。华文学校面临着合格师资不足,招聘难,教师专业发展难等问题。尽管近年来,各华文学校或华文教育联合组织在师资方面做了很多工作,如通过与当地学联合作来招聘华文教师,但华文教师缺口依然明显,优秀教师缺少依旧是华文学校发展的一大瓶颈。这就需要我国政府加强"服务",在为华文学校"输血"的同时,帮助其增强"造血"功能。

在教材教参方面。华文学校大多规模较小,没有实力,也没有能力去开发华文教育的相关教材教参。而华文学校若要发展,一套完整的优质教材必不可少,只有拥有相关的教材之后,华文学校才可能在学制、课程设置、教学方法、教学评价方面进行系统化与标准化的工作,进而提升华文教育的质量,获取更大的发展空间。显然,在教材教参方面,华文学校需要政府发挥积极作用,编写出更多、更好的教材教参资料。

第三节　孔子学院与华文学校发展的策略定位

孔子学院和华文学校从事的都是海外汉语言传播活动,它们在中文教育需求、所在国外部环境等方面有众多相似之处,同时在办学宗旨、组织性质、发展逻辑上有自身的独特之处。因此,孔子学院与华文学校的发展政策,也同样应针对它们的相似之处,制定两者都适合的政策。同时根据它们的独特之处制定两者相异的政策。

一、进一步优化海外汉语言传播的内外部环境

（一）进一步提升我国的综合国力与国际地位

任何一种语言在世界上的地位和影响力,都是由使用这种语言的国家和地区的政治、经济和军事等方面的综合力量的状况所决定的。改革开放以来,我国经济得到迅速发展,国际地位不断提升,进入 21 世纪,中国因素全面走入国际视野,在国际舞台上扮演着越来越重要的角色。中国经济的快速稳健发展,已经成为引领世界经济发展的重要力量。经济的发展和国际地位的提升使得中国的对外经济、文化、教育交流日益频繁,经济、文化、教育的国际化程度也逐渐提高。中国作为世界上人口最多、经济发展较快的大国,有着庞大的市场优势及与世界各国的广泛贸易交流,是全世界竞相投资的地方。因此,拥有受过中华文化熏陶、掌握中文以及了解中国情况的人才的国家,将会成为参与国际经济竞争,争取中国市场的一种优势。优势国力铸就优势语言。以强大的国力作为依托,中文和中华文化的地位及竞争力正随着中国综合国力与国际地位的提升而上升。[①] 有学者对泰国汉语推广历史进行了研究,认为当中国强盛时,汉语推广发展活动就迅猛发展;当中国处于危难之际,也是汉语推广机构最艰难之时。[②] 伴随着中文竞争力的提升,通晓中文的人无论是在中国,还是在世界许多国家都有明显的求职优势。这种求职方面的优势使得汉语的经济价值与实用价值大大增加,对孔子学院和华文学校的发展将产生积极的影响。

（二）提升中国文化软实力,促进汉语国际化推广

"软实力"（soft power）,主要包括文化影响力、意识形态影响力、制度安

---

① 胡庆亮.优势国力才会有强势语言[J].世界知识,2006(11):1.
② 李玉年.泰国华文学校的世纪沧桑[J].东南文化,2007,1(195):71－75.

排上的影响力和外交事务中的影响力,而这些影响力均要通过大众传媒体现出来。近些年来,随着我国综合国力和传播实力的不断提升,我国的文化软实力也得到了进一步的提升。党的"十七大"指出:"提高国家文化软实力,使人民基本文化权益得到更好保障,使社会文化生活更加丰富多彩,使人民精神风貌更加昂扬向上。"博大精深、源远流长的中华民族文化是我国文化软实力的首要资源和重要基础。作为人类第一位的交流工具,语言文化在民族共同经济生活及国家经济体系的形成与发展过程中具有无可代替的作用,它具有一种潜在的、不可忽视的影响力,往往比物质影响具有更深刻更长远的效果。"强势语言和文化"的全球通用性,将带来了难以估量的各种收益,不仅仅是语言和意识形态的扩张,还有经济上的巨大收益。[①] 要充分发掘中华传统文化的优势,使我国悠久的历史、灿烂的文化传递到世界各地,就必须提升我国的文化软实力,加大汉语国际化推广的力度。中国的文化软实力提升了,孔子学院与华文学校的发展就有了"源头",有了发展的持续动力。

(三)继续保持与世界各国的友好关系

无论对孔子学院还是华文学校来说,中国与其所在国的关系都是影响其发展的重要因素。当我国与孔子学院和华文学校所在国家关系良好时,其国民就愿意了解中国、走进中国,进而对孔子学院与华文学校开展的汉语国际推广活动提供某些支持。反之,则对孔子学院与华文学校采取敌视态度,抑制孔子学院与华文学校的发展。

近年来,在促进世界和谐发展外交政策指导下,我国政府与世界大多国家建立了良好的外交关系。中国的大国作用,正成为当今国际外交、政治领域中关注的焦点。同时,中国经济的崛起,使中国已成为国际注目的投资市场和商品市场。基于政治与经济方面的考虑,过去对汉语教育不甚热情的一些国家近年来,也深刻认识到了汉语的重要性而改变了对孔子学院与华文学校的态度。部分国家的政府官员、学者甚至在公开场合阐述汉语教育对发展本国经济的促进作用,不少国家政府或 NGO 组织还为本国汉语教育的发展提供资金支持。汉语是我国的官方语言,是我国向外界传递各类资讯的主要方式,汉语在国际上的地位越高,中国就越能被世界所了解和理解,就越能在国际事务中发挥作用。因此,我国应继续保持睦邻友好的外交政策,保持与世界各国的友好关系,为孔子学院与华文学校的可持续发展提供政治上的保障。

① 宁继鸣.汉语国际推广:关于孔子学院的经济学分析与建议[D].山东师范大学,2006.

二、进一步完善孔子学院的发展政策

(一)转变政府治理策略

孔子学院资源获取渠道单一,与社区关系较为疏远,这或多或少都与目前我国政府"划桨"的治理方式有关。要弥补孔子学院发展的薄弱环节,提升孔子学院的发展能力,必须转变政府的治理策略。新公共服务理论的理念是建立服务型政府,强调政府治理角色的转变即服务而非掌舵。推崇公共服务精神,旨在提升公共服务的尊严与价值,重视公民社会与公民身份,重视政府与社区、公民之间的对话沟通与合作共治,以实现社会的和谐与可持续发展。政府应调整好管理和服务的尺度,正确处理好与孔子学院之间的关系,平衡管理与服务两种职能,促进孔子学院在保证汉语国际推广社会效益的同时提升市场效益,拓宽孔子学院资源获取渠道,优化资源配置,提高资源利用率,为孔子学院的发展创造良好的外部环境,拓展孔子学院的发展空间。

1. 宏观管理保证孔子学院的发展方向

孔子学院是我国在海外促进汉语与中国文化传播的核心平台,肩负着摆脱以往汉语教学较为零散的局面,促进汉语国际推广地快速发展,加快中国优秀文化"走出去"的步伐,逆转"西学东进"的文化逆差,提升中国的软实力乃至综合国力的重任,其设立的根本目的就是要服务于我国汉语国际推广战略需要。服务于我国汉语国际推广的战略需要的目的决定了我国政府在政府层面的大力扶持,然而在孔子学院的建设方面,我国政府明显"划桨"过多。在某种程度上代表中国政府的国家汉办为孔子学院直接提供教师、教材、教学经费等支撑着孔子学院的发展,导致孔子学院市场化运作动力不足,资源获取渠道单一,对政府资源产生强烈依赖。

我国政府应积极转变治理策略,对孔子学院的发展不大包大揽,在宏观保障孔子学院发展方向的基础上,应放开手脚让孔子学院发展。应注意到孔子学院的发展是重在基层的,激发基层的能量,采取自下而上的处理问题的方式;支持和发展孔子学院的主动性;做好协调工作,理顺孔子学院内外关系。[1]这样或许对孔子学院的可持续发展更为有利。

2. 变直接管理为间接管理

政府是孔子学院的投入主体和调控主体,政府对孔子学院发展的积极介入对孔子学院的健康发展是非常有必要的。但政府介入的方式、范围、程度应

---

[1]　褚卫中,褚宏启."新公共服务"理论及其对当前公共教育管理改革的启示[J].教育理论与实践.2007,27(4):23—27.

该是有限的。与其他非营利性教育机构一样,属于教育机构私权范围的,政府不应轻易对孔子学院进行干预。由于孔子学院是建立在国外,我国政府更应当"有所为,有所不为",变直接管理为间接管理,以最大限度地减少海外地方政府、社区、相关人士对孔子学院的发展形成误解,改善孔子学院与当地社区的关系,促进孔子学院服务社区、扎根社区,成为当地社区文化活动,特别是中国文化传播活动的最重要载体,以创造有利于孔子学院健康发展的社区环境。同时,变直接管理为间接管理还有利于孔子学院拓宽资源获取渠道,引入市场化运作,明确孔子学院各种利益相关体的关系,实现各种利益相关体的权力制衡,在日益激烈的市场化竞争中,提升资源获取能力,为孔子学院创造发展的动力。

(二)发挥市场机制作用,多渠道获取办学资源

在新公共服务理论视野下,政府应把"有所不为"的那部分教育职能推向市场,利用市场的力量实现教育资源的优化配置,为孔子学院的可持续健康发展奠定稳定的社会基础。目前,孔子学院的办学经费、师资力量、教材资源都由国家汉办/孔子学院总部给予保障。在孔子学院的初创期,这种保障能保证孔子学院的基本生存与发展,确保孔子学院能在海外站住脚跟。然而孔子学院要想获取进一步的发展,仅靠总部支持显然是不够的。政府要引导社会力量参与到孔子学院的建设当中,通过市场来获取民间社团与市场组织在办学经费、发展资源方面的大力支持,拓宽孔子学院的发展空间,提升其发展能力。政府可以通过减免税收、信贷支持等措施,鼓励国内相关组织,特别是跨国公司参与到孔子学院的发展建设中来;通过市场化运作,引导国内外相关组织进入孔子学院的建设与管理中。如凤凰集团与美国佩斯大学合办孔子学院后,投资350万元,用于开发汉语教材。通过引导社会力量参与孔子学院建设,政府可利用社会私营机构的运营效率和竞争压力,提高孔子学院生产和技术效率,利用合同规范社会私营机构中的公共效益目标,实现孔子学院公共利益的最大化。同时,孔子学院也应积极争取当地政府、企业、社区、校友等的支持,建立多种多样的资金来源。美国布莱恩特大学副校长格里菲斯认为,孔子学院所在大学的校长有责任发挥影响力和领导力,帮助孔子学院拓宽资金来源渠道,以提升孔子学院的发展能力。[①]

(三)建立健全孔子学院准入与淘汰机制

教育机构的准入与淘汰机制是政府对教育机构进行管理,引导教育机构

---

① 国家汉办/孔子学院总部.齐心协力,乘势而上,推动孔子学院可持续发展[R].国家汉办简报(内部资料),2010(76).

按照政府教育发展方向进行发展的重要手段,也是促进教育机构之间竞争,实现优胜劣汰的重要途径。目前,国家汉办还未建立孔子学院的准入与淘汰机制,也未建立完善的孔子学院发展质量评估体系,但随着孔子学院的进一步发展,建立孔子学院发展质量评估体系,从而建立孔子学院准入与淘汰机制是孔子学院发展必然的选择。各孔子学院应根据世界汉语市场的发展需要,充分利用自身的比较优势,多途径地进行多元化发展,以提升自己办学效益,提升自身在国际汉语推广中的地位和影响力。国家汉办应根据世界各国人民对汉语学习的需求,设立孔子学院准入与淘汰机制。对汉语学习需求少、汉语推广效益差的孔子学院进行淘汰,同时,在汉语学习需求旺盛、汉语推广效益好的地方增设孔子学院。准入与淘汰机制的建立,一方面有利于在孔子学院之间形成竞争,促使各孔子学院采用多种措施来提升办学质量,增强竞争力;另一方面有利于国家汉办/孔子学院总部根据各国的国情进行汉语国际推广的灵活安排,使孔子学院在全球的分布更加合理。

当然,孔子学院肩负着中国文化"走出去"的重任,因此准入与淘汰机制不仅要考虑到孔子学院办学的市场效益,更要考虑孔子学院办学的社会效益,要做到市场效益与社会效益相结合,以社会效益为主,这样才不至于使孔子学院在市场中迷失方向。

(四)制定科学的质量标准和评估办法

随着孔子学院在全球布点工作的逐步完成,孔子学院的发展即将进入关键的"爬坡"时期。这一阶段孔子学院的规模在扩大,质量也亟须提高。制定科学的质量标准和评估办法,给各孔子学院一个质量参照,有利于孔子学院发现自身的不足,依据导向性的评估指标体系,逐步走向成熟。孔子学院是一个全球性的教育文化品牌,在教学管理、骨干项目等方面保持"一致性",可以完善孔子学院的组织结构,保证孔子学院的高质量,提升孔子学院的教育需求。然而由于各国孔子学院的国情和发展阶段的不同,在制定孔子学院质量标准时,要充分考虑到孔子学院办学特色的多样性,把自评、同行评价和总部考核结合起来,建立起分国别、分区域的评价指标。

孔子学院的质量标准和评估办法能使孔子学院办学进一步规范,做到法治化和规范化。以质量标准指引各孔子学院加强管理,优化师资队伍,提升教育教学质量,强化汉语推广的责任与义务。同时,质量标准也能指引各孔子学院拓宽筹资渠道,创新经费管理机制,加强资金监管,不断提高资金使用效益。

三、进一步改善华文学校的发展政策

（一）创新对华文学校的服务方式

由于同"根"的情感，我国政府对海外华文学校一直表现出极大的关心和支持。早在 1905 年，清政府相继在荷印巴达维亚、英属马来亚的新加坡和槟榔屿等地设立了劝学所，并派考察外埠商务大臣兼南洋学务大臣张弼士管理马来亚槟城中华学校（1904 年成立）事务；两广总督岑春煊派官员刘世骥到南洋"查学"；中国驻荷兰公使馆参赞钱恂到爪哇调查了解各华侨学校的情况并进行"劝学"等活动。① 民国政府成立侨民教育处，并建立了专门为华侨学校培养师资的侨民师资训练班。② 新中国成立初期，中国台湾省对华文学校也提供了众多的支持，如 20 世纪 50—60 年代，制定《侨民中小学章程》、《侨民学校立案章程》、《侨民学校董事会组织章程》等法案法规，其工作重点是巩固和发展从小学到大专院校的侨民学校系统等。新公共服务理论认为，公共管理者在其管理公共组织和执行公共政策时应该集中于承担为公民服务和向公民放权的职责，他们的工作重点既不应该是为政府航船掌舵，也不应该是为其划桨，而应该是建立一些明显具有完善整合力和回应力的公共机构。③ 华文学校是对海外华人华侨进行中华民族语言文化教育的教育传播机构，其教育对象主要是具有中国血统的华人、华侨。从华文学校的教育对象可以看出，华文学校担负着两个使命。一是对具有中国国籍的侨居海外同胞进行中国语言教育，另一是对具有中国血统的外国籍人进行汉语国际推广活动。华文学校的这两个使命使中国政府成为海外华文教育最大的受益者之一，因此支持海外华文教育自然而然地成了政府义不容辞的责任。服务型政府是责任政府，政府应加大对公共事业的投放，切实负起自己的责任，做到"有所为"。具体到华文学校，政府不能以市场化为借口来逃避职责，更不能因为华文学校身处海外，而无所作为。政府应加大对华文学校的扶持力度，在办学经费、师资力量、教材资源等方面予以一定程度的支持，以弥补目前华文学校政策支持和师资力量方面的劣势，促进华文学校发展效益的提高。然而，华文学校毕竟身处海外，我们不能进行帝国式的政策扶持，这就需要创新对华文学校的服务方式，使扶持政策既符合我国的利益也符合华文学校所在国的利益。扶持政策要根

---

① 耿红卫.海外华文教育的历史回顾与梳理[J].东南亚研究,2009(1):71—78.

② 周聿峨.东南亚华文教育[M].广州:暨南大学出版社,1995.

③ 丁煌译,Janet V. Denhardt, Robert B. Denhardt. 新公共服务:服务,而不是掌舵[M].北京:中国人民大学出版社,2004.

据华文学校的实际情况,灵活采用不同形式的扶持方式。如对办学有突出成绩的华文学校,政府组织志愿者帮助提升其师资力量;对办学规模小,办学成绩一般的华文学校,政府可以联合相关出版社、教具研发生产企业给予教材、教参、教学设备等支持。同时,可以借鉴美国语言传播的方式,对华文学校发展做出重大贡献的企业,可以为其中国内地的公司(子公司)提供一定程度的税收减免。

（二）加强华文学校教师队伍的专业化建设

由于华文学校依靠市场来获取优质师资的能力有限,师资力量一直是制约华文学校发展的瓶颈,在汉语国际推广已为国家战略的今天,政府应有所作为,帮助华文学校加强教师队伍专业化建设。在新公共服务视野下,政府作为公共治理的主体之一,有责任监管、保障华文学校的社会公益和公众权益,有责任为华文学校提供服务,帮助华文学校加强薄弱的师资力量。众所周知,华文教育要融入当地主流社会,得到当地社会主流的认同,必须走专业化发展的道路。教育的专业化,首先是教师的专业化。中国政府应积极与各国政府进行沟通与协商,促使其尽快建立华文教师的认证评估体系,以提升华文教师的专业水准,保证华文学校的教育教学质量,保障华文教师的合法权益。

当前,在许多国家华文教育的整体规模还是太小,要让当地政府开设专门培养华文教师的师范学校,难度较大。但我国政策可以采用加强华文学校教师队伍的专业化建设的相关措施。如可以利用孔子学院优质的教育资源在华文学校所在国当地着手开展师资专业化的培养或培训工作,或者采用华文学校联合国内华文教育基地的形式,共同进行师资队伍的专业化培养、培训工作。华文学校可以根据自己学校的需求,把有志于华文教育的优秀当地华文学习者推荐到国内的华文教育基地接受专门的汉语教育与师范教育,这样不但有利于华文教师专业化的提升,教师队伍的稳定,弥补华文学校发展的师资力量上的不足,促进华文学校快速健康地发展,也有利于体现我国政府的责任感,提升政府的凝聚力。

（三）建立华文学校联合组织

华文学校联合组织介于市场和政府之间,在资源配置中具有信息充分、非营利性的价值观、主体的志愿性、客体的边缘性和资源获取方式的自主性等优势,可以弥补政府资源配置中存在的一些不足,在华文学校的发展中发挥重要作用。[①] 新公共服务理论认为,满足公共需要的政策和项目可以通过集体努

---

① 杨红霞.民办中小学政府干预问题研究[D].华中师范大学,2009.

力和合作过程得到最有效并且最负责的实施。目前,单个华文学校规模太小,各华校在当地的影响力也有限。因此各华文学校有必要团结协作,建立华文学校联合组织,以促进华校之间资源共享,形成推广汉语的合力,把有限的人力、物力与财力资源利用到最需要的地方去。华文学校联合组织的组织功能大致可分为五种。一是代表功能,代表华文学校表达利益诉求。华文学校由于国际大环境及行业的共同特点,有着相同的利益诉求,这些要求汇集起来,通过联合组织的渠道向政府部门反映,与政府部门协商,以群体诉求的方式争取华文学校整体利益,促使政府制定有利于华文学校发展的决策。二是协调功能。一方面是协调华文学校与政府相关部门的关系;另一方面是协调华文学校之间由于市场竞争而产生的矛盾。三是维权功能。华文教育作为所在国多元文化教育的一部分(或者说是少数民族文化教育的一部分),理应得到所在国政府在一定程度上的支持,然而,目前,大多数国家对华文学校的管理还未能做到法治化和规范化,华文学校的合法利益经常受到有意或无意的侵犯。当华文学校的利益受到侵犯时,大多华文学校因为模式太小,自身能力有限而难以维权。各国华文学校联合组织可发挥组织的作用,以集体的名义去协调解决问题,当问题无法通过协商解决时,可以诉诸法律。相比单个华文学校而言,华文学校联合组织拥有更多的内外部资源,能够更好地维护华文学校的合法权益。四是管理职能。主要是制订行业操守和自律公约,减少华校之间的矛盾与竞争,促进华校之间资源共享,优势互补。同时,也可制订优秀华文学校标准,使各华文学校在做学校发展规划时就能对照标准认识到自己的优势与不足,机遇与挑战,对自己学校以后应该努力的方向也能有个较为明确的认识,确保华文学校的健康可持续发展。五是服务职能。服务对象可以是华文学校,也可以是政府部门。对华文学校可开展办学报务咨询、开展业务培训、组织教育教学交流等。对政府服务有:接受委托开展调研,为政府华文教育决策提供咨询;对华文学校开展年度评估等。

(四)加强海内外华文教育机构的交流与合作

目前,华文学校的许多问题,如华文教材针对性不强,华文学校专业教师不足,华文学校的中华文化素养及教育学、心理学专业知识的缺乏,华文学校中文优质教学资源短缺等。这些问题尽管不是导致华文学校生死存亡的最关键因素,但却是阻碍华文学校可持续发展的重要因素。政府应鼓励国内外华文教育机构加强交流与合作。华文学校通过与国内华文教育基地、高等院校等华文教育机构的交流与合作,一方面可以引进国内优秀的华文教师或对外汉语专业毕业生,应对日益严峻的华文教师短缺问题;另一方面可以学习、借鉴国内华文教育机构先进的管理模式和办学理念,推动海外华文学校的发展。① 同时,海内外华文教育机构通力合作可以解决众多单方面无法解决的问题,如教材编写的适宜性问题。通过与国内华文教育机构合作,华文学校的一些独特性问题也可以得到国内合作机构的有针对性的帮助,有利于华文学校形成自己的办学特色,推动自身加快发展。

---

① 第二届世界华文教育大会会议简报组.第二届世界华文教育大会简报第 11 期[R].西安:国务院侨务办公室,2011.

第七章 结 语

第一节 研究结论

作为国家的一项重要发展战略，加快汉语走向世界的工作已全面开始实施。目前，海外汉语言文化传播的方式较多，而孔子学院与华文学校的传播模式是其中最为重要的两种。在汉语国际推广的大背景下，对孔子学院与华文学校的发展进行系统而又全面的比较，进而提出政策建议，有利于提升孔子学院与华文学校的发展能力，实现汉语国际推广的效益最大化。

（一）基于企业自生能力理论和资源依赖理论，构架了孔子学院与华文学校等汉语国际推广组织发展的外部环境因素与内部治理因素，外部环境因素包括教育需求、政策支持、组织交流与社区关系四个核心维度；内部治理因素包括治理结构、资源获取、师资发展三个核心维度。通过对典型孔子学院与华文学校的案例分析，笔者认为外部环境因素与内部治理因素的划分是较为适宜的，也是较为有效的。

（二）对孔子学院与华文学校外部环境进行比较，获取了以下发现：

在教育需求方面。孔子学院教育需求旺盛，但由于受"中国文化入侵说"等的影响，在部分国家其教育需求受到一定程度的抑制。华文学校一般不受"中国文化入侵说"的负面影响，教育需求持续增加。两者的教育需求对象表现出一定的差异。孔子学院教育需求对象一般为非华人血统的成人,而华文学校则以华裔青少年为主。目前,孔子学院与华文学校在教育需求上都具有一定程度的比较优势。善用这种比较优势,遵循比较优势的发展战略,有利于提升孔子学院与华文学校的综合竞争力。

在政策支持方面。孔子学院在经费、师资、教材等方面都获得了中国政府的大量支持,可以说政策支持是孔子学院发展最为主要的支撑力量。相对而言,华文学校受到的政策支持力量较为薄弱,需要政府承担更多的责任,提供更多的政策支持。

在组织交流方面。由于所处环境的较大相似性,孔子学院与华文学校在全球性的组织交流形式、组织交流内容、组织交流目的方面具有较大的共性。同时,由于孔子学院与华文学校的创办主体、创办目的、办学方式等的不同,它们交流的组织主体、交流形式与合作形式上具有一定的相异性。

在社区关系方面。孔子学院的社区关系处于成长建设阶段,与社区关系相对较为疏远,而华文学校已经较为成功地融入了当地社区,成为当地社区的一部分。孔子学院需要进一步与社区建立良好关系,融入社区,服务社区,从而获取自己发展所需的各种资源,以提升自身的发展能力。

(三)对孔子学院与华文学校内部治理进行比较,获取了以下发现:

在治理结构方面。孔子学院采用孔子学院总部—孔子学院理事会—孔子学院院长的三级组织结构。这种组织结构可以保证孔子学院总部对世界各国孔子学院的有效管理,同时也有利于孔子学院总部根据各国的具体情况对孔子学院进行规划布局与优化调整,从而增加孔子学院的针对性与适宜性。在管理上,孔子学院采用总部指导下的孔子学院理事会管理的管理形式。目前,华文学校的组织结构大多为校长—教研室,或校董会—校长—教研室两种。在管理形式方面,有校长负责制、校长领导下的教务长负责制、家长大会制和校董会领导下的校长负责制等四种管理形式。

在资源获取方面。孔子学院的核心资源大都来源于孔子学院总部,资源来源相对单一,而华文学校核心来源渠道相对较宽,既有华人社团、企业资助,也有家长委员会筹集,还有当地政府与中国各级侨务部门在一定程度上的支持。孔子学院总部的大力支持保障了孔子学院办学经费、校舍、教材的稳定性与持续性,而市场化运作的华文学校,其办学经费与校舍资源却随着市场的波动而具有某种不确定性。孔子学院对总部的"唯一性依赖",使其应对环境变化,特别是总部环境变化的能力相对较弱。因此,孔子学院可以通过适当市场化的方式来开拓资源获取渠道,以提升自身的发展能力。

在师资发展方面。从宏观看孔子学院与华文学校都存在一定程度上的教师数量短缺、师资质量有待提升、教师专业发展不足、教师流动性较大等问题,但从微观上进一步分析,它们在师资质量与教师专业发展方面的问题并不相同。孔子学院的教师一般素质相对较高,具有一定的教育教学经验,但缺乏对当地社会的了解;华文学校的教师则缺乏教育学与心理学方面的专业训练。由于孔子学院教师在海外任教时间较短,大多孔子学院未能制订教师专业发展的相关制度;华文学校则由于大都教师具有兼职性,华文学校较难对教师提出专业发展的要求。孔子学院教师流动是有计划的流动,而华文学校的教师流动却可能导致华文学校师资的青黄不接。

（四）孔子学院是外源性的海外汉语传播非营利性教育机构,遵循着外源性组织的发展逻辑,政策支持因素是其生存之基,而师资发展因素是其品牌之本。

华文学校是内生性的海外汉语教育传播机构,遵循着内生性组织的发展逻辑,教育需求因素是其生存之基,而社区关系因素是其持续发展之本。

（五）基于新公共服务理论,针对孔子学院和华文学校的发展状况,提出有针对性的政策建议。

在孔子学院和华文学校的发展过程中,政府作用不可忽视。进一步提升我国的综合国力与国际地位;继续保持与世界各国的友好关系;提升中国文化软实力,促进汉语国际化推广;成立孔子学院和华文学校协调中心,促进多方共赢等对策针对了孔子学院和华文学校的作为海外汉语言传播教育机构的共性。

孔子学院具有外源性组织的发展特征,政策支持和师资发展是影响其发展的最关键因素。孔子学院具有政策支持大,师资力量强等优点,但同时也具有资源获取渠道相对单一,社区关系相对较为疏远等缺点。针对这种情况,政府应积极转变治理策略,发挥市场机制作用,引导社会力量参与孔子学院建设,同时建立健全孔子学院准入与淘汰机制,制订科学的质量标准和评估办法,以促进孔子学院健康可持续发展。

华文学校具有内生性组织的发展特征,教育需求和社区发展是影响其发展的最关键因素。华文学校具有资金投入相对较少,办学机制灵活、社区关系融洽等优点,但同时也具有政策支持相对较少,师资力量薄弱等缺点,针对这一状况,政府应加大对华文学校扶持的力度,建立华文学校联合组织,同时加强华文学校教师队伍的专业化建设,加强海内外华文教育机构的交流与合作,以促进华文学校健康可持续发展。

第二节 研究贡献和进一步研究的建议

一、研究贡献

关于孔子学院与华文学校的组织结构及其发展问题,目前学术界进行全面深入的研究成果较为少见。本研究通过对孔子学院与华文学校发展的外部环境和内部治理要素的系统扫描和识别,构建了理论分析框架,在大量经验资料的基础上,探讨了孔子学院与华文学校受这些因素影响的程度及其发展特征,从而有针对性地提出相关的政策建议,为更好地促进我国汉语言文化国际推广事业提供了必要的研究基础。具体而言,本研究的贡献之处体现在:

(一)构建了海外汉语言文化教育机构发展的理论框架,并运用经验资料进行分析,探讨海外汉语言文化教育机构的总体发展状况。在本研究中,运用企业自生能力理论和资源依赖理论,识别了教育需求、政策支持、组织交流、社区关系、治理结构、资源获取、师资发展等七个影响因素,对孔子学院与华文学校的典型个案进行深入分析,验证了分析维度的适宜性。

(二)在经验研究的基础上,本研究展现了当前海外汉语言文化教育机构的发展状况,并对其发展逻辑进行了分析。本研究综合运用案例研究和比较研究的方法,对影响孔子学院与华文学校发展的外部环境因素和内部治理因素进行深入剖析和逐一比较,并在明确孔子学院外源性组织特征和华文学校内生性组织特征的基础上对其发展逻辑进行了分析。

(三)探讨了自生能力理论运用于分析社会组织的适切性。林毅夫提出的自生能力理论,在此之前主要运用于企业组织,但由于其内在逻辑的一致性,该理论同样适用于分析其他社会组织。本研究的理论出发点在于:海外汉语言文化教育机构是如何在各自的环境中获得生存能力并实现可持续发展的,在这一理论逻辑的引导下,通过深入的经验研究,探讨了自生能力理论运用于分析社会组织的适切性。

(四)运用资源依赖理论对位于海外的汉语国际推广组织——孔子学院和华文学校进行分析,验证了资源依赖理论在这类特殊组织中运用的有效性,拓展了资源依赖理论的应用范围。

(五)基于新公共服务理论,提出了针对海外汉语言文化教育机构发展的政策建议。本书为汉语国际推广的政策制定者提供了理论支持和策略参考,为孔子学院和华文学校等学校的组织管理者提供了策略指引,具有理论和实践的两重意义。

二、研究的不足之处

本书在案例研究的基础上,从外部环境与内部治理两个角度对孔子学院和华文学校发展的关键影响因素进行了考察与比较,总结出孔子学院和华文学校的性质特征和发展逻辑,并以此为基础,有针对性地提出了相关政策建议,但是囿于时间、研究资料和研究者能力的限制,本书仍不可避免地存在一定的不足。

(一)理论分析方面不够完备和深刻

本研究的理论基础包括三个部分:自生能力理论、资源依赖理论和新公共服务理论。自生能力理论和资源依赖理论是本书研究框架的基础,而新公共服务理论则是本书政策建议的来源。研究在前面部分较为系统地介绍了相关理论基础,在后面部分也提供了较为丰富的经验材料。但由于时间原因,理论基础与经验资料的"对接"工作还没有很好地完成,对经验材料的理论关怀和理论提升还不够。

(二)影响因素的分析不够全面

研究主要分析了孔子学院与华文学校教育需求、政策支持、组织交流、社区关系四个外部环境因素和治理结构、资源获取、师资发展三个内部治理因素。但没有对他们之间的交互作用进行分析,也缺乏对学校创办人或责任人的相关分析。同时,由于研究者在国外进行田野调查的时间相对较短,难以对影响孔子学院和华文学校发展的复杂关系进行恰当的总结概括和理论升华,因而分析框架和研究内容的联系仍显牵强,这一方面是研究者本身理论素养的欠缺,另一方面也是对研究资料的收集与分析不足所致。

(三)经验资料有待完善

由于案例样本相对偏少,目前的研究还没能做到基于较大样本的数理统计分析。由于受时间、精力与费用的限制,笔者无法到世界各地去实地考察孔子学院与华文学校的发展状况,无法收集到足够的数据对其进行定量分析,因此大部分研究内容和结论都是在案例研究的基础上提出的,结论的推广程度相对有限。

此外,在案例分析中,由于研究条件所限,研究者在孔子学院和华文学校实证考查的时间相对较短,对其学校的感性认识不深,以致对该案例的分析相对缺乏深度。

三、进一步研究的计划

基于本研究存在的不足之处,后续的相关研究可以在以下方面继续将这一主题深化:

(一)进行大样本的统计调查研究。目前,孔子学院和华文学校的数量较为可观,在以后的研究中,有条件的研究者可以对孔子学院与华文学校的发展进行实证考查,开展大样本的定量研究。

(二)除孔子学院与华文学校外,目前国家汉办在五大洲建立了 600 个孔子课堂。孔子课堂的组织结构如何? 采用的是何种管理模式? 其发展的影响因素又有哪些? 这些都值得后续研究进行关注。

(三)针对孔子学院与华文学校开展多视角的研究工作。本研究由于研究时间、条件及研究者学识方面的局限,本研究仅从政府治理的角度提出孔子学院和华文学校发展的政策建议,在以后的研究中,可以尝试多角度、多层次地提出孔子学院和华文学校的发展对策。

附　录

孔子学院访谈提纲

1. 请你简单介绍一下,你所在孔子学院的基本情况?(学院规模、基本性质、组织框架、课程设置、财务管理等)

2. 孔子学院主要招生对象有哪些?教育需求状况如何?影响因素有哪些?目前,学院采取了哪些措施来吸引生源?对于提升孔子学院的教育需求,你有哪些建议?

3. 目前孔子学院得到的政策支持主要有哪些?这些政策是否具备可持续性?这些政策在孔子学院发展过程中扮演着怎样的角色,发挥了何种作用?对孔子学院的发展,你有哪些建议?

4. 孔子学院与同行交流的方式有哪些?与当地教育同行(非孔子学院)、与教育相关的 NGO 组织交流状况如何?孔子学院在这些交流中,一般扮演怎样的角色?这些交流活动对促进孔子学院的发展有何影响?你对促进孔子学院的组织交流有何建议?

5. 孔子学院如何与当地政府、教育机构、各类社团和普通民众进行互动?这种互动对孔子学院的发展有何影响?在互动过程中,存在的主要问题有哪些?孔子学院是如何解决这些问题的?你对改善孔子学院的社区关系有何建议?

6. 孔子学院的组织结构如何?有怎样的管理特征?孔子学院的组织结构有何优势?采用这种组织结构与管理结构的原因是什么?在这种组织结构下如何提升孔子学院的办学质量,保证孔子学院的办学效益？对于改善孔子学院的治理结构你有何建议？

7. 孔子学院的师资状况如何（数量、质量）？师资来源渠道有哪些？这些渠道是否具有可持续性？学院是否有师资建设规划？有无制度化的教师专业成长培训体系？中方工作人员（院长、教师、志愿者）在孔子学院的工作年限（主要为 2 年）对孔子学院师资队伍的影响有哪些？对于提升孔子学院的师资力量你有哪些建议？

8. 孔子学院有哪些经费来源渠道？这些渠道是否具有可持续性？校舍（教室）、教材、教学设备、教参等资源如何获取？目前，孔子学院获取的资源能否满足教育教学的需要？对于提升孔子学院的资源获取能力你有哪些建议？

9. 对孔子学院的发展，你认为还有哪些比较重要的问题？结合这些问题，你有何建议？

华文学校访谈提纲

1. 请你简单介绍一下,你所在华文学校的基本情况?(学院规模、基本性质、组织框架、课程设置、财务管理等)

2. 华文学校主要招生对象有哪些?教育需求状况如何?影响因素有哪些?目前,学校采取了哪些措施来吸引生源?对于提升华文学校的教育需求,你有哪些建议?

3. 目前华文学校得到的政策支持主要有哪些?这些政策是否具备可持续性?这些政策在华文学校发展过程中扮演着怎样的角色,发挥了何种作用?对华文学校的发展,你有哪些建议?

4. 华文学校与同行交流的方式有哪些?与当地教育同行(非华文学校)、与教育相关的 NGO 组织交流状况如何?华文学校在这些交流中,一般扮演怎样的角色?这些交流活动对促进华文学校的发展有何影响?你对促进华文学校的组织交流有何建议?

5. 华文学校如何与当地政府、教育机构、各类社团和普通民众进行互动?这种互动对华文学校的发展有何影响?在互动过程中,存在的主要问题有哪些?华文学校是如何解决这些问题的?你对改善华文学校的社区关系有何建议?

6. 华文学校的组织结构如何?有怎样的管理特征?华文学校的组织结构有何优势?采用这种组织结构与管理结构的原因是什么?在这种组织结构下如何提升华文学校的办学质量,保证华文学校的办学效益?对于改善华文学校的治理结构你有何建议?

7. 华文学校有哪些经费来源渠道?这些渠道是否具有可持续性?校舍(教室)、教材、教学设备、教参等资源如何获取?目前,华文学校获取的资源能否满足教育教学的需要?对于提升华文学校的资源获取能力你有哪些建议?

8. 华文学校的师资状况如何(数量、质量)?师资来源渠道有哪些?这些渠道是否具有可持续性?学校是否有师资建设规划?有无制度化的教师专业成长培训体系?学校专兼职教师的比例是多少?学校教师是否变动频繁?教师的变动对华文学校有何影响?对于提升华文学校的师资力量你有哪些建议?

9. 对华文学校的发展,你认为还有哪些需要解决的重要问题?结合这些问题,你有何建议?

孔子学院发展空间评估量表

孔子学院名称：

1. 学院有具体的发展规划及措施吗？

　　A. 有　　　　　　　B. 无

2. 学院有自己的品牌发展策略吗？

　　A. 有　　　　　　　B. 无

3. 学院参加过全球孔子学院大会吗？（如选 B,请跳到第 5 题）

　　A. 参加过　　　　B. 没有参加过

4. 学院在全球孔子学院大会中做过与汉语教育发展相关的交流吗？

　　A. 有　　　　　　　B. 无

5. 学院参加过孔子学院院长大会吗？（如选 B,请跳到第 7 题）

　　A. 参加过　　　　　B. 没有参加过

6. 学院在孔子学院院长大会中,做过与汉语教育发展相关的交流吗？

　　A. 有　　　　　　　B. 无

7. 学院参加过所在国孔子学院联合会吗？（如选 B,请跳到第 9 题）

　　A. 参加过　　　　　B. 没有参加过

8. 学院在所在国孔子学院联合会中,做过与汉语教育发展相关的交流吗？

　　A. 有　　　　　　　B. 无

9. 学院有否建立制度化的教师培训体系？

　　A. 有　　　　　　　B. 否

10. 学院是否会定期举行教学例会或研究？

　　A. 是　　　　　　　B. 否

11. 学院有无制度化的教师成长规划？

　　A. 有　　　　　　　B. 无

12. 学院进行教学产品营销的途径有哪些？（可多选,若还有其他,请说明）

　　A. 报纸　B. 杂志　C. 网络广告　D. 电视广告　E. 短信　F. 传单　G. 电话　H. 其他

13. 学院怎样获取发展所需的各类资源（包括经费、校舍、书籍等）？（可多选）

A．政府(包括相关机构)援助　　B．NGO 组织捐赠　　C．企业捐赠

D．个人捐赠　　E．学生学费　　F．其他

14．在一学期内,学院参与社区相关组织活动有_____次。

15．在一学期内,邀请社区相关组织参与学院活动有_____次。

16．中外政府提供的教学经费约占学院总经费的_____%。

17．中外政府提供的教师数量约占教师总数的_____%。

18．接受过师范教育的老师约占全体教师的_____%。

19．本科以上学历的老师约占全体教师的_____%。

20．普通话达标(普通话二乙及以上)的教师约占全体教师的_____%。

21．拥有教师资格证(中外教师资格证皆可)的教师约占全体教师的_____%。

22．熟练使用所在国语言的教师约占全体教师的_____%。

23．中外政府提供的教材约占所有使用教材的_____%。

24．中外政府提供的校舍修建经费占校舍修建总经费的_____%。

以下题目,请依据符合程度来打钩,其中,10 表示完全符合,0 表示完全不符合。

25．学院的课程符合学生的需求。

10　　9　　8　　7　　6　　5　　4　　3　　2　　1　　0

26．学院教学安排适当。

10　　9　　8　　7　　6　　5　　4　　3　　2　　1　　0

27．教师与学生关系融洽。

10　　9　　8　　7　　6　　5　　4　　3　　2　　1　　0

28．学生对学院教学质量评价优秀。

10　　9　　8　　7　　6　　5　　4　　3　　2　　1　　0

29．家长对学院教学质量评价优秀。

10　　9　　8　　7　　6　　5　　4　　3　　2　　1　　0

30．中外政府制订的有利于孔子学院发展的制度较多。

10　　9　　8　　7　　6　　5　　4　　3　　2　　1　　0

31．中外政府领导(包括当地政府领导)参与孔子学院的重大活动频繁。

10　　9　　8　　7　　6　　5　　4　　3　　2　　1　　0

32．学院与中国国内相关学院的师生之间友好交流频繁。

10　　9　　8　　7　　6　　5　　4　　3　　2　　1　　0

33．学院与中国国内教育科研机构之间合作水平高。

10　　9　　8　　7　　6　　5　　4　　3　　2　　1　　0

34. 学院与中国国内相关组织管理人员之间友好交流频繁。

10　　9　　8　　7　　6　　5　　4　　3　　2　　1　　0

35. 学院与当地相关学院的师生之间友好交流频繁。

10　　9　　8　　7　　6　　5　　4　　3　　2　　1　　0

36. 学院与当地相关教学科研机构之间合作水平高。

10　　9　　8　　7　　6　　5　　4　　3　　2　　1　　0

37. 学院与当地相关组织管理人员之间友好频繁。

10　　9　　8　　7　　6　　5　　4　　3　　2　　1　　0

38. 学院在当地社区的知名度高,影响力大。

10　　9　　8　　7　　6　　5　　4　　3　　2　　1　　0

39. 学院相关负责人在当地社区地位高,影响力大。

10　　9　　8　　7　　6　　5　　4　　3　　2　　1　　0

40. 学院已经成为当地社区文化教育的一部分。

10　　9　　8　　7　　6　　5　　4　　3　　2　　1　　0

41. 当地社区经常在资金上支持孔子学院发展。

10　　9　　8　　7　　6.　　5　　4　　3　　2　　1　　0

42. 当地社区有支持孔子学院发展的具体政策。

10　　9　　8　　7　　6　　5　　4　　3　　2　　1　　0

43. 当地社区在人力或物力上经常支持孔子学院发展。

10　　9　　8　　7　　6　　5　　4　　3　　2　　1　　0

44. 学院能稳定地获取发展所需的经费、校舍、教材等资源。

10　　9　　8　　7　　6　　5　　4　　3　　2　　1　　0

45. 学院生源充足。

10　　9　　8　　7　　6　　5　　4　　3　　2　　1　　0

46. 如果政府资源(经费、校舍、教材等)撤除后,孔子学院依然能很好地发展。

10　　9　　8　　7　　6　　5　　4　　3　　2　　1　　0

47. 学院的专职教师能很好地满足学院发展需要。

10　　9　　8　　7　　6　　5　　4　　3　　2　　1　　0

48. 学院的教师结构合理。

10　　9　　8　　7　　6　　5　　4　　3　　2　　1　　0

华文学校发展空间评估量表

华文学校名称：

1. 学校有具体的发展规划及措施吗？

A. 有　　　　B. 无

2. 学校有自己的品牌发展策略吗？

A. 有　　　　B. 无

3. 学校参加过世界华文教育大会吗？（如选 B，请跳到第 5 题）

A. 参加过　　B. 没有参加过

4. 学校在世界华文教育大会中做过与华文教育发展相关的交流吗？

A. 有　　　　B. 无

5. 学校参加过华文学校校长大会吗？（如选 B，请跳到第 7 题）

A. 参加过　　B. 没有参加过

6. 学校在华文学校校长大会中，做过与华文教育发展相关的交流吗？

A. 有　　　　B. 无

7. 学校参加过所在国华文学校联合会吗？（如选 B，请跳到第 9 题）

　A. 参加过　　B. 没有参加过

8. 学校在所在国华文学校联合会中，做过与华文教育发展相关的交流吗？

　A. 有　　　　B. 无

9. 学校拥有类似教研室方面的部门吗？

　A. 有　　　　B. 无

10. 学校拥有类似总务处方面的部门吗？

　A. 有　　　　B. 无

11. 学校设有班主任岗位吗？

　A. 有　　　　B. 无

12. 学校有否建立制度化的教师培训体系？

　A. 是　　　　B. 否

13. 学校是否会定期举行教学例会或研究？

　A. 是　　　　B. 否

14. 学校有无制度化的教师成长规划？

　A. 有　　　　B. 无

15．学校进行教学产品营销的途径有哪些？（可多选,若还有其他,请说明）

　　A．报纸　　B．杂志　　C．网络广告　　D．电视广告　　E．短信　　F．传单　　G．电话　　H．其他

16．学校怎样获取发展所需的各类资源（包括经费、校舍、书籍等）？（可多选）

　　A．政府（包括相关机构）援助　　B．NGO 组织捐赠　　C．企业捐赠

　　D．个人捐赠　　E．学生学费　　F．其他

17．在一学期内,学校参与社区相关组织活动有_____次。

18．在一学期内,邀请社区相关组织参与学校活动有_____次。

19．中外政府提供的教学经费约占华校总经费的_____%。

20．中外政府提供的教师数量约占教师总数的_____%。

21．接受过师范教育的老师约占全体教师的_____%。

22．本科以上学历的老师约占全体教师的_____%。

23．普通话达标（普通话二乙及以上）的教师约占全体教师的_____%。

24．拥有教师资格证（中外教师资格证皆可）的教师约占全体教师的_____%。

25．熟练使用所在国语言的教师约占全体教师的_____%。

26．中外政府提供的教材约占所有使用教材的_____%。

以下题目,请依据符合程度来打钩,其中,10 表示完全符合,0 表示完全不符合。

27．学校的课程符合学生的需求。

10　　9　　8　　7　　6　　5　　4　　3　　2　　1　　0

28．学校教学安排适当。

10　　9　　8　　7　　6　　5　　4　　3　　2　　1　　0

29．教师与学生关系融洽。

10　　9　　8　　7　　6　　5　　4　　3　　2　　1　　0

30．学生对学校教学质量评价优秀。

10　　9　　8　　7　　6　　5　　4　　3　　2　　1　　0

31．家长对学校教学质量评价优秀。

10　　9　　8　　7　　6　　5　　4　　3　　2　　1　　0

32．中外政府在校舍租赁或修建过程中发挥了重要作用。

10　　9　　8　　7　　6　　5　　4　　3　　2　　1　　0

33．中外政府制订的有利于华文学校发展的制度较多。

10　　9　　8　　7　　6　　5　　4　　3　　2　　1　　0

34. 中外政府领导(包括当地政府领导)参与华文学校活动。

10　　9　　8　　7　　6　　5　　4　　3　　2　　1　　0

35. 学校与中国国内相关学校的师生之间友好交流频繁。

10　　9　　8　　7　　6　　5　　4　　3　　2　　1　　0

36. 学校与中国国内教育科研机构之间合作水平高。

10　　9　　8　　7　　6　　5　　4　　3　　2　　1　　0

37. 学校与中国国内相关组织管理人员之间友好交流频繁。

10　　9　　8　　7　　6　　5　　4　　3　　2　　1　　0

38. 学校与当地相关学校的师生之间友好交流频繁。

10　　9　　8　　7　　6　　5　　4　　3　　2　　1　　0

39. 学校与当地相关教学科研机构之间合作水平高。

10　　9　　8　　7　　6　　5　　4　　3　　2　　1　　0

40. 学校与当地相关组织管理人员之间友好频繁。

10　　9　　8　　7　　6　　5　　4　　3　　2　　1　　0

41. 学校在当地社区的知名度高,影响力大。

10　　9　　8　　7　　6　　5　　4　　3　　2　　1　　0

42. 华校相关负责人在当地社区地位高,影响力大。

10　　9　　8　　7　　6　　5　　4　　3　　2　　1　　0

43. 学校已经成为当地社区文化教育的一部分。

10　　9　　8　　7　　6　　5　　4　　3　　2　　1　　0

44. 当地社区经常在资金上支持华文学校发展。

10　　9　　8　　7　　6　　5　　4　　3　　2　　1　　0

45. 当地社区有支持华文学校发展的具体政策。

10　　9　　8　　7　　6　　5　　4　　3　　2　　1　　0

46. 当地社区在人力或物力上经常支持华文学校发展。

10　　9　　8　　7　　6　　5　　4　　3　　2　　1　　0

47. 学校各部门权责清晰。

10　　9　　8　　7　　6　　5　　4　　3　　2　　1　　0

48. 学校教师与班主任权责清晰。

10　　9　　8　　7　　6　　5　　4　　3　　2　　1　　0

49. 学校组织决策执行力强。

10　　9　　8　　7　　6　　5　　4　　3　　2　　1　　0

50. 学校组织各部门间信息沟通流畅。

10   9   8   7   6   5   4   3   2   1   0

51. 学校组织决策较为迅速。

10   9   8   7   6   5   4   3   2   1   0

52. 学校财务制度详细、严谨。

10   9   8   7   6   5   4   3   2   1   0

53. 学校运营规范,具有相关的办学资质。

10   9   8   7   6   5   4   3   2   1   0

54. 学校目标考核制度量化详细且可操作性强。

10   9   8   7   6   5   4   3   2   1   0

55. 学校的薪酬或精神激励制度详细且可操作性强。

10   9   8   7   6   5   4   3   2   1   0

56. 学校能稳定地获取发展所需的经费、校舍、教材等资源。

10   9   8   7   6   5   4   3   2   1   0

57. 学校生源充足。

10   9   8   7   6   5   4   3   2   1   0

58. 如果资助学校的侨团或相关组织资源(经费、校舍、教材等)撤除后,华校依然能很好地发展。

10   9   8   7   6   5   4   3   2   1   0

59. 学校的专职教师能很好地满足学校发展需要。

10   9   8   7   6   5   4   3   2   1   0

60. 学校的教师结构合理。

10   9   8   7   6   5   4   3   2   1   0

第二届孔子学院大会主旨讲话.①
——共同办好孔子学院 搭建增进友谊和了解的桥梁

陈至立

尊敬的各位来宾,女士们、先生们、朋友们:

上午好! 在新的一年即将来临之际,来自世界 64 个国家和地区的孔子学院代表相聚北京,参加第二届孔子学院大会。"有朋自远方来,不亦乐乎?"我和我的中国同仁们对大家的到来感到由衷的高兴。出席本届孔子学院大会的中外代表中,有不少是我们的老朋友,也有许多新朋友。在此,我谨代表中国政府和孔子学院总部,并以我个人的名义,向各位表示热烈的欢迎和亲切的问候!

世界文化是丰富多彩的。不同文化之间相互学习和借鉴,是促进文化自身和世界多元文化发展的必然要求。而语言作为人类相互交流的工具和载体,在加强各国之间的学习和借鉴中发挥着愈来愈重要的作用。为适应各国朋友日益增长的学习汉语的需求,使外国朋友不出国门学习汉语,我们决定在海外设立汉语推广机构,并用中国古代著名的思想家和教育家孔子的名字,将海外汉语推广机构命名为"孔子学院"。孔子学院从 2004 年开始举办以来,如雨后春笋般快速发展,充满生机活力。去年(指 2006 年——编者注)7 月第一届孔子学院大会时,有 36 个国家和地区建立了 80 所孔子学院。其后短短一年多的时间,就新增了 28 个国家的 130 所学院。目前,已经有 125 所孔子学院开班授课,另有 85 所已经签约并正在筹备开学。这 210 所孔子学院(包括孔子课堂)分布在 64 个国家和地区。此外,还有 61 个国家的 200 多个机构提出了开办申请。已开办的孔子学院教职员工总数达 1000 多人;开设的汉语课程有 1200 多班次,学员 4.6 万人;同时,举办了有关中国教育、历史、文化、经贸等专题讲座、展览、演出活动上千场,参加者上百万人。孔子学院在不长的时间内,就取得了这样好的成绩,是中外双方共同努力的结果,更是在座各位代表辛勤努力的结果。在此,我代表中国政府和人民,向你们和所有为孔子学院建设做出贡献的朋友们表示衷心的感谢!

我们这次大会的主题是:总结经验,密切合作,加强管理,促进孔子学院又好又快发展。孔子学院在建设中积累了很多宝贵经验。一是坚持了双方自

---

① 首届孔子学院大会未做主旨讲话.

愿,相互尊重,平等互利的原则。现在建设的孔子学院,都是由外方首先提出申办要求,经过双方友好协商、达成一致后开办的。二是以汉语教学为重点,同时根据当地的需求,因地制宜,开展多样化的文化活动。三是合作办学的中外双方机构高度重视,抽调选聘各自的骨干人员组成专门班子,齐心协力办好学院。四是双方保证投入,落实和不断改善办学条件。五是建章立制,加强管理。各孔子学院普遍建立健全了理事会制度,制定了教学和行政管理规章。同时,总部也制定了三个方面的标准,即《国际汉语能力标准》、《国际汉语教师标准》和《国际汉语教学通用课程大纲》。六是注重教师和教材建设,保证办学质量。许多孔子学院根据当地不同学习人群的需要,自主编写适用教材和课件,并且选聘优秀教师和专家授课。实践证明,这六条是行之有效的,有利于孔子学院的规范化管理和可持续发展。

目前全球孔子学院发展势头良好,但毕竟处于起步阶段,有不少问题需要进一步研究并加以解决。比如,合格教师的数量不足,缺乏适合不同国家人们生活、习惯和思维的教材,汉语作为外语教学的理论研究不够,教学方法亟待改进等等。我相信,参加这次会议的代表既有成功的喜悦值得分享,也有发展中的困惑需要共同化解。希望各位代表畅所欲言,积极献计献策,使我们大家共同关心的问题能得到比较满意的答案。借这个机会,我也想就今后全球孔子学院的可持续发展谈几点建议,供大家参考。

第一,坚持孔子学院作为汉语教学推广基地的办学宗旨。孔子学院要以汉语教学为重点,无论是面向本校学生还是面向社会开班,都应坚持以教授汉语为主。同时为满足不同学习群体的需求,也可以开办商务、文化、旅游、中医、养生等讲座,以增强学员学习汉语的兴趣,巩固汉语学习成果。有的大学通过孔子学院加强对中国各领域的研究,以利于拓展中外双方各方面的交流与合作,也值得肯定。总之,孔子学院是海外汉语推广的基地,同时也是外国朋友了解中国的窗口,促进中国与世界各国交流、合作的平台。

第二,认真制定孔子学院可持续发展的规划。中国有句老话叫做“凡事预则立,不预则废”。总部将制定全球孔子学院规划,在科学布局、加强教师队伍建设、教材建设、教学法研究、加大投入等方面制定相关计划。已经建立的孔子学院要根据实际情况,制定今后三到五年的发展规划。规划的要点,应包括发展目标、办学任务、重点项目、实施的步骤和措施等。同时,要加强孔子学院为当地中小学汉语教学提供服务的能力,在开设孔子课堂、师资培训、网络教学等方面发挥更大的作用。

第三,花大力气提高办学质量。提高孔子学院的办学质量,必须解决好三个问题,这就是教材、教师和教学法。从各国交流材料来看,这方面已经有了很好的经验。作为汉语的母语国,中国有责任、有义务为解决这三大难题提供帮助。要大力提倡中外合作编写教材,加快汉语教师本土化步伐,认真借鉴各国语言教学的成功经验,形成适合不同母语背景的汉语教学法。当然,由于汉语和其他语言的语系不同,在思维习惯和文化背景方面差异较大,使教学内容和方法适合所在国的国情和风俗习惯,是一项长期而艰巨的任务。我们相信,只要中外双方共同努力,就一定能够攻克难关,取得成功。

第四,中外双方要相互尊重、精诚合作、互利共赢。孔子学院是由中外双方合作创办的,并大都设在各国的教育机构里。为了办好孔子学院,各举办机构在人、财、物方面都作了很大的投入,中方对此给予高度评价。中国高等院校参与建设孔子学院,是提高自身素质和能力、加快教育国际化进程的重要途径。中方院校要继续高度重视这项工作,精心选派管理骨干和合格教师。中方院长和教师要虚心向合作伙伴和当地民众学习,遵守所在国法律、尊重当地习俗、尽快适应新环境,努力提高教学和工作水平。同时我们也希望中方人员在异国他乡能够得到各位更多的支持和帮助。孔子学院是中外双方共同努力的结晶,我们一定要倍加珍惜,精心呵护,使她不断成长壮大。

朋友们,孔子学院是我们共同的事业。中国政府和人民将把办好孔子学院作为一项神圣使命,予以长期支持。孔子曰:"能行五者于天下,为仁矣。""仁"意味着尊重、宽厚、诚信、敏捷和恩惠。总而言之,"仁者爱人"。让我们携手共进,努力办好孔子学院,搭建增进友谊和了解的桥梁,为建设一个持久和平、共同繁荣的和谐世界作出更大贡献! 2008 年即将来临,我在此祝大家新年快乐、万事如意! 祝孔子学院事业蒸蒸日上!

预祝第二届孔子学院大会圆满成功!

谢谢!

第三届孔子学院大会主旨讲话

——共同参与平等合作把孔子学院越办越好

刘延东

尊敬的各位来宾,女士们,先生们,朋友们:

下午好!今天第三届孔子学院全球年会开幕。来自78个国家和地区的500多位大学校长、孔子学院代表与中国教育界同行相聚北京,能与大家会面感到非常高兴。孔子说:有朋自远方来不亦乐乎?在此,谨向各位代表和朋友表示热烈的欢迎!

今年是中国历史发展进程中极不平凡的一年。中国人民既经历了历史罕见的低温雨雪冰冻灾害和汶川特大地震的伤痛与考验,又同各国人民共享了北京奥运会、残奥会成功举办的欢乐与喜悦。我们不会忘记在这个过程中,国际社会和各国人民,包括各国孔子学院给予的有力支持和真诚帮助。借此机会,我代表中国政府和人民,表示诚挚的谢意!

孔子学院是世界各国人民学习汉语和了解中华文化的园地,是中外文化交流的平台,是加强中国人民与世界各国人民友谊合作的桥梁。孔子学院自创办以来,走过了4载春秋。4年来,在中外双方共同努力下,在世界各国人民的热情关注和大力支持下,孔子学院蓬勃发展,成绩喜人。一是初步建立起了以孔子学院为骨干的汉语教学体系。目前,已在78个国家和地区建立了249所孔子学院和56所孔子课堂。采取因地制宜、灵活多样的办学形式,面向大中小学、社区和企业,开设各类汉语课程6000多班次,注册学员13万,举办丰富多彩的文化交流活动,参加者达140多万,为各国人民学习汉语、了解中国提供多种服务,受到了社会各界的热烈欢迎。二是创造了中外密切合作的国际化办学模式。孔子学院坚持"外方申办,双方自愿,平等合作,互利共赢"的原则,实行外方为主,中方协助,当地政府和社会各界大力支持和积极参与的模式,其中90%以上是中外高校合作创办。三是探索建立了一系列管理机制和规章制度。设立的总部理事会由各界人士组成,其中10位理事是外国大学校长。先后制定的章程、教师任职条件、经费管理办法、办学标准等制度机制,为孔子学院的发展提供了有力保障。孔子学院的发展与进步,凝聚了在座各位校长和院长的心血和汗水,凝聚了全球孔子学院教职员工的贡献和辛劳。在此,向大家并通过你们,向全球孔子学院的教职员工和所有关心支持孔子学院建设和发展的朋友们,表示亲切的问候和良好的祝愿!

女士们,先生们,朋友们!

中国的发展、进步离不开世界，世界的繁荣、和谐也需要中国。孔子学院的蓬勃发展，反映了世界各国人民相互学习、加强沟通与合作、增进友谊和了解的美好愿望，体现了中国改革开放面向世界、合作共赢的内在需求。

当今世界正经历着深刻而重大的变化。和平与发展仍是时代的主题，但世界依然很不安宁，贫富差距、环境恶化、气候变暖、粮食和能源紧缺、疫病和灾害频发以及武力冲突、暴力恐怖、毒品走私等全球性问题日益突出。特别是国际金融危机持续蔓延和世界经济明显减速，更让人们深刻感受到同住一个地球村的人类社会，面临着相同的挑战和困难，不仅共同利益日益增多，而且相互依存程度也不断加深，各国人民的命运从未像今天这样息息相关、休戚与共，加强沟通、密切合作、应对挑战成为世界各国共同的选择。而人文合作对于增进政治互信、加强经贸交流有着不可替代的作用，语言作为文化的载体和交流的工具，正是加强不同国家和人民之间人文交流与合作、加深理解与友谊的桥梁和纽带。学习不同国家和民族的语言，对于实现各国平等合作、互利共赢，战胜人类面临的共同困难，促进人类文明的多样性发展，推动和谐世界建设，具有重要意义。因此，发展孔子学院是顺应时代之需，满足世界各国人民学习汉语的愿望与热情，增进中国与世界各国人民之间友谊合作的创新之举。

今年正值中国实行改革开放 30 周年。经过 30 年的努力和奋斗，中国发生了历史性巨变，最突出的有三大标志：一是深化改革，实现了经济持续快速增长；二是推进全方位开放，融入国际政治经济体系；三是摆脱贫困，广大人民生活从温饱迈向小康。同时，我们也清醒地认识到，中国仍是世界上最大的发展中国家，人口多、底子薄、生产力不发达的状况还没有根本改变，实现现代化的任务还很繁重，还有很长的路要走。到 2020 年建成惠及十几亿人口的更高水平的全面小康社会，还需付出艰辛的努力。站在新起点上的中国，将进一步深化改革，促进科学发展，努力建设资源节约型、环境友好型社会；进一步扩大开放，实现互利共赢，积极应对经济全球化进程；进一步发展民主，建设法治国家，坚持走中国特色社会主义民主政治发展之路；进一步坚持以人为本，着力改善民生，使人民共享改革成果，努力促进社会公平正义、构建社会主义和谐社会。中国的发展需要和平稳定、和谐合作的国际环境，中国也愿为营造这样的环境贡献自己的力量。中国人民将高举和平、发展、合作的旗帜，走和平发展道路，与各国人民一道共同建设持久和平、共同繁荣的和谐世界。为此，中国人民十分重视学习各国的语言文化。目前，中国学习外语的人数已经超过 2 亿，高等学校开设的各国语言专业有 60 多种。中国欢迎世界各国来华推广自己的语言。目前，不少国家在华办有自己的语言文化学校，中国政府积极为之提供便利和条件。同时，中国人民也希望世界各国人民更多地了解中国、了解中华文化。举办孔子学院,就是为了帮助各国人民学习汉语,了解中国,既各美其美,也美人之美,美美与共,促进世界多元文化的和谐发展。

女士们,先生们,朋友们!

孔子学院虽然创办时间不长,发展势头很好,但毕竟处于起步阶段,还存在不少困难和不足,尚待进一步解决和完善。共同的事业需要我们共同的努力。要努力办好每一所学院,教好每一个学生,力求开办一所,就办好一所。这里,我提四点建议,供大家参考。

第一,坚持办学宗旨。孔子是中国古代伟大的思想家、教育家,是中华传统文化的杰出代表。他主张的"和而不同"、"己所不欲,勿施于人"的思想,对于不同文明交流交往,相互借鉴,取长补短,共同发展,有着积极的现实意义。举办孔子学院,就是致力于适应世界各国人民学习汉语的需要,增进世界各国人民对中国语言文化的了解,加强中国与世界各国教育文化交流合作,发展中国与外国的友好关系,促进世界多元文化发展,构建和谐世界。只有把握这一宗旨,孔子学院才能保持生机和活力,才能为人类和平与发展的崇高事业作出自己应有的贡献。

第二,注重提高质量。质量永远是孔子学院的生命线。孔子学院总部要树立品牌意识,努力办好现有的孔子学院,重点建设一批示范孔子学院,积极有序地发展新的孔子学院。要加大培训力度,打造合格的教师和管理队伍,增强其跨文化交际能力,提高将汉语作为外语教学的技能。注意发挥各国汉学家和现有大学汉学系的作用,鼓励他们积极加入孔子学院的教学行列。我完全赞成孔子学院设立"优秀教师"荣誉称号,进一步调动广大教师的主动性和创造性;赞成设立"奖学金",用于奖励优秀学生。要坚持以人为本,以学生为中心,因材施教,培养学生的学习兴趣和能力。抓紧研发一批面向不同国家、不同层次的多语种多样化的教材和工具书。积极支持各国孔子学院编写适合当地需要的本土汉语教材。

第三,鼓励探索创新。创新是孔子学院不断发展的动力。我们支持从各国实际出发,积极探索适合当地文化背景的办学模式、管理方式,鼓励各方面力量参与孔子学院的建设。要根据母语特征、不同层次、不同人群的特点,采取多样化的教材、课程和教学方式,积极为所在地中小学生和社会群众学习汉语提供服务,使孔子学院成为汉语教学资源研发和推广中心,师资培训和教学技术支持中心,各类汉语考试中心。要充分利用现代信息技术,创新教学手段,丰富教学资源,运用网络、广播、电视等现代传媒手段,为孔子学院和其他开设汉语课程的学校和机构提供多媒体教学资源和教学服务。

同时,要探索研究建立既符合中国的现行法律,又适合各国国情,具有可操作性,国际通行的资金管理模式,努力拓宽资金来源渠道,提高资金使用效益。要研究建立一套行之有效的孔子学院评估机制和质量保障体系,不断提高孔子学院的质量和水平。要制定好中长期发展规划,确定未来发展目标任务和措施,提升孔子学院的影响力与生命力。

第四,推动平等合作。中国有句古话:"二人同心,其利断金。"孔子学院的诞生和发展,就是建立在双方自愿,平等合作,互利共赢基础之上的。孔子学院的进一步发展,需要中外各方互相尊重,坦诚相待,真诚合作。希望中方院长和教师虚心向外方学习,遵守所在国法律,尊重当地习俗,不断提高教学质量和水平,努力做优秀中华文化的传播者、加强中外友谊的培育者。同时也希望各国政府和社会各界更多地关心支持孔子学院的发展。相信通过各方面的共同努力,孔子学院一定会成为中外教育合作的示范工程、品牌工程。

女士们,先生们,朋友们!

孔子说,"士不可以不弘毅,任重而道远"。让我们大家携手同心,为开创孔子学院发展的新局面而努力,为推动建设持久和平、共同繁荣的和谐世界作出新的更大的贡献!

朋友们,再过 22 天,新年的钟声就要敲响。在这里提前祝贺各国朋友新年快乐,身体健康,家庭幸福,万事如意!

祝孔子学院大会圆满成功!

第四届孔子学院大会主旨讲话

——平等合作 创新发展 推进中外人文交流与合作

刘延东

尊敬的各位来宾,女士们,先生们,朋友们:

下午好!

岁末的北京,"冬至雪初霁,丰年瑞已成"。在这个孕育希望的季节里,第四届孔子学院大会隆重开幕了。孔子学院是个大家庭,今天是家人的聚会,是喜庆的日子。借此机会,我谨代表中国政府和人民,向大家表示热烈欢迎! 并通过你们向全球孔子学院的师生们致以亲切问候!

这次大会以"孔子学院与社区服务"为主题,深入探讨孔子学院服务社区的各种方式和途径,对丰富孔子学院发展内涵、更好地推动汉语国际教育事业发展,很有意义。

即将过去的 2009 年对整个世界来说是不平凡的一年,对孔子学院来说也是不平凡的一年。在各方面共同努力下,孔子学院克服各种困难和不利影响,在继承中不断创新,在开拓中不断发展,保持了良好发展势头,取得了令人振奋的成绩

——孔子学院有序发展。目前,在 88 个国家和地区建立了 282 所孔子学院和 272 个孔子课堂;注册学生 23 万多人,同比增加 10 万人;开设汉语课程 8000 多班次,同比增长 2000 班次,孔子学院品牌知名度和影响力进一步提升。目前,还有 50 个国家的 160 多个教育机构提出申办孔子学院。

——师资建设取得突破。总部继续加大教师和志愿者派出规模,各国孔子学院加大选聘当地汉语教师的力度,专兼职教师达到 3100 人,比去年净增 1000 人;启动本土汉语教师培养工作,设立"孔子学院奖学金",从 50 个国家招收了 1021 名学生来华攻读汉语国际教育专业硕士学位,并在相关大学设立 800 个汉语教师奖学金名额。

——教学资源更加丰富。编译了 45 个语种的汉语教材,向各国孔子学院赠送图书 82 万册,各国孔子学院主动编写适合当地需要的教材 500 多种;为 230 多所孔子学院统一配备"中华文化体验中心"软硬件设施和"长城汉语"等网络课件;网络孔子学院建设取得可喜成绩,50 个中英文频道已启动运营。

——多方合作得到加强。举办亚、非、欧、北美、南美和大洋洲及中亚东欧等 7 个地区性联席会议,促进信息沟通和经验交流;举办"汉语桥"世界大、中学生中文演讲比赛,并组织专家对 15 个国家 50 多所孔子学院进行了现场评

估,提升了合作办学的整体水平。

——服务社区蓬勃开展。各国孔子学院深入社区,举办各类文化活动6600多场次,参加人数260多万;开发和形成了一批有特色的活动和项目,如"汉语角"、汉语速成班、中华文化讲座等;派出40多支师生小分队,同270多所孔子学院联合开展中华文化巡讲、巡演、巡展活动,产生良好社会影响。

孔子学院已经发展成为国际汉语教育与推广的重要品牌、中外教育文化友好交往的合作平台。孔子学院取得的成绩来之不易,这是中外双方共同努力的结果,凝聚着在座各位代表和朋友的智慧与贡献,凝聚着全球孔子学院教师职工的辛劳与汗水,凝聚着各国政府和人民的关心与支持。在此,我谨向所有孔子学院的教师职工,向所有帮助孔子学院发展的朋友们,致以崇高的敬意和衷心的感谢!

女士们,先生们,朋友们!

21世纪,是经济全球化的世纪,也是多样文明大放光彩的世纪。世界如此丰富,是因为各种文明交相辉映;历史长河奔腾不息,是因为各种文明相互激荡。不同文明存在差异,但没有优劣之分。将世界各国人民长期形成的多样文明变成所谓单一文明,是不可想象的;那种失去了多姿多彩的单调文明,也是我们无法接受的。正如中国俗语所说,"一枝独秀不是春,百花齐放春满园"。单一文明的鲜花不足以装点整个人类的艺术殿堂,唯有多样文明的鲜花竞相怒放,才能尽情展示人类文化春天的无穷魅力。当今世界,同住"地球村"的人们,共同利益与日俱增,相互依存愈益加深。特别是面对国际金融危机的持续影响和甲型流感的快速蔓延,各国人民的命运从未像今天这样风雨同舟、休戚与共。在这样一个时代,加强不同文明间的对话、交流与融合尤为重要。因此,需要我们冲破思想的束缚和阻碍,抛弃误解和偏见,相互尊重、坦诚以待;需要我们拥有睿智的心灵、超凡的胆略和博大的胸怀,相互学习、取长补短;需要我们跨越意识形态、社会制度和发展模式的不同,相互包容、求同存异。只有我们真正践行孔子所倡导的"己所不欲,勿施于人",在差异中求和谐,在合作中求发展,才能实现世界的持久和平与共同繁荣。

中华文明历来强调沟通和交融。一部延绵五千年的中华文明发展史,也是中华民族与世界其他民族的交往史。作为世界多样文明大家庭的重要成员,中华文明历来崇尚"以和为贵"、"协和万邦"、"和而不同",历来崇尚"兼收并蓄"、"有容乃大",历来崇尚"开明"、"革新"。这些理念深入每一个中国人的心髓,引领了中华民族与世界其他民族长达数千年的交流合作。

新中国成立60年特别是改革开放30年来,中国人民秉承中华文化的核心理念,同心同德、开拓创新、自强不息,古老神州发生了翻天覆地的变化。60

年来，实现了经济持续快速增长，经济总量增长 77 倍，当前中国人民一天创造的财富量，就超过 1952 年一年的总量；形成了全方位、多层次、宽领域对外开放格局，进出口贸易总额增长 2265 倍，居世界第三，并在政治、经济、文化和安全等方面同国际社会建立了前所未有的联系；人民生活质量大幅提高，城镇居民收入增长约 150 倍，农村居民收入增长约 100 倍，人均寿命从 1949 年的 35 岁提高到 73 岁，教育、文化、卫生、体育等社会事业发生了根本性变化；中国积极稳妥地推进政治体制改革，不断完善人民代表大会制度、多党合作和政治协商制度、民族区域自治制度和基层群众自治制度，人民享有前所未有的社会参与和言论自由。

去年以来，面对国际金融危机的严重冲击，中国作为一个负责任的大国，及时出台一揽子计划，在扩大内需、调整结构、改善民生、节能减排、环境保护等方面加大力度，全年城镇新增就业有望超过 1100 万人，年内有望实现经济增长 8％的目标。今年 11 月，为妥善应对气候变化，造福全人类，中国政府向全世界庄严承诺：到 2020 年，单位国内生产总值二氧化碳排放，比 2005 年下降 40％～45％。实现这些行动目标，保持中国经济长期平稳较快发展，不仅会给中国 13 亿人民带来福祉，也将给世界各国发展带来更多机遇、提供更广阔的市场。

同时，我们也清醒地认识到，中国仍然是一个发展中国家。人口多，底子薄，发展不平衡，人均 GDP 排在世界 100 位之后，有 8300 万的残疾人。按照世界银行的标准，我国还有 1 亿左右贫困人口。中国实现现代化还有很长的路要走。中国将坚定不移地走和平发展道路，通过维护世界和平来发展自己，通过自身的发展来促进世界和平。

历史与实践告诉我们：中国必须进一步了解世界，世界也需要进一步了解中国。语言作为文化载体和交流工具，是文明之间对话的桥梁。鼓励跨文化交流是中国政府的一贯立场。我们提倡本国人民，特别是广大青少年学习和使用世界其他民族的语言。外国语言文化在中国的广泛传播，不仅使中国人民增进了对世界的认知，还帮助中华民族从其他民族优秀文化中汲取营养。我们真诚地欢迎世界各国来华推广本国语言。本届孔子学院大会期间，将举办"多国语言展"，大家会领略到几十个国家语言文化的绚丽风采。

女士们，先生们，朋友们！

自 2004 年以来，孔子学院已走过 5 年的风雨历程。明年是新一个 5 年的开始，国际汉语教育事业也将迈入新的阶段。办好每一所学院，教好每一个学生是我们的目标，为促进孔子学院可持续发展，我提几点建议，供大家参考。

第一，立足当前，着眼长远，谋划好孔子学院的未来发展。

办好孔子学院，是一项值得我们长期努力的崇高事业。希望大家在做好当前工作的同时，从孔子学院持续发展的总体需要出发，系统考虑基础性、长远性工作，在办学模式、办学条件、选派院长和配备师资等方面做好长期安排。要适应许多地方在中小学开设汉语教学的需要，积极发展孔子课堂，为中小学生学习汉语提供支持和帮助。中国有句古话，"凡事预则立，不预则废"。总部目前正在抓紧制定国际汉语教育与推广发展规划，将进一步明确发展目标和战略部署，从体制机制、法律政策、经费等方面提供保障和支撑。这项工作需要凝聚中外各方智慧，需要各孔子学院鼎力支持，欢迎大家建言献策。

第二，协调发展，注重质量，切实提高国际汉语教育的水平。

质量是孔子学院的生命线。教师、教材和教学方法是提高教学质量的三个环节。要加快建设一支高质量的师资队伍。增派教师和加强培训是教师队伍建设的两个支柱。明年，总部计划继续扩大"孔子学院奖学金"范围，重点提高教师的汉语教学技能与跨文化交际能力，争取增加专兼职合格教师1000人。要精心打造各种品牌教材、品牌课件，尽快出齐45个语种对照的汉语教材，支持各孔子学院切合实际自编教材。要比较分析汉语言文化和所在国文化的异同点，创新汉语教学本土化方法，增强教学的针对性和实效性。要办好网络孔子学院，充分利用网络和多媒体技术，发挥大规模、低成本、高效益的优势，促进优质教学资源全球共享。正式启动"示范孔子学院"项目建设，发挥好示范和引领作用。

第三，尊重统一性，鼓励多样性，支持孔子学院大胆创新、办出特色。

孔子学院长远目标是成为当地汉语教学中心，汉语师资培训中心和中外文化交流与研究中心，为此制定了统一品牌和章程，但各国国情不同，文化背景不同，这就要求孔子学院因地制宜、科学定位、积极创新，走多样性和特色化发展道路。要灵活多样，积极开发各具特色的课程和社会服务项目，既面向高校、企业、社区的成人，又面向中小学生；既有学历教育，又有非学历教育；既有语言教学，又有中医、武术、京剧等文化活动。要鼓励创新管理模式，动员社会力量参与，探索市场化运作，重视市场调研和品牌宣传，积极培育汉语学习的市场。要善于争取和统筹各类资源，特别是在市场中统筹孔子学院发展的资源。总之，只要有利于中外教育文化的交流交融，有利于加深各国人民对汉语言文化的了解，有利于促进中国人民和各国人民的友谊，孔子学院都可以大胆探索，勇于尝试。

第四，加强沟通，精诚合作，齐心协力推进孔子学院蓬勃发展。

孔子学院不仅属于中国，而且属于世界，是中国与各国教育系统真诚合作的结晶。要坚持相互尊重、友好协商、平等合作，因为这是孔子学院得以创立和发展的基石。中国政府和人民十分重视和关心汉语国际教育与推广事业，将给予长期稳定的支持。中外合作院校应精心呵护、倍加珍视已经建立的紧密关系，将合作提升到新的水平。中方院校要精心选派业务素质好，热爱孔子学院事业，了解所在国国情的人员担任院长。中方院长和教师要虚心向合作伙伴和当地民众学习，遵守所在国法律，尊重当地习俗，努力提高教学和工作水平。总部要充分发挥把握全局、协调各方的作用，进一步做好对各国孔子学院的服务工作。同时，也希望外方理事和院校多做工作，积极争取各国政府和社会各界给予孔子学院更多的关心和支持，为孔子学院长远发展创造更好环境。希望各国大学和举办机构更好地担负起办学主体责任，尽可能提供良好的硬件保障和资金支持；关心中方派出人员，为他们的工作和生活提供方便，帮助他们尽快适应新环境；在稳定外方院长和教师队伍的同时，逐步实现孔子学院教职人员的专职化。

国际汉语教育的蓬勃发展，为汉学研究提供了前所未有的历史机遇，为当代汉学家提供了施展才华的广阔舞台。希望汉学家和对中国历史、文化、现实感兴趣的学者，进一步加强和发展汉学研究，既研究古老厚重的中国，又研究现代多彩的中国。我相信，通过大家的共同努力，汉学研究一定能迸发出时代的光芒，为孔子学院长期发展奠定深厚基础，为世界了解一个真实的中国作出更大贡献。

女士们，先生们，朋友们！

孔子学院是我们大家共同的事业，要让这项事业枝繁叶茂，还必须与当地社区紧密地联系起来，这样孔子学院才能得到更为广泛的欢迎和支持，才能真正融入当地实现本土化发展。此次大会主题，给我们提供了一个事关孔子学院长远发展的研究课题。对于孔子学院如何深入开展社区服务，我有几点理解，供大家参考：一是坚持以人为本，提高社区服务质量。要重视人的发展，关注人的需求，因人而异，因地制宜，开展多种形式、多种内容、多个层面的高质量社区服务。二是坚持沟通为要，促进语言学以致用。要积极"走出去"，深入社区，广泛沟通交流，发现不同语言的区别，激发语言学习的兴趣，提高语言运用的能力。三是坚持文化为媒，提升社区服务内涵。要在社区广泛开展多样化的文化交流，加深对彼此历史和现状的了解，满足当地民众了解中华文化的需要，增进中国人民同世界各国人民的感情和友谊。四是坚持经贸为桥，扩大双边多边往来。要与社区的功能定位和发展需要紧密结合，利用好孔子学院搭建的人文交流平台，有针对性提供教育、科技、经贸、文化等信息和咨询服务，发挥孔子学院的综合效益。五是坚持和谐为贵，推动世界共同繁荣。要秉承孔子学院办学宗旨，博采众长，彼此借鉴，求同存异，扩大共识，为建设一个持久和平、共同繁荣的和谐世界作出贡献。

女士们,先生们,朋友们!

中华经典《周易》里说,"天下同归而殊途",古希腊哲学家赫拉克利特也提出"此路亦彼路"。我想,爱其所同,敬其所异,各国文化就会在沟通交流中实现共同发展和繁荣。让我们携手同心,再接再厉,为创造孔子学院更加美好的明天,为促进世界多元文化的共生共荣而不懈努力!

新年即将来临,在此,我衷心祝愿大家新年快乐,身体健康,家庭幸福,万事如意!

祝孔子学院大会圆满成功!

第五届孔子学院大会主旨讲话
——携手促进孔子学院可持续发展

刘延东

尊敬的各位来宾,女士们、先生们、朋友们:

大家晚上好!

在这华灯璀璨的美好夜晚,全球孔子学院大家庭欢聚一堂,共庆第五届孔子学院大会的开幕,我和大家一样感到由衷的高兴。在此,我代表中国政府和中国人民,向来自世界各地的朋友们表示热烈欢迎和诚挚问候!

过去的一年,在各国政府和人民的热情关心和大力支持下,中外双方齐心协力,开拓创新,全球孔子学院取得可喜成绩:一是稳步发展,势头良好。今年新增孔子学院 40 所、中小学孔子课堂 97 个。目前已在 96 个国家和地区建立了 322 所孔子学院和 369 个孔子课堂。注册学员比去年增加了 56％,达到 36 万人。网络孔子学院开通 9 个语种,注册用户达 10 万人。这些努力为所在国民众学习汉语拓宽了渠道。二是教师素质不断提升。专兼职教师净增 1000 人,达到 4000 人,其中中外双方各占一半。有 3000 人参加了总部实施的培训计划,总部还为各国孔子学院提供 2000 个奖学金名额,培养本土教师,促进了中外院长和教师业务素质的提升。三是教材创编实现新进展。编写出版了 45 个语种的 9 套汉语教材和工具书,向各国孔子学院赠送图书 40 多万册,目前 104 所孔子学院编写出版了 77 种本土汉语教材,缓解了教材匮乏问题。2500 名外国中小学教师来华接受教材培训,推动了所在地区的汉语教学。四是品牌活动形成新声势。今年,300 名校长、2000 多名院长和教师应邀参观上海世博会,亲身感受了世界多元文化的交相辉映。部分亚洲国家孔子学院所在大学校长参观了广州亚运会。中国与俄罗斯、中国与西班牙合作举办"汉语年",两国孔子学院发挥了主力军作用,开展活动 600 多场,30 多万人参加。在 50 多个国家 300 多所孔子学院开展文艺巡演、教材巡展和文化巡讲活动,拓展了孔子学院的文化交流功能,提升了在当地社会的影响力。五是交流合作取得新成果。各孔子学院之间的交流精彩纷呈。在所在国政府和社区的大力支持下,新加坡南洋理工大学、新西兰奥克兰大学、智利圣托马斯大学、英国伦敦南岸大学、喀麦隆雅温得第二大学、俄罗斯新西伯利亚国立技术大学等,成功举办亚洲、大洋洲、西语地区、欧洲、非洲、东欧中亚地区等 6 个地区性孔子学院会议。美国大学理事会和亚洲协会成功举办了全美汉语大会。这些活动促进了各国孔子学院、汉语教学机构之间的信息沟通和经验交流,起到了相互借鉴、共同提高的效果。

这些成绩的取得,归功于在座各位代表的积极推动,归功于中外合作院校的共同努力,归功于各国政府和人民的大力支持。在此,谨向大家并通过你们向所有为孔子学院发展做出贡献的各国朋友,表示衷心的感谢!

女士们,先生们,朋友们!

孔子学院走过了5年不平凡的历程,取得了令人瞩目的显著成就,已站在一个新的起点上。面向未来,实现孔子学院可持续发展,需要我们把握机遇,认真思考,积极谋划。

首先,世界多样文明的交流对话与人类社会和谐共生的理想,为孔子学院发展赋予了新使命。当今世界正处在大发展、大变革、大调整时期,世界多极化、经济全球化深入发展,和平、发展、合作的时代潮流更加强劲。同时,国际金融危机影响深远,气候变化、粮食安全、能源资源安全、公共卫生安全、重大自然灾害等全球性挑战日益突出。作为"地球村"的一员,每个国家对这些问题既不能置之度外,也难以独自解决。应对共同挑战,呼唤各国同舟共济、密切合作,构建和谐世界,需要不同文明交流对话、理解包容。语言文化的相互学习与交流,是促进各国人民沟通理解,构建持久和平、共同繁荣的和谐世界的重要途径。孔子学院以国际汉语教育为己任,致力于满足世界各国人民学习汉语的需求,致力于促进中外语言文化交流,优势独特,使命光荣。

其次,开放发展的中国不断深化与各国的互利合作,为孔子学院发展提供了新机遇。当前,中国正经历着一场历史上规模最大、范围最广的工业化、城镇化进程,现代化建设不断迈出新步伐。但我们清醒地认识到,中国仍然是世界上最大的发展中国家,实现现代化建设的目标还需要长期艰苦努力。中国政府正在制定未来五年国民经济和社会发展规划,这一规划以科学发展为主题,以加快转变经济发展方式为主线,通过加快科技创新,保障改善民生,促进社会公平正义,让人民共享发展成果,努力推动经济社会又好又快发展。中国人民深知,当代中国的前途命运同世界的发展紧密相连。中国的发展离不开世界,世界的发展也离不开中国。中国将始终坚持走和平发展道路,奉行互利共赢的开放战略,不仅积极推动与各国的政治互信、经贸合作,而且在深化人文交流方面不断做出新的探索。孔子学院作为人文交流的重要平台,将伴随中外合作不断深化的步伐,奠定未来发展更加坚实的基础。

第三,中国扩大教育开放与国际交流,为孔子学院发展增添了新动力。在现代化进程中,中国始终把教育摆在优先发展的战略位置。今年7月,中国召开了新世纪第一次全国教育大会,颁布了面向未来10年的教育改革和发展规划纲要,纲要强调要扩大教育对外开放,鼓励各级各类学校开展国际交流与合作,加强国际理解教育,增进师生对不同国家、不同文化的认知,提高教育国际化水平。中国政府鼓励公民学习其他国家的语言,现在中国大多数大中小学校都开设了外语课,涉及 56 个语种,其中学习英语的就有两亿人。中国将扩大派出留学生规模,到 2012 年当年公派留学生达 2.5 万人,比今年翻一番。还将增加政府奖学金数量,扩大来华留学生规模,支持外国知名学校和教育机构来华合作办学,鼓励更多的外国专家学者和学术团队来华从事教学、科研和管理工作。孔子学院是教育对外开放与国际交流的重要窗口。教育规划纲要明确提出,要支持国际汉语教育,提高孔子学院的办学质量和水平。中国将一如既往地大力支持孔子学院和国际汉语教育事业发展。使其在中外教育交流与合作中稳步推进,蓬勃发展。

总之,作为最大的发展中国家和新兴经济体,中国愿意并且正在以开放包容的胸怀、科学发展的思维、积极务实的态度,努力与世界各国加强沟通与交流、增进理解与友谊。我们希望发挥孔子学院在人文交流中的独特作用,通过汉语教学,加大多元文化的交流与融合,促进各种文明之间的相互理解和包容,造福各国人民,并为世界和平与人类进步做出贡献。

女士们,先生们,朋友们!

孔子学院诞生以来,在各国人民的热情呵护和多元文化的雨露滋润下茁壮成长,为各国人民在家门口学习汉语、了解中华文化提供了便捷途径。面对新的形势和机遇,我们仍应坚持中外双方共建、共有、共管、共享的原则,携手合作,顺势而为,努力促进孔子学院的可持续发展。

第一,创新形势,融入本土,使孔子学院成为增进中外交流与友谊的重要桥梁纽带。语言文化交流具有基础性、广泛性和持久性。面对不同国情、不同文化背景和不同国家民众学习汉语的需求,希望各国孔子学院因地制宜,扎根本土,办出特色,尊重和体现文化多样性,贴近和满足学习者实际需求,更好地适应当地社会生活,产生更大影响。要面向各个阶层的不同人群,坚持大众化、普及型,真正深入民间、深入社区,与当地民众建立良好关系。要吸引各国精英人才,支持学术交流活动,开展国际理解和跨文化交流研究。要继续办好网络孔子学院,更大范围地为全球汉语教学服务。

第二,注重质量,夯实基础,着力提升孔子学院的办学水平。以教师、教材和教法为重点的基础能力建设,是孔子学院提高质量、办出特色的支撑。"三教"建设要遵循语言教育与推广规律,紧跟当今国际语言教育发展潮流,适应不同人群学习汉语的不同要求。教师的本土化是师资建设的重要方向。我们希望通过扩大"孔子学院奖学金"名额,多种形式培训本土教师,同时加大派出教师和志愿者的力度,尽快造就一支兼通两种语言、兼容中外文化的高素质院长和教师队伍。教材开发是国际汉语教育的重要依托。总部将组织中外优势力量,采取有力措施,争取用几年时间,实现开设汉语课的国家都有适用汉语教材。同时鼓励各国孔子学院和教育机构编写本土教材。科学的教学方法是提高质量的重要基础。要总结推广各国孔子学院的成功经验,结合实际创新方法,激发学生持续学习的兴趣,让汉语教学更加生动活泼、深入人心。

第三,拓展功能,完善服务,不断丰富孔子学院的办学内涵。语言是文化的载体。孔子学院独具人文内涵,在语言教学和文化交流等方面发挥着积极作用。几年来,孔子学院从启蒙和普及出发,为各国民众学习汉语提供便利,把汉语带到了世界各地。今后,要在搞好语言教学的同时,加强文化交流与互动,提供经贸、科技合作的信息咨询等服务,丰富和拓展发展空间。我们将支持各国孔子学院开展丰富多彩的文化活动,继续办好文艺巡演、教材巡展、文化巡讲等品牌活动,推动中医、武术、气功、书法、戏曲、中国画、中国歌舞、烹饪等走进社区,增进普通民众对中国的兴趣和对真实中国的了解。充分利用经贸交流、国际会议、企业合作、组织旅游等多种渠道和载体,促进国际汉语教育,让孔子学院越办越精彩,道路越走越宽广。

第四,积极支持,凝聚合力,为孔子学院可持续发展提供切实保障。经费保障事关孔子学院运行发展。我愿再次重申,总部在孔子学院经费投入方面,将一如既往给予稳定支持;既要坚持中外双方1:1投入原则,又要适当照顾一些发展中国家的孔子学院。要建立中外合作评估机制,加强经费使用管理,努力提高资金使用效益。中外院校合作是孔子学院创立发展的重要形式。双方学校在平等合作中相互学习,扩大了知名度,实现了双赢。中方高校要对孔子学院工作予以重点支持,在选派院长、配备师资、合作机制等方面做好长远安排,努力满足孔子学院发展需求。希望外方高校继续与中方密切配合,共同落实双方合作承诺,在人员配备、办学场地和资金投入等方面给予更有力的支持。中国派出教师和志愿者带着友谊与理想来到异国他乡工作,希望所在外方学校给予关怀,帮助他们尽快适应工作环境。广泛的社会参与是孔子学院发展的新动力。孔子学院没有照搬其他国家语言推广机构政府间合作的单一模式,而是既与学校合作,又与政府、企业和社团合作,形式灵活多样。要进一步拓宽渠道,激发社会力量参与办学的积极性,完善企业投入和社会捐赠的机制,把多方资源统筹到孔子学院可持续发展上来。

女士们,先生们,朋友们!

"相知无远近,万里尚为邻。"语言文化的交流是人与人之间心与心的交流。办好孔子学院是一项功在当代、利在千秋的崇高事业。相信通过大家的共同努力,国际汉语教育事业一定会兴旺发达,孔子学院的明天一定会更加美好！

一年一度的新年即将到来，再过 20 天我们就要迎来新的一年。借此机会，衷心祝愿在座的各国朋友，并请你们转达给全球 96 个国家 322 所孔子学院的院长、老师们、同学们，祝大家新年快乐，身体健康，万事如意！谢谢大家！

第六届孔子学院大会主旨讲话

——面向未来 携手合作 共同谱写孔子学院发展新篇章

刘延东

尊敬的中共中央政治局常委李长春先生，

尊敬的各位来宾，

女士们、先生们、朋友们：

晚上好！

今晚第六届全球孔子学院大会在中西合璧的国家大剧院隆重开幕。首先，我代表中国政府和孔子学院总部理事会，向来自世界各地孔子学院的校长、院长，各国驻华使节和各界朋友表示热烈欢迎，对各位在过去一年中为国际汉语教育所付出的辛勤努力表示衷心感谢，并请各位转达对全球孔子学院师生的亲切问候和良好祝愿！

几天前我刚从非洲访问归来，年初我还访问过北美和南美，作为孔子学院总部理事会主席，我专程看望了一些国家的孔子学院。在那里，孔子学院所在大学校长、中外双方院长、教师和志愿者倾心教学的敬业精神令我感动，学生们的学习热情和优异成绩令人鼓舞。从美国的波特兰到智利的圣地亚哥，从厄瓜多尔的基多、喀麦隆的雅温得到博茨瓦那的哈博罗内，当地政府大力支持，合作院校竭诚努力，各个孔子学院的汉语教学和文化交流开展得有声有色。至今那些可爱的学生们清晰的汉语表达和动听的中文歌曲，依然萦绕在我的耳边。这正是国际汉语教育蓬勃发展的一组生动缩影。

今年，在中外双方的共同努力下，孔子学院和国际汉语教育事业取得了令人振奋的新业绩。

——这一年，孔子学院大家庭增添了更多新的成员，新增 36 所孔子学院，新建 131 个孔子课堂，学习汉语的人数以 39％的速度增长。

——这一年，越来越多的年轻人满怀热情地加入到汉语教育的行列，有 8000 多名教师和志愿者奔赴 100 多个国家教授汉语，有 118 个国家的 5000 多名学生接受奖学金来华学习研修。

——这一年，国际汉语教材开发取得突破性进展，45 个语种骨干教材在 160 多个国家发行 300 多万册，各地涌现出一批独具特色的本土教材。

——这一年，孔子学院开展的文化交流互动成为中外人文交流的一大亮点，全年举办 1.3 万场文化活动，吸引了 722 万人参加，为各国汉语爱好者展示才艺、多元文化交相辉映搭建了广阔舞台。

　　孔子学院从成立至今已走过八年历程。回首这段难忘的岁月，相信每一位亲历者都能深切地体会到，国际汉语教育丰富了中外师生的人生阅历，为他们的事业发展和个人成长拓展了新的空间；国际汉语教育创新了文化交流的形式和内容，为促进多元文明包容互鉴、和谐共生作出了独特的贡献；国际汉语教育搭建了人文交流的重要平台，在人民之间的相知友好与国家关系发展中发挥了桥梁纽带作用。孔子学院把汉语带到了世界各地，也把各国的语言文化带进了中国，所播撒的沟通理解、和谐友爱的种子，正在各国青年心中开花、结果，充分显示了语言文化交流的魅力！

　　孔子学院大家庭的成员来自不同国家、不同民族、不同职业、不同学校，大家不辞辛苦，不懈努力，为国际汉语教育事业走到一起。尤其令人难忘的是，孔子学院的发展得到了中外国家领导人的热情关心。今年年初，中国国家主席胡锦涛访问美国时，专程到芝加哥佩顿中学孔子学院看望师生，7月又在中南海亲切接见孔子学院师生，寄语汉语教育和青年学生。今天出席大会的中共中央政治局常委李长春先生也多次看望多国孔子学院师生，十分关心支持孔子学院建设和国际汉语教育事业。各国政要与知名人士对国际汉语教育也给予了大力支持。在此，我谨向所有为孔子学院发展作出贡献的各国朋友，表示崇高的敬意和衷心的感谢！

　　女士们，先生们，朋友们！

　　人类社会已进入21世纪的第二个10年。当今世界正处于大发展大变革时期。经济全球化深入发展使人类同住"地球村"，世界各国的共同利益在增多、相互依存在加深，但国际金融危机、气候变化、环境保护、粮食安全、人类健康、能源资源安全、重大自然灾害等全球性挑战也日益突出。各国人民的命运从来没有像今天这样息息相关、休戚与共，加强沟通合作已经成为各国的共同选择。当今中国正处于加快推进现代化建设的关键时期。经过30多年的发展，中国社会生产力、综合国力、人民生活水平大幅度跃升，同时中国仍然是世界上最大的发展中国家，发展不平衡、不协调、不可持续问题依然突出。在昨天的中国加入世贸组织10周年高层论坛上，胡锦涛主席发表重要讲话，进一步强调中国取得的发展成就与各国友好合作密不可分，离不开各国的关心、支持和帮助，中国未来发展仍然需要国际社会理解和支持。中国发展离不开世界，世界繁荣稳定也离不开中国。当前和今后一个时期，中国将坚持发展为要，实现全面协调可持续的科学发展；坚持以人为本、民生为重，使人民共享发展成果；坚持改革创新，探索和完善中国特色社会主义发展道路；坚持扩大开放，通过深化政治互信、经贸往来和人文交流，与各国平等合作、互利共赢；坚持和平发展，与各国共建持久和平、共同繁荣的和谐世界。在这样的大背景下,语言作为人类沟通的第一工具,更加凸显其独特价值与时代意义。掌握一门语言,就多了一把广交朋友、认识世界、加强合作、开启未来的钥匙。成千上万的人们学习使用对方国家的语言,将使国家间世代友好的社会基础更加牢固。

为此,中国政府大力提倡和鼓励中国人民特别是青少年学习外语,了解世界多元文化,增进与各国人民的友好感情。目前,中国有 3 亿人学习外语,涉及 56 个语种,其中大中小学生就有 2.6 亿人。今年 10 月,中国就加强文化建设作出新的部署。我们将开展多渠道多形式多层次的中外文化交流,共同维护文化多样性。

同时,我们将积极支持国际汉语教育事业,满足各国人民学习汉语的需要,通过与各国共同合作,使孔子学院更好地成为中外人文交流的重要平台、多样文明交流互鉴的重要渠道、促进和平友谊合作共赢的重要载体。

女士们,先生们,朋友们!

这次大会的主题是"孔子学院的未来 10 年",通过研讨交流,将更好地凝聚共识、明确思路,把提交会议讨论的规划方案修改完善好,推动孔子学院实现又好又快的发展。在此,我有三点想法,与大家交流。

第一,以提高质量为核心,努力实现开办一所、就办好一所的目标。要把教师、教材和教法作为办好孔子学院最关键的基础能力建设好,加大中方教师和志愿者的派遣力度,更多地培养各国本土汉语教师,建设一支专兼结合、中外结合的高水平院长和教师队伍。组织编写精品教材,支持各国开发本土教材,努力实现每所孔子学院都有适用教材。采用适合各国特点的教学方法,让汉语学习更加生动有趣、富有成效。

第二,以突出特色为导向,更好地满足各国汉语学习者的多样化需求。目前,各国民众学习汉语的需求日趋多样,涉及从经贸合作到人文交流等多个领域,从大中小学生到社会成人等不同年龄层次人群。各地的孔子学院要适应这种新形势,扩大服务领域,充实教学内容,丰富文化活动。有条件的学校可与当地社区加强互动,提供中医、武术、戏曲、书画、舞蹈、音乐等特色服务,介绍历史的中国、当代的中国,拓展汉语教学的广度和深度,让孔子学院更有吸引力。

第三,以文化交流为纽带,促进人类多样文明交流互鉴、和谐共生。语言教学和文化交流是相互交融、相辅相成的。希望孔子学院以语言教学带动文化交流,以文化交流丰富语言教学,充分发挥综合文化交流平台的作用,让世界更多国家的人民了解中国文化,把更多国家的优秀文化介绍到中国来。总部将实施"新汉学国际研修计划",资助有关中国的研究及学术交流,培养更多造诣高深的汉学家,同时支持中国的高校建立国别研究中心,培养熟悉各国语言文化的中国学者。

女士们,先生们,朋友们!

"结交一言重,相期千里至。"孔子学院凝聚着中外双方的深切期望,有赖于大家的共同培育。我真诚希望中外各界人士携起手来,精诚合作,一如既往地大力支持孔子学院,共同成为中外人文交流的先行者、友好关系的促进者、和谐世界的建设者,为人类社会的繁荣发展和文明进步作出更大贡献!

新的一年即将到来,这里我衷心祝愿各位朋友新年快乐,身体健康,家庭幸福,万事如意! 谢谢大家!

第七届孔子学院大会主旨讲话
——共同推动孔子学院融入大学和社区

刘延东

尊敬的各位来宾，

女士们，先生们，朋友们：

大家晚上好！

时隔一年，第七届全球孔子学院大会隆重开幕，来自世界各地孔子学院大家庭的新老朋友再次相聚，从大家脸上洋溢的喜悦表情中，我也感受到了大家对孔子学院这一事业的热爱。回顾2006年首届孔子学院大会召开时，与会代表只有400多人，而今年已达2000多人，其中国外代表就超过1100人，表明我们共同从事的这一事业，已吸引和凝聚了越来越多的人。在此，我代表中国政府、代表孔子学院总部对所有为孔子学院发展建设付出辛勤努力的朋友们表示衷心感谢！

这几年，我利用出访机会前后考察了不少孔子学院。一周前，我还访问了新西兰奥克兰大学孔子学院，同学们用汉语表演的精彩节目给我留下深刻印象。许多孔子学院的学员告诉我，汉语为他们开启了一扇认识当代中国的窗口，打开了一扇了解中国古老文明和东方智慧的大门，架起了一座沟通友谊与理解的桥梁。我想，这正是孔子学院建立的初衷，也是它蓬勃发展的动力与源泉。

今年是孔子学院砥砺前行、又上新台阶的一年。我们的大家庭又新增了42所孔子学院和35所中小学孔子课堂，注册学员总数达65万人。各国孔子学院专业化教学和管理队伍不断加强，接受孔子学院奖学金来华研修的本土师资比去年增长35％，多语种教材和文化辅助教材大幅增加。180多所孔子学院完成质量评估，绝大多数达到合格标准。"汉语桥"大中学生中文比赛和中华文化巡讲、巡展、巡演等品牌项目，吸引了近千万人参与。特别是有300多所孔子学院制定了富有特色的发展规划。如俄罗斯布拉戈维申斯克大学、土耳其中东技术大学、津巴布韦大学、巴西圣保罗州立大学等200多所孔子学院提出，在3—5年内建成本土汉语师资培训中心。美国马里兰大学、韩国首尔大学等孔子学院提出，建成区域汉语考试中心。英国伦敦经济政治学院、美国密西根大学、挪威卑尔根大学等孔子学院，重点突出商务、中医、音乐、武术等特色发展。埃及苏伊士运河大学、肯尼亚内罗毕大学、厄瓜多尔圣弗朗西斯科大学，实行汉语教学与职业培训相结合，为当地企业培养人才。美国加州大学、英国爱丁堡大学、意大利罗马大学、德国海德堡大学、泰国朱拉隆功大学、日本早稻田大学等孔子学院，建立本、硕、博完整的汉语学历教育体系，实施"孔子新汉学计划"。过去一年取得的这些成绩，倾注了各位大学校长的心血，凝聚了每一所孔子学院理事会和中外院长的智慧。在此，我向各位校长、院长和中方合作院校表示感谢！

女士们、先生们！

上个月中国召开了中国共产党第十八次全国代表大会。大会选举产生了新一届中央领导集体，指明了中国未来五年乃至更长时期的发展目标和方向，提出到 2020 年全面建成小康社会，国内生产总值和城乡居民人均收入比 2010 年翻一番；再过 30 年，到新中国成立 100 年时，建成富强民主文明和谐的社会主义现代化国家。中国的发展离不开世界，世界的发展也离不开中国。中国人民将用自己勤劳的双手去创造美好生活，也为世界的繁荣发展做出应有的贡献。中国将继续高举和平、发展、合作、共赢的旗帜，始终不渝走和平发展道路，倡导人类命运共同体意识，尊重人类文明多样性和发展道路多样化，与世界各国互利共赢、共同发展，推动人类文明进步。孔子学院是人文交流的平台和增进中外友谊的纽带，中国政府将坚定不移地推动人文交流，支持孔子学院持续发展，厚植与各国友好相处、合作共赢的民意基础。

女士们、先生们！

本届大会把"促进孔子学院融入大学和社区"作为主题，很有针对性。这使我想起古希腊的神话，英雄安泰是大地的儿子，只要身体不离开大地母亲，就拥有无穷的力量。孔子学院只有扎根当地，服务学校、服务社区、服务民众，才能为各国人民所欢迎，不断焕发生机与活力。

一年来总部多次邀请有关专家和院长，研究如何办好孔子学院。大家形成了许多共识：

第一，国际汉语教育和中外文化交流是孔子学院的核心任务。应坚持科学定位，始终以汉语教学为主体，发挥综合文化交流平台的作用，服务经济社会发展，服务中外友好合作，促进多样文明交流互鉴。

第二，服务学员是孔子学院办学的不懈追求。要逐步与所在国的国民教育体系相结合，与学生未来职业发展相结合，与帮助学生来华留学相结合，真正走进学校、社区，走进学员人生，使之学有所获、学有所乐、学有所成。

第三，提高质量是孔子学院发展的关键所在。孔子学院要适应当地学员特点和多样化需求，在提升教师、教材和教法水平上下工夫，激发学生的学习兴趣，让孔子学院越办越好、越办越精彩。

第四，中外合作是办好孔子学院的体制保障。多年办学历程表明，正是依靠中外双方的共同努力,才克服了前进道路上的种种困难。要继续坚持政府支持、社会参与、民间推动的办学方式,中外双方共建共管,实现共享共赢。

第五,特色办学是孔子学院增强吸引力的有效路径。要使多数孔子学院成为当地汉语教学中心、本土师资培训中心和汉语水平考试认证中心。有条件的积极开展高级汉语教学和当代中国研究,成为认识中国的重要学术平台。鼓励兴办以商务、中医、文学、艺术、武术、烹饪、旅游等教学为特色的孔子学院。支持发展中国家实行汉语教学与职业培训并举。

为此,总部明年起将实施7个重点项目:一是建设教师培养培训基地,支持中国高校与外方合作设立汉语师范专业,加大本土汉语教师培养力度。二是建立中方志愿者人才库,实行国际汉语教育专业硕士海外实习制度。三是实施国际汉语教材工程,成立教材指导委员会和中外专家组,支持学校和出版社开发区域性多语种教材,建立国际汉语教材资源库。四是建设网络孔子学院,建立中国语言文化国际传播数字平台,帮助各国学员用母语上网学习汉语,支持孔子学院开展远程教育。五是开展"孔子新汉学计划",联合培养新一代汉学家。六是建设一批示范孔子学院,发挥带动辐射作用。七是实施品牌工程,扩大开展"三巡"活动、"汉语桥"中文比赛,增加校长访华和学生来华夏(冬)令营规模。这些项目的实施将给各国孔子学院带来实实在在的收获。

中国《周易》中有两句流传很广的话,一句是"天行健,君子以自强不息",希望我们中外各方齐心协力,奋发有为,把孔子学院办得更好;还有一句是"地势坤,君子当厚德载物",希望我们都怀着包容学习之心,不断增进了解与友谊,为促进世界和平与人类进步作出贡献!

女士们,先生们,朋友们!

新的一年即将来临。我很高兴每年都有机会当面向你们祝贺新年。请转达我对全球400所孔子学院和535家孔子课堂师生们的祝福,祝大家新年快乐,身体健康,家庭幸福,万事如意!

谢谢!

第八届孔子学院大会主旨讲话

——携手促进孔子学院事业发展共同谱写中外人文交流的新篇章

刘延东

尊敬的各位来宾,女士们,先生们,朋友们:

大家上午好!

今天,来自全球孔子学院的中外代表欢聚一堂,隆重庆祝第八届孔子学院大会开幕,我和大家一样感到由衷的高兴。今天又恰逢中国农历"大雪"节气,谚语说"瑞雪兆丰年",这预示着孔子学院事业会越来越兴旺发达,中外人文交流将收获更加丰硕的成果。这里,我首先代表中国政府和孔子学院总部,向来自世界各地的朋友们表示热烈的欢迎和诚挚的问候!

一周前,我刚从美国和埃塞俄比亚出访归来。在美国,我与克里国务卿共同主持了第四轮中美人文交流高层磋商会议,双方确定了新一批人文交流项目,其中一项重要内容就是继续支持孔子学院发展。我还访问了乔治·华盛顿大学孔子学院,那里的教学环境非常优美,年轻人学习汉语的热情很高。在埃塞俄比亚,我访问了亚的斯亚贝巴孔子学院,感受到当地人民对孔子学院的热烈欢迎。特别是,我与穆拉图总统进行了友好深入的交流。他用流利的汉语,回顾了在北京大学和北京语言大学学习的经历,让我非常惊喜和感动。

几年来,我先后访问过20多所孔子学院,每到一处都深深感受到当地人民对孔子学院的深情厚谊。孔子学院开办到哪里,就把沟通、了解、和谐、友爱的种子播撒到哪里,落地生根、开花结果;把汉语和中华文化带到世界各国,又把不同国家的语言文化引入中华大地,书写着中外人文交流的绚丽篇章。

在中外双方共同努力下,今年孔子学院发展成绩喜人,呈现出四大亮点:一是制定并实施中长期规划。在广泛吸收中外各方意见的基础上,颁布了《孔子学院发展规划(2012—2020年)》,明确了今后一个时期孔子学院发展的总体目标和重点任务。目前,各国孔子学院都制定了各自的发展规划,边制定边实施,呈现出蓬勃发展的局面。二是师资队伍建设取得新突破。总部支持一批外国高校建立了汉语师范专业,资助80多所孔子学院设立骨干教师岗位,优选"孔子学院奖学金"来华留学生回国任教,为本土师资培养培训开辟了新渠道。今年,还组建了300人的中方专职教师队伍,加大中方教师选派规模,全球孔子学院中外专兼职教师数量增长43%,超过了《规划》确定的年度指标。三是启动实施"孔子新汉学计划"。这是提高孔子学院办学水平和影响力的一个重点项目。今年我们招收30个国家70名青年来华攻读人文社会科学博士学位,实行开门办学,允许学生在相关领域全国高校选择导师和课程,实行中国高校之间以及中国与外国高校之间学分互认,开创了中外联合培养人文交流高端人才的新模式。四是探索设立孔子学院地区中心。今年,总部选择在孔子学院数量最多的美国设立了地区中心,并在智利圣地亚哥筹建拉丁美洲地区中心。这是一个有益的尝试,有利于促进当地孔子学院之间的信息交流和资源共享,有利于加强与当地政府和社会各界的沟通交流,有利于提高孔子学院的办学质量和水平。下一步,我们将在总结试点经验的基础上,根据各地区实际情况,适时扩大设点,更好地为各国孔子学院提供服务。

从 2004 年创办至今,孔子学院已经走过 9 个年头,目前已覆盖五大洲的 120 个国家和地区,孔子学院 440 所,孔子课堂 646 个,总数超过 1000 个。孔子学院从无到有,从小到大,办学规模不断扩大,办学质量日益提高,为满足各国民众学习汉语的需要,增进中外人民之间的了解和友谊作出了重要贡献。这些成绩的取得,离不开在座各位代表的辛勤劳动和不懈努力,离不开孔子学院所在大学、当地民众以及其他有关方面的大力支持。在此,我向各位代表,并通过你们,向所有为孔子学院发展作出贡献的各国朋友,表示最衷心的感谢!

女士们,先生们,朋友们!

今年是中国改革开放 35 周年。35 年前,中国作出了实行改革开放的历史抉择,自此以来,改革使蕴藏着深厚底蕴的神州大地焕发出勃勃生机,开放让占世界人口五分之一的发展中大国深度融入了国际社会。35 年来,中国经济总量增长了 142 倍,城镇居民收入增加了 71 倍,农民人均纯收入增加了 59 倍。前不久,中国共产党召开了十八届三中全会,全面总结了改革开放以来的成就和经验,对新的历史条件下全面深化改革作出了顶层设计和系统部署,涉及经济、政治、文化、社会、生态文明等各个领域,包括 16 个部分、60 条、近 300 项重大改革举措,其范围之广、力度之大前所未有。这一轮改革的总目标是完善和发展中国特色社会主义制度,推进国家治理体系和治理能力现代化。重点是深化经济体制改革,核心是处理好政府和市场的关系,使市场在资源配置中起决定性作用和更好发挥政府作用。我们将通过加快发展社会主义市场经济、推进民主政治、繁荣先进文化、促进社会和谐、建设生态文明,让发展成果更多更公平地惠及全体人民。

促进中外人文交流是中国全面深化改革的重要内容,我们将提高文化开放水平,扩大对外文化交流,推动中华文化走向世界,同时积极吸收借鉴国外一切优秀文化成果,引进有利于文化发展的人才、技术、经营管理经验。我们将鼓励社会组织、中资机构等参与孔子学院建设,承担人文交流项目。中国政府对人文交流的高度重视和大力支持,必将为孔子学院的发展注入新的活力和动力。

当前,中国人民正在为实现全面建成小康社会和中华民族伟大复兴的中国梦而凝心聚力、努力奋斗。习近平主席提出的中国梦,就是要使中国人民得到更好的教育、更稳定的工作、更满意的收入和更可靠的社会保障,拥有更高水平的医疗卫生服务、更舒适的居住条件和更优美的生态环境。中国人民对美好生活的追求,与各国人民向往美好未来的梦想情感相通、心意相连。中国古代有句箴言,"万物并育而不相害,道并行而不相悖",说的就是这个道理。在世界成为"地球村"的今天,各国已成为你中有我、我中有你、相互依存的利益共同体、命运共同体,实现中国梦不仅会给中国人民带来更多福祉,而且将为世界繁荣进步创造更多机遇,开辟更加广阔的互利共赢合作空间。中国人民希望通过实现中国梦,与各国人民一道携手,共圆世界和平发展的繁荣梦。

孔子学院作为人文交流的有效载体和增进中外人民友谊的重要平台,是联通中国梦与各国梦、世界梦的桥梁和纽带。今年 5 月 30 日,习近平主席亲笔致信祝贺美国加州大学戴维斯分校孔子学院成立,信中强调,了解和学习对方的语言文化,有助于增进人民相互了解和友谊,推动国家关系发展,希望有关机构密切合作,切实办好孔子学院,为推动教育文化交流、促进国家关系发展作出积极贡献。习近平主席的贺信,不仅是对加州大学戴维斯分校孔子学院的美好祝愿,也是对全球所有孔子学院的鼓励和期望。今后,中国政府和人民将一如既往地坚定支持孔子学院事业发展!

女士们,先生们,朋友们!

大会开幕式前,总部理事会用了 2 个小时开了一个很好的会议,中外理事对总部今年的工作和明年计划给予了充分肯定,一致赞成本届大会的主题和分论坛议题,认为与过去相比,今年大会更加注重交流成功案例和经验,更加注重探讨提高办学质量和水平。相信通过大家的共同努力,大会一定能取得圆满成功,为促进孔子学院在新起点上实现新发展发挥重要作用。下面,我就明年孔子学院发展谈几点想法,与大家交流。

第一,切实加强汉语教学,不断扩大服务范围。满足各国人民学习汉语的需求,是孔子学院的首要任务。要继续扩大汉语教学规模,注重提高汉语教学质量,特别是要加强骨干教师的培养培训,帮助各国更多大学开办汉语师范专业,大力培养本土教师。要加强精品教材建设,重点支持各国孔子学院编写知识性、趣味性、适用性强的本土教材。要借助网络化、数字化、信息化等现代技术手段,加快教学法改革创新。近一两年来,大规模、开放式在线教学"慕课"热(MOOCs)正在全球范围兴起,很多专家学者认为,这是当代教育面临的一场革命,有利于扩大优质教育资源覆盖范围,提高师资效益,激发受众的学习兴趣。要大力提倡和推动孔子学院引入"慕课"教学模式,为各国民众提供更便捷、更优质的汉语教学服务。

第二,努力深化合作内涵,提高中外人文交流水平。随着中国与世界各国交流与合作的不断深入发展,各国人民希望了解一个真实中国的愿望日益强烈。孔子学院作为中外合作的综合文化交流平台,在展示一个真实的中国方面具有得天独厚的优势。我们将继续实施"孔子新汉学计划",扩大招收外国青年来华攻读人文社科博士学位,开展"理解中国"和"青年领袖"等访问研修项目,支持孔子学院及其所在大学翻译出版中华文化书籍,重点扶持一批研究型孔子学院,鼓励其深入开展中华文化研究;同时我们也希望孔子学院能积极向中国介绍各国的优秀文化成果,帮助引进有利于中国教育、文化等发展的人才、技术和管理经验,为促进中外人文交流、推动多元文明包容互鉴作出贡献。

这里我想与大家分享一个故事。去年4月,我出席英国奥斯特大学孔子学院揭牌仪式时,北爱尔兰省副省长乔纳森·贝尔先生提出一个请求,他夫人曾祖父的曾祖父约瑟夫·亨特先生,1869年春天携夫人一起来到中国营口,第二年他的夫人就因病去世了,但他仍然坚持在东北一带行医办学长达15年,1884年病逝于上海。贝尔先生希望中方协助查找亨特先生在中国工作生活的记录及其夫人的墓地。我把这件事情交给汉办,汉办联合沈阳师范大学、大连外国语大学等单位,派专人用了半年多时间,终于找到了亨特先生曾在营口开办诊所和居住的地方,但是很可惜至今还未找到他夫人的墓地。今天,贝尔先生作为奥斯特大学孔子学院理事长,也来到了大会现场。这个事例告诉我们,孔子学院能够通过人文交流加深中外人民之间的友谊,创造和演绎人与人、心与心交流新的传奇!

第三,精心打造文化品牌,增强孔子学院的吸引力和凝聚力。孔子学院属于中国,更属于世界,是一张中外文化交流的亮丽名片。办好孔子学院,离不开丰富多彩的文化活动作为支撑。近年来,各国孔子学院结合所在国家实际,融合中外文化元素,开展了一系列当地民众喜闻乐见的文化活动,受到各方面广泛好评。明年是孔子学院成立10周年,这是全球孔子学院的一件大事。各国孔子学院纷纷提出,希望设立"孔子学院日",作为全球孔子学院共同的节日。今年下半年,总部已经在德国、奥地利、荷兰、比利时和斯洛文尼亚等国家,试点开展了"孔子学院日"活动,受到当地民众的热烈欢迎,为明年在全球开展提供了宝贵经验。我们要本着自愿和节约的原则,因地制宜,突出特色,把"孔子学院日"活动精心组织好,进一步增强孔子学院的吸引力和影响力,同时提升这个世界大家庭的凝聚力和认同感。

　　第四，加强管理队伍建设，为孔子学院发展提供坚实保障。中国有句俗语，"鸟无头不飞，兵无将不勇"。建设一支优秀的管理者队伍特别是院长队伍，是孔子学院事业蓬勃发展的基础性工程。长期以来，广大中外院长爱岗敬业，默默耕耘，真诚奉献，为孔子学院发展作出了重要贡献。面对新的形势和任务，我们要进一步加强院长队伍建设，促进院长培养培训的制度化规范化，推动各国院长交流与合作，帮助院长提高素质，更好发挥管理和示范作用。根据《孔子学院发展规划》，总部初步考虑要建设"孔子学院院长学院"，每年轮训中外院长和骨干教师，同时为各国汉学家来华研究提供服务。学院将实行理事会决策管理机制，聘请中外优秀专家学者担任教师。我相信，在各位校长、院长和社会各界的大力支持下，我们一定能够建设好院长学院，使之成为各国孔子学院在中国的"家"，成为中外文化荟萃和人文交流的重要基地。

　　女士们，先生们，朋友们！

　　孔子学院是中外双方真诚合作的结晶，是中外人文交流史上的一大创举。中国古代经典《周易》有句名言，"二人同心，其利断金"。让我们携起手来，用我们的热诚和执著，把孔子学院办得更好，为促进中外人文交流、推动人类社会的繁荣发展和文明进步作出更大贡献！

　　新的一年即将到来，衷心祝愿各位朋友新年快乐、身体健康、家庭幸福、万事如意！并请各位转达我对全球孔子学院、孔子课堂广大师生的亲切问候和良好祝愿！

第一届世界华文教育主题讲话

——抓住机遇,凝聚力量,推动海外华文教育大发展

赵 阳

尊敬的各位来宾,女士们,先生们,朋友们:

大家好!

本月初,祖国母亲刚刚度过六十华诞,海内外炎黄子孙无不欢欣鼓舞。在这万民同庆,举国欢腾的日子里,第一届世界华文教育大会在美丽的成都开幕了。六十春秋,甲子轮回。与祖国母亲一样,华文教育也迎来了一个新的历史发展时期。如何抓住机遇,凝聚力量,推动华文教育大发展,我相信海内外业界都在思考这一问题。这也是我们召开本世界华文教育大会的目的之所在。

今天,出席大会的代表共有 400 余位,分别来自世界五大洲的 37 个国家和地区。其中既有中国政府的官员,也有国内华文教育基地院校的专家学者,更有海外华侨华人社团的侨领、华教组织的负责人,以及在一线从事教学的华文教师。这里要特别强调的是,印度尼西亚国民教育部和加拿大多伦多市教育局也选派了多位代表专程赶来参加大会。可以说,本届大会代表来源地域广泛,界别多样。在接下来的两天时间里,代表们将围绕大会主题,充分沟通情况,交流经验,研究问题,商讨措施。我希望大家集思广益,畅所欲言,把本届大会开成一个生动活泼,积极向上,成效显著的大会。

女士们,先生们!

中华文化是中华民族几千年历经磨难而奋斗不息,备尝艰辛而顽强不屈的强大精神动力,是维系华侨华人与祖(籍)国联系的桥梁和纽带。发展华文教育,是广大华侨华人传承弘扬中华优秀文化、保持民族特性的有效手段,对于促进中外友好交往,促进人类文明的多元化进程也具有十分积极的意义。

近年来,随着中国综合国力的增强,中文在国际交往中的地位和作用也日益凸显。海外华文教育也呈现出一些新的特点。主要表现为:一、世界范围内的"中国热"、"汉语热"持续升温。这种"热"不仅体现、存在于华侨华人社会,许多国家的政府部门对华文教育也给予了理解和支持;二、华侨华人社会较以往任何时期更加关心、关注华文教育的发展;三、华文教育的对象与结构发生较大变化。除传统的教育对象外,被领养中国儿童和非华裔学生在华校学生结构中的比重越来越大。总之,华文教育的时代特征更加明显。

面对新的形势,新的变化,中国政府和社会各界,对华侨华人子女的华文教育问题都十分关注。2004 年 3 月,胡锦涛主席在全国政协联组会上,就加

强华文教育工作问题做出了重要指示。2008 年 5 月,他又专程视察日本横滨山手中华学校并发表重要讲话。这是中国国家主席首次到访海外华文学校,充分体现了中国政府高度重视华文教育工作,高度关心海外华侨华人的生存与发展。

为贯彻落实胡锦涛主席的指示精神,2004—2008 年间,由中央多个部门组成的中国"国家海外华文教育工作联席会议"成立并先后实施、制订了2004—2008、2009—2012 年工作规划;中央财政和地方财政对侨务工作经费投入大幅增长;中国华文教育基金会募集的过亿资金全部用于华文教育项目,这些都为华文教育的长足发展提供了有力的物质保障。此外,国家汉办在向国外主流社会开展汉语国际推广的同时,也尽力满足华侨华人社会的需求,"孔子课堂"、教师培训、汉语水平考试等项目落户华文学校,广大华文教师和华裔学生从中受益;国内几十所华文教育基地院校充分发挥人才和地域优势,在华文教育诸领域为海外华文教育提供了形式多样、内容广泛的帮助与支持。

广大华侨华人社会对华文教育也十分重视。为了让子女记住自己是炎黄子孙,记住自己的"根",不数典忘祖,海外华侨华人社会进行了不懈努力,大家有钱出钱,有力出力,把华文教育当做华人社会的"留根工程"、"海外希望工程"来抓。华人社会捐资助学,兴办华文教育的热情更是空前高涨。

经过多方努力,海外华文教育工作近年取得了很大进展。但我们也注意到,长期以来困扰华文教育发展的很多问题依然没有得到很好的解决。在一些国家开展华文教育的外部环境仍有待改善;华校办学经费严重缺乏;师资队伍不稳定,专业教师不足且年龄偏大;适合当地国情、校情的"本土化"教材缺乏,课外读物、教辅读物数量不足,等等。

为尽快解决上述问题,使海外华文教育实现跨越式发展,下一步国务院侨办将会同有关部门着力在以下领域开展工作:

一、进一步加强与华侨、华人住在国政府和主流教育部门的沟通与合作,取得他们的支持与理解,为广大华侨、华人开展华文教育创造良好的政策环境和更大的发展空间。

二、加强与"国家海外华文教育工作联席会议"各成员单位和国家汉语国际推广领导小组办公室的沟通与协作,最大限度地调动各方面的积极性,为海外华文教育的发展争取更多的支持和帮助。

三、进一步加大对华文教育人力、物力的投入,尽最大努力满足海外华文教育界的多样化需求。与此同时,充分发挥中国华文教育基金会的作用,广募社会资金,为海外华文教育的发展提供资金保障。

四、在海外建立一批"华文教育示范学校",并在经费、图书、师资等方面予以重点支持,以点带面,辐射周边,加快海外华文学校整体教学理念和管理模式的转变,进而提升当地华文教育的整体水平。

经驻外使领馆推荐,今年共评选出了 58 所"华文教育示范学校",稍后我们将为这些示范学校举行授牌仪式。今后,国务院侨办和中国海外交流协会将根据华文教育的发展情况,按照"成熟一批,评选一批"的原则继续进行示范学校的评选工作,希望今后有更多的华文学校加入到示范学校行列中来。

这里我要特别说明的是,在示范学校的建设方面,中国华文教育基金会给予了大力支持。日前,基金会为支持示范学校建设而筹措的近 600 万资金已经到位,这笔捐款主要来自雅居乐地产控股有限公司。据悉,该公司董事局主席陈卓林先生已先后为中国华文教育基金会捐款 5000 余万元。在此,我建议大家以热烈的掌声对陈卓林先生的善举表示感谢。

五、进一步规范海外华文教师培训工作,制订培训大纲和培训计划,把华文教师培训与能力测试、资质认证结合起来,建立培训、考核、认证"三位一体"的华文教师培训机制。

六、依托华文教育基地院校的专业力量和学科优势,有计划地对海外华文教师开展学历培训,为重点国家和地区的华校打造一支具有本、专科学历水平的骨干教师队伍。

今年,我们依托辽宁师范大学、湖南师范大学、云南师范大学和暨南大学,已经启动了对加拿大、印尼、泰国、缅甸、菲律宾等国 480 位华文教师对外汉语专业或华文教育专业的学历培训工作,通过三至四年的学习,期满考试合格后这些学员将获颁上述专业的学位。

七、进一步丰富、健全海外华文教育教材体系。通过四到五年的努力,基本建立起由幼儿至初中,包括汉语言及中华文化和教师培训的华文教育教材体系。

八、全面开展"中华文化知识竞赛"、"中国寻根之旅"夏(冬)令营等适合华裔青少年年龄特点和生理特点的活动,激发其学习民族语言文化的兴趣,增强其民族自信心。

九、充分发挥中国华文教育网站的作用,完善栏目设置,丰富网站内容,提高办站质量,将中国华文教育网打造成海外华文教师研讨教学、提高能力的"网上学校",华裔学生学习语言、了解中华文化的"网上乐园"。

十、加强华文教育现状研究,促进华文教育可持续发展。

总之,支持和帮助华侨、华人朋友发展华文教育,促进华侨华人社会和谐发展,是国务院侨办义不容辞的责任。我们愿在尊重不同国家、地区、民族的相关法律、政策和习惯的前提下,为海外华侨、华人朋友创办的一切合法的教育形式提供必要而适当的帮助。

各位代表，女士们，先生们！

华文教育是海内外炎黄子孙共同的事业。搞好这一事业，既要靠中国政府和社会各界的支持，更要靠华侨、华人社会的努力和华校师生的自强，海峡两岸在这一问题上更是有较多合作空间。为此，我提出四点建议与各位共勉。

一、华侨、华人社团、华教组织要充分发挥组织、领导作用，为当地华文教育发展提供有力的物质支持和精神支撑。

众所周知，华文学校是依靠社团和华教组织办学的。有人说"华社是华教之母"，"华社是华教的发动机"，华社和华教组织在推动华文教育发展方面的作用可见一斑。我认为，华社和华教组织的作用主要体现在：集合华侨、华人力量，为华校办学提供经济支持和物质保障；代表华侨、华人社会、华文学校与政府沟通、联络，争取政府支持；与各教育团体、机构、组织开展业务交流与合作，提高教学水平，等等。可以说，没有华社和华教组织的支持、推动，华文教育很难有今天繁荣的局面。

但是，毋庸讳言，广大华社和华教组织的作用仍未得到充分发挥。尽管这几年海外华社对华文教育重要性的认识有了提高，对华文教育支持的力度也有所加大，但"等"、"靠"、"要"的现象在一些地区的华社中还比较普遍。比如，华校发展遇到问题、提出新的需求时，有的华社便把这些问题和需求直接转回国内，希望有关部门提供帮助，而不是想办法创造条件自行加以解决；在华校办学资金遇到困难时，当地有实力的侨商、侨领予以的帮助和扶持还有待加强。我们认为，要推动新时期的华文教育大发展、大繁荣，仅靠中国政府部门的投入和支持，显然是杯水车薪。因此，我呼吁，广大华社和华教组织要充分发挥主动性，调动华人社会广泛参与华文教育的积极性，把对华文教育重要性的认识转化为积极参与、支持华文教育的自觉行动，有钱出钱，有力出力，团结一致，共同努力，只有这样，华文教育才能迎来蓬勃繁荣的美好明天。

二、国内华文教育基地院校和海外华文教育示范学校要加强合作，发挥"基地"和"示范"的作用，以促进海外华文教育整体水平的提高，实现可持续发展。

为适应华文教育形势发展的需求，自 2000 年至今，国务院侨办陆续在全国遴选、建立了 30 个"华文教育基地"。这些基地在开发、编写华文教材，为海外各级各类华校培训教师，选派教师到海外任教，招收、培养华裔子弟学习中国语言文化，接待华裔青少年夏令营团队，开展华文教育现状调查研究等领域发挥了积极的作用。

为促进新时期海外华文教育的大发展，从今年起，国务院侨办和中国海外交流协会将在华侨华人聚居国遴选一批办学场所相对固定,办学水平较高,在当地较有影响的华文学校,支持、建立"华文教育示范学校",以点带面,加快海外华文学校整体教学理念和管理模式的转变,从而促进当地华文教育整体水平的提高。

本次大会为国内的基地院校和海外的示范学校提供了一个相互了解、交流合作的良好机会。希望你们充分交流,因校制宜,优势互补,抓住机遇,加强合作,为促进海外华文教育整体水平的提高,推动海外华文教育的大发展,发挥你们基地和示范的作用。

三、海外华文学校要加强自身管理,提高办学水平。

管理水平、教学水平的高低,决定着海外华文学校的生存与发展。外华校大概可分为四类:一是多年坚持办学的老侨校,规模较大,条件较好,多属全日制;二是近几年新移民开办的中文学校,多是周末制,校舍不固定,多租用当地主流学校校舍;三是补习班性质的学校,规模较小,校舍同样为租用,有的就在家庭上课;四是原来为侨校,后来被当地政府接收,纳入本国教育体系。

上述这些类型的学校,都是特定的国情、侨情下的产物,不同类型的学校,管理模式自然不同。但不管哪种类型的学校,随着华文教育的发展,规模都在扩大,这也从另一方面对华校的管理提出了新的挑战。单纯依靠过去的老经验、老办法,已难以适应新形势的要求。各类华校要利用现代管理思想,逐步建立科学的管理模式。

在世界各国中,马来西亚的华校办得最为成功。这是因为马来西亚有董总、教总这样的"民间教育部"为当地华校制订统一的华文教育发展规划,提出规范的办学目标和方向。我相信,由于国情不同,各国华文学校管理和运营的经验也不尽相同。实践出真知,希望大家在这次会上充分交流,取长补短,共同探讨海外华校管理的规律,摸索出华校管理的思路,从而提高华校的办学水平,提升华校的竞争能力。

四、海峡两岸应求同存异,加强合作,共同促进华文教育大发展。

台湾海峡两岸同源、同种、同文,都肩负着弘扬中华优秀文化的历史使命。长期以来,台湾地区的华文教育者为海外华文教育的发展付出了很多努力。他们为海外华校编印和赠送教材及图书资料,帮助他们改善办学条件,招收优秀华裔学生到台湾地区学习深造,为海外华校培养了一批宝贵的师资。虽然海峡两岸在一些方面存在分歧,但在帮助华侨华人在海外生存、发展,推动和促进中华文化在世界传播的问题上,我们有较多的共识和较强的互补性。作为中华民族大家庭的组成部分,海峡两岸既然可以在经济、科技、文化、体育方面进行交流与合作,也完全可以在华文教育领域加强交流与合作,共同推动华文教育事业的发展。

各位嘉宾,各位代表!

中华文化是凝聚、支撑中华民族绵延发展的精神支柱,是全球炎黄子孙相拥相依的纽带。发展华文教育不仅是中华民族语言、文化在海外薪火相传的需要,更是增进海内外炎黄子孙民族向心力、凝聚力,提升中华民族整体形象和实力的需要。让我们团结起来,抓住机遇,乘势而上,共同推动海外华文教育的大发展。古人云"众人拾柴火焰高",有海内外各界的帮助和支持,加上我们华文教育界的自身努力,相信海外华文教育必将迎来光辉灿烂的明天。

祝大会圆满成功,祝各位代表身体健康,事业有成!

谢谢大家!

第二届世界华文教育主题讲话

——抓住机遇，凝聚力量，共谋发展

赵　阳

各位来宾，女士们，先生们，朋友们：

大家好！

两年前，我们在成都相约第二届世界华文教育大会再见。今天，我们如约而至，相聚西安，共商华文教育发展大计。本届会议的主题仍然是研究如何凝聚力量，促进海外华文教育大发展。这是因为当前华文教育面临着从未有过的发展机遇，形势喜人，形势逼人。

今天，出席大会的代表有近 600 位，分别来自世界五大洲的 37 个国家和地区。在此，我代表大会主办、承办单位再次向远道而来的各位朋友表示热烈欢迎！希望大家能利用这次宝贵的机会畅所欲言，认真研讨，共同谋划海外华文教育发展的美好未来。

本届大会距上一届大会整整两年。两年时间里华文教育发展的内外环境都发生了很大的变化，主要是：

一、世界范围内的"中国热"、"汉语热"继续升温，华文教育的外部环境不断改善。这种"热"不仅体现、存在于华侨、华人社会，许多国家的主流学校也开设了汉语课。这些国家的政府和教育部门越来越关注主流教育之外的华文教育和华文学校，并主动与我们接触，希望加强合作，共同搞好当地的华文教育。

二、华侨华人社会发展华文教育的热情空前高涨，对国内的各类需求不断增加。随着中国海外新移民数量的不断增加，华裔适龄儿童的绝对数量也在不断攀升，华文教育的规模、内容与形式都在不断扩大和丰富，在相关领域的各类需求急剧增加，海外华校迫切希望得到国内的支持与帮助。同时，海外华侨华人社团以及热心人士对华文教育的捐助和支持力度前所未有。他们的善行义举，为海外华文教育持续发展提供了强劲动力。

三、华文教育对象结构呈现多元化趋势。在海外华校中，第二代、第三代华裔子弟数量继续增长的同时，第一代华侨华人新移民子女的数量增长更明显；不具备汉语家庭背景的华裔学生，如被领养中国儿童在华校学生结构中的比重逐渐增大。此外，由于华校管理严格，以及在汉语教学方面的独特优势，非华裔学生比例也在提升，在东南亚一些国家，有的华校非华裔学生比例已经占到了在校生的三分之一到一半。

　　四、华文教育的办学模式正在悄然发生变化。随着经济实力的增长,欧美地区新移民创办的中文学校开始自筹资金购买或建设校舍。办学条件的改善,也促使这些华校在办学模式、教学管理等方面发生新的变化。新移民子女回流到国内中小学跟班就读的现象在中国东部沿海地区也初显端倪,如浙江温州市侨办和温州少儿艺校创办的全国首个全日制"华文教育艺术特色班"(小学 6 年制)即是一个很好例证。

　　总之,随着全球经济的发展与融合,华文教育的时代特征愈加明显。

　　中国政府和社会各界对华侨、华人子女的华文教育问题历来十分关注并给予了大力支持。国家主席胡锦涛多次就侨务工作和华文教育工作发表重要讲话并专程视察海外华校。国家副主席习近平在"2010 年海外华裔及港澳台地区青少年'中国寻根之旅'夏令营"开营式上也对海外华文教育提出了新的希望和要求。"国家海外华文教育工作联席会议"成员单位多次组团赴华文教育重点国家考察,多形式、多渠道给予海外华文教育支持和帮助,尤其近几年中央财政对华文教育工作的经费投入有了大幅增长。今天联席会议各成员单位都选派了代表出席会议,聆听海内外华文教育界的呼声与需求。地方人民政府,如北京、重庆、四川、云南、安徽、湖北、甘肃等省(市)与国务院侨办签署共建协议,承诺加大投入,做好华文教育工作。国家汉办在向外国主流社会开展汉语国际推广的同时,尽力满足华侨、华人社会的需求,"孔子课堂"、教师培训、汉语水平考试等项目落户华文学校,让华校师生从中受益。此外,中国华文教育基金会两年来募集资金 2 亿多元,全部用于华文教育项目;国内 30 余所华文教育基地院校充分发挥人才资源优势,在很多领域为海外华文教育提供了形式多样、内容广泛的帮助与支持。上述这些都为海外华文教育的发展提供了良好的环境和坚实的保障。

　　朋友们!

　　因应海外华文教育形势的发展变化,两年来,国务院侨办在力所能及的情况下,为促进海外华文教育发展也做出了积极努力,取得了明显的效果。这里,不妨让我们做一简单回顾:

　　一、华文教育工作合作机制形成,国家财政对华文教育投入加大。

　　国务院侨办与"国家海外华文教育工作联席会议"成员单位、国家汉办精诚合作,资源共享,效果显著,共同开展海外华文教育工作的机制已经形成。中央财政、地方财政对华文教育的投入力度明显加大,中国华文教育基金会作为政府主渠道补充的作用开始显现,海外华文教育发展所需资金有了较为可靠的保障。

　　二、与华侨、华人主要居住国政府教育部门的合作顺利,华文教育环境日趋宽松。

两年来,国务院侨办先后与加拿大多伦多市教育局、澳大利亚北悉尼教育局或续签或新签华文教育合作协议,与印尼国民教育部校外教育司达成合作意向;支持广西南宁华侨学校和华侨大学与泰国清莱市政府、普吉市政府签署华文教育合作协议并付诸实施;资助华侨大学为泰国、印尼、菲律宾等国政府培训高级汉语人才。这些举措都为当地华文教育的长期、可持续发展打下了较好的基础。今天,上述合作单位都选派了代表专程赶来参加大会。

三、"海外华文教育示范学校"建设开局良好。

2009年,首批58所海外华文教育示范学校挂牌,今天46所华校又荣膺第二批"示范学校"称号。今后,国务院侨办和中国海外交流协会将根据发展需要,本着"成熟一批,评选一批"的原则继续开展示范学校的评选工作,希望有更多的华文学校加入到这一行列中来。

这里我要特别说明的是,示范学校建设得到了中国华文教育基金会的大力支持。2009年,基金会给予了首批示范学校580万元的资助,今年他们又拿出430万元资金支持第二批示范学校建设。在此,我提议大家以热烈的掌声向中国华文教育基金会以及所有支持海外华文教育发展的热心人士表示感谢。

四、海外华文教育主干教材体系建设基本完成,"本土化"教材项目陆续启动。

去年和今年,我们在修订有关教材的同时,又先后完成了华裔青少年夏令营系列教材和华文教师培训教材的编写、出版工作。至此,我们已经完成了从幼稚园到初中,从夏令营到师资培训,从语言到文化的海外华文教育主干教材体系的建设工作。

在此基础上,"本土化"教材的编写工作陆续启动。目前,适用印尼华裔幼稚园的《娃娃学华语》教材已经出版发行,配套学习机的开发工作也已完成;面向东南亚地区幼儿华文教师的培训教材,适用于意大利、西班牙地区周末制学校的中文教材,适用于缅甸、泰国北部地区全日制华校使用的华文教材的立项工作均已启动,后续编写工作我们将诚邀海外华文教师参与其中。

五、华文教师培训规模进一步加大,培训手段、内容更加丰富。

通过"请进来"、"走出去"等方式,两年来国务院侨办培训海外华文教师近2万人次。依托基地院校开展海外华文教师华文教育专业本科、硕士研究生教育和对外汉语本、专科函授学历教育。目前学历教育的规模已达一千余人。培训形式已由过去的短期培训为主过渡到现在的长期与短期、学历与非学历、面授与函授、幼儿与中小学、教师与校长多形式、多层次相结合的培训框架。

培训内容更是覆盖到从语言本体到华文教育理论,再到文化才艺、教育心理、学校管理等多领域、多学科。

六、海外华文教师教育教学水平测试系统开发及教学能力认证工作进展顺利。

华文教育的对象、目的决定了华文教师是一个特定的汉语教育群体。他们不同于对外汉语教师,也不同于国内的语文教师。华文教师应具备什么样的业务素质,是关系到华文教师队伍建设乃至华文教育发展的大问题。历届华文教育研讨会都有代表提议,有必要根据华文教育自身特点,制订华文教师执教标准,颁发教学能力等级证书。2010 年,国务院侨办正式确定开展海外华文教师教育教学水平测试系统开发及教学能力认证工作。目前,这一工作进展顺利,有关论证、立项工作已经完成。受国务院侨办委托,有关单位和专家正在起草测试大纲,设计测试方案。该项目争取 2012 年内完成,2013 年在海外开始测试。

七、外派教师待遇提高,规模扩大,海外华校负担得以减轻。

囿于财力,长期以来,国务院侨办外派教师规模每年只有百余人,待遇也不高,工资还由中外双方共同负担。自 2010 年起,国务院侨办较大幅度地提高了外派教师待遇,而且工资全部由国务院侨办承担,这在很大程度上减轻了海外华校的负担。外派教师规模也扩大至现在的每年 400 余人。

八、华裔青少年活动丰富多彩,侨力资源得到有效涵养。

以"中国寻根之旅"、"中华文化知识竞赛"、"中华文化大乐园"等为龙头品牌的海外华裔青少年活动丰富多彩,每年有数以万计的华裔青少年从中受益。这些活动计有:中国寻根之旅夏令营、海外优秀华裔青少年夏令营、中国武术和民族舞蹈夏令营、外国人领养中国儿童夏令营、海外华裔青少年中华文化知识竞赛、世界华人少年作文比赛、海外华裔青少年中华经典诵读大赛、海外华裔青少年规范汉字书写大赛等等。广大华裔青少年通过参加这些中华文化体验活动,培养了学习中华文化的兴趣,增进了对祖(籍)国的了解,加深了他们与祖(籍)国的感情

但是,这些成绩取得的同时,我们也清醒地认识到,长期以来困扰海外华文教育发展的许多问题仍然没有得到根本的解决,如:开展华文教育的外部环境仍有待改善;华文学校办学经费短缺,校舍简陋甚至没有自己的校舍,教学条件十分艰苦;华文教师队伍不稳,整体教育教学水平有待进一步提高;适合当地国情、校情的"本土化"教材严重缺乏,教辅读物数量不足,教学手段单一;华裔青少年学习中文畏难情绪大,学习兴趣不高;等等。

我们认为,上述问题的解决需要中国政府的支持,更需要社会各界和华人

社会的共同努力。根据日前召开的全国侨务工作会议对新时期海外华文教育工作的部署和要求，结合海外华文教育发展面临的形势、存在的问题，国务院侨办就今后一个时期海外华文教育的发展做出了一些安排和考虑，借此机会与大家做些沟通，希望得到大家的帮助和支持。

一、抓住机遇，全力营造有利于华文教育可持续发展的外部环境。

随着中国国际影响力和国际地位不断提升，双边、多边关系不断改善和发展，国务院侨办将紧紧抓住当前难得的历史机遇，根据海外华文教育发展的实际情况和不同国家、地区的特点，有计划、有针对性地继续加强与华文教育重点国家政府教育部门的沟通与合作，争取他们给予华文教育更多的理解与支持。此前，国务院侨办和中国海外交流协会在这一方面已经先试先行，并取得了积极效果。我们希望并支持有条件的省市侨办、基地院校走出去，以多种方式与华侨、华人住在国政府教育部门和主流学校开展华文教育合作，经过五年或更长一段时间的努力，争取能与华文教育重点国家逐渐形成政府之间、院校之间多形式、多层次的华文教育合作机制，为华文教育的可持续发展营造更为有利的外部环境。

国家汉语国际推广工作的开展和"孔子学院"建设步伐的加快，带动了世界各国"汉语热"持续升温，让更多的外国人了解了汉语，了解了中华文化，客观上为华侨、华人传承和弘扬优秀中华文化创造了良好环境。在这一过程中，国家汉办在"孔子课堂"建设、汉语教材提供、师资培训等领域也给予了海外华文教育大力支持。在此，我们希望今后能得到汉办更多的帮助与指导。

二、争取各方支持，为海外华文教育事业的大发展提供资源保障。

"以人为本，为侨服务"是国务院侨办的一贯宗旨，做好华文教育工作我们责无旁贷。今后一段时期，国务院侨办除加大力度，继续做好赠送教材、培训师资、举办夏(冬)令营、增派外派教师等常规工作项目外，我们还拟采取如下措施给予海外华文学校以更大的帮助：(1) 本着"成熟一批，建设一批"的原则，争取5年内建设300所华文教育示范学校，并给予重点扶持；(2) 每年有计划、有步骤地资助一批贫困华校，帮助其改善办学条件；(3) 每年帮助200所华文学校建立"育侨中文图书室"，并为之配置一批适用的中文图书及音像制品；(4) 资助、支持全国性或地域性的华文教育组织改善工作条件，提高服务质量，增强凝聚力。

各省市侨办，特别是已经与国务院侨办签署共建协议的省份的侨办，要积极争取当地财政支持，加大经费投入，加强对外联系，为海外华文教育事业的发展倾心尽力。中国华文教育基金会要秉承"弘扬中华文化，发展华文教育事业"的宗旨，扩大宣传，广募资金，提高社会影响力和公信力，为海外华文教育提供必要的资金保障,真正成为华文教育工作主渠道的有力补充。

国内华文教育基地院校要充分发挥"基地"作用,加强与海外华文学校的联系,与之建立对口帮扶关系,协助其解决师资、教材、教法等方面的困难,帮助其提高办学水平。国务院侨办鼓励国内基地院校因校制宜,策划、制订切实可行的帮扶计划和合作项目,并对此将给予必要的支持。全国侨务系统五院校,即暨南大学、华侨大学、北京华文学院、昆明华侨学校、南宁华侨学校,更要秉承为侨服务的宗旨,全心全意帮助海外华文学校实现又好又快发展。

三、开展海外华文教育情况普查,加强华文教育理论研究,为开展工作提供科学的决策依据和理论指导。

海外华校办学模式复杂多样,师资水平高低不同,没有统一的教材、教学大纲,更没有统一的测评考核机制。此外,华文教育的教学规律、教学模式、教学方法、教学目的等都迥异于第一语言教学和第二语言教学。面对"杂象丛生"的海外华文教育现状,如何有的放矢地开展工作,需要相应的理论支撑和科学指导。今后,我们将充分发挥华文教育基地院校的专业优势,对海外华文学校进行全面摸底普查,并组织专家对海外华文教育现状进行科学分析,尽快研究出一批理论成果,以指导华文教育工作科学、有序推进。此项工作希望得到国内基地院校专家和海外华校、华教组织的大力支持。

四、加强"本土化"、多样化教材体系建设,加大教辅读物、教辅材料的编写、研发力度。

由于受国家政策、生活习惯、语言环境、文化背景及学时学制的影响,海外华文教育办学模式多种多样,对华文教材的需求千差万别。国务院侨办经多年努力,基本完成了华文教育主干教材的编写出版工作,很大程度上满足了海外华校教材方面的"温饱需求"。但是,这些教材的缺陷是,"通用性"有余,"本土化"特点不足,教学挂图、识字卡片、视听音像、测试题库、教学辅导等教辅材料未能配套。此外,可供教学使用的中国历史、地理、文化及书法、绘画、武术、舞蹈、手工、民乐等教材,也有待进一步开发。

针对这一现状,国务院侨办将在充分调研的基础上,根据不同国家和地区的个性化需求,按照轻重缓急、有序推进的原则,大力实施"本土化"、多样化教材及教辅读物、教辅材料的编写、研发工作,争取用五年左右的时间,完成国务院侨办"本土化"、多样化教材体系建设工作。

五、规范、完善海外华文教师培养、培训机制,扩大外派教师规模。

多年来,国务院侨办通过多种方式,大力开展海外华文教师培养、培训工作,但囿于经费,海外华文教师问题仍未得到根本解决。今后国务院侨办将采取系列措施,加大投入,扩大规模,尽快破解难题。一是通过提供奖、助学金方式,每年招收相当数量的海外优秀华裔高中毕业生和具有本科学历的在职华文教师到暨南大学、华侨大学就读全日制华文教育专业本科、硕士研究生,毕业后返回居住国继续从事华文教学工作;二是大力开展在职华文教师汉语言或对外汉语专业的函授学历教育;三是继续通过"请进来"、"走出去"等方式,对海外华文教师开展包括语言基础知识、教育教学理论、文化历史常识等课程的系统培训,并扩大培训规模;四是把华文教师培训与能力测试、认证结合起来,尽快建立起培训、考核、认证"三位一体"的华文教师培训机制;五是进一步扩大外派教师规模,加大教学督导类人员的外派比例,使外派教师工作以输血功能为主向提高华校自身造血功能为主转变。

六、研发海外华裔青少年华文水平测试系统。

目前,针对外国人学汉语,国家建立了汉语水平测试机制,即大家熟悉的"HSK"考试,华裔青少年也多有参加。但是,华裔青少年在语言环境、学习目的、学习方法等方面与外国人都有很大区别。为激发海外华裔青少年的学习兴趣以及检验我们的华文教育效果,根据专家的意见和建议,国务院侨办决定组织力量研究、制订海外华裔青少年"华文水平测试系统"。目前,这一项目的前期调研、论证工作已经展开,争取 2013 年在海外开始测试。

七、开展丰富多彩的中华文化体验活动,让更多的华裔青少年受益。

如前所述,为激发华裔青少年学习中国语言文化的兴趣,增进其民族向心力,国务院侨办每年都组织形式多样的活动,吸引了数以万计的华裔少年参加。今后一段时期,我们将继续做大做强常规工作项目,不断创新工作手段,丰富工作内容,着力做好新时期的海外华裔青少年工作。

(一)继续策划、举办以"中国寻根之旅"为品牌的各类华裔青少年夏(冬)令营活动,并在丰富内容、强化效果上狠下工夫,加大创新力度,不断推出一些华裔青少年喜闻乐见、参与性、互动性强的新项目,使他们愿意学、学得进、学得好。

(二)全面推广中华文化知识竞赛,举办世界华裔青少年"中华文化知识大赛"活动。自 2008 年以来,国务院侨办先后在 20 多个国家举办了三届"海外华裔青少年中华文化知识竞赛"活动,共有近 10 万名华裔青少年参加,取得了很好的效果,受到华校师生的普遍赞誉。第二届竞赛的总决赛将于今晚在西安电视台广电中心举办,来自 14 个国家的近百名选手参加决赛,欢迎大家现场观摩。

为扩大影响,让更多的华裔青少年参与此项活动,自 2012 年起,国务院侨办将在往届知识竞赛的基础上,与有关电视媒体、网络媒体合作,在全球举办"世界华裔青少年中华文化大赛"活动,通过国家预赛、地区复赛、全球总决赛等方式,扩大参与面,提高参与积极性,使华裔青少年通过竞赛加深对中华文化的了解与认识,增强对中华文化的认同感。

(三)策划、举办以"中华文化大乐园"为品牌、在海外就地举办的华裔青少年夏(冬)令营活动。今年,我们尝试在美国、西班牙、法国、老挝、菲律宾等国举办了"中华文化大乐园"夏令营,取得很好的效果。今后,我们将继续组织国内的专业教师和优秀才艺学生,每年赴海外举办 10 余期"中华文化大乐园"夏(冬)令营,尽力满足那些由于经济条件、假期安排等因素而不能来国内参加活动的学生学习中华文化的愿望。

(四)以中华优秀才艺学生赴海外交流汇演的形式,增进海内外华裔青少年的交流与联系,激发海外华裔青少年学习优秀中华才艺的热情,并通过该平台做好重点国家的华裔青少年工作。

(五)继续举办世界华人少年作文比赛活动,提高华裔学生的汉语技能,激发他们学汉语、用汉语的兴趣。

各位代表!

今年 10 月 15—18 日召开的中国共产党第十七届中央委员会第六次全体会议,提出了建设社会主义文化强国,建设中华民族共有精神家园的宏伟目标。当今世界正处在大发展大变革大调整时期,文化在综合国力竞争中的地位和作用更加凸显,文化越来越成为民族凝聚力和创造力的重要源泉,增强国家文化软实力和中华文化国际影响力的要求更加紧迫。

海外华文教育形式多样、分布广泛、队伍庞大、基础雄厚、视野开阔,在加快中华文化走出去、增进不同民族文明交流互鉴方面具有独特优势,可以大有作为。在此,我提出几点建议,与大家共勉。

一、华人社会要加强团结,求同存异,共同促进华文教育大发展。

华文教育是海内外炎黄子孙共同的事业。无论是过去,还是现在,广大海外侨胞都十分重视子女的中文教育问题。办好华文教育已成为当前华人社会最根本、最迫切的要求。不同地区的华裔移民、同一地区的新老移民,可以政见不同,对待很多问题可以观点相异,但对于华文教育这一中华民族在海外的"留根工程"、"希望工程",我们要求同存异,团结一心。凡是华文教育搞得好的地区,那里的华人社会也比较团结,凝聚力也强,他们在当地的生存发展环境也非常好。身处他乡为异客的诸位对于这一点的感受可能比我们要深刻得多。

二、广大华人社会要发挥自身主观能动性,变对华文教育重要性的认识为兴办华文教育的动力。

任何事物的发展变化,要靠内外两个因素,内因是根本,外因是补充。华文教育的主体是生活在海外的广大华侨、华人,华文教育能否搞好,一方面要靠中国政府和有关方面的支持,更要靠华侨、华人社会自身的努力。我们认为,要推动新时期的华文教育大发展、大繁荣,仅靠中国政府部门的投入和支持,显然是杯水车薪。我们希望,广大华侨、华人要充分发挥主动性,要把对华文教育重要性的认识转化为积极参与、支持华文教育的自觉行动,有钱出钱,有力出力,团结一致,共同努力,只有这样,华文教育才能迎来蓬勃繁荣的美好明天。

三、海峡两岸华文教育工作者应加强合作,共同推动中华文化在世界发扬光大。

今年是辛亥革命爆发一百周年,海内外同胞都在以各种方式纪念这一伟大事件。振兴中华,统一中国,中山先生未竟的遗志需要海内外中华儿女,特别是两岸同胞共同努力才能完成。海峡两岸同源、同种、同文,都肩负着弘扬中华民族优秀文化的历史使命。两岸关系持续向好,矛盾分歧也依然存在。但在帮助华侨、华人生存、发展,推动和促进中华文化在世界传播的问题上,我们有较强的共识和较大的合作空间。希望海峡两岸的华文教育工作者牢牢把握两岸关系和平发展的主题,求同存异,开放胸襟,面向未来,加强交流与合作,共同建设好中华民族共有的精神家园。

四、发展华文教育要注意争取当地政府和社会民众的理解与支持,促进华文教育可持续发展。

当今世界,经济全球化、区域一体化的进程不断加速。以尊重文明多样性、开放包容为特点的新文明观逐渐成为国际社会的广泛共识。华文教育形式多样、分布广泛、基础雄厚,应该在加快中华文化走出去、增进不同文明之间交流互鉴方面发挥独特作用,成为世界了解中国、学习优秀中华文化的重要窗口,成为传播中华文明的重要舞台。

在开展华文教育,传播中华文化的过程中,除了遵守当地的法律法规和文化习俗外,要特别注意以"多元文化"和"不同文化相互学习、借鉴"为切入点,注重方式、方法,大力宣传华文教育在促进中外优秀文化交流、增进不同民族和睦相处等方面的积极作用,赢得所在国政府和社会民众的理解与支持,为海外华文教育长期、可持续发展营造宽松的外部环境。

各位代表,女士们,先生们!

中国国家副主席习近平先生在 2010 年"中国寻根之旅"夏令营开营式上讲话时指出:"团结统一的中华民族是海内外中华儿女共同的'根';博大精深的中华文化是海内外中华儿女共同的'魂';实现中华民族伟大复兴是海内外中华儿女共同的'梦'。"世界四大文明古国中,唯有古老而优秀的中华文化得以完整延续,且历久弥坚。搞好华文教育,让中华文化在海外生根发芽、开花结果,需要我们大家共同努力。让我们携起手来,团结一致,抓住机遇,凝聚力量,共同创造华文教育更加灿烂辉煌的明天!

祝各位身体健康,工作顺利,阖家幸福!

谢谢大家!

索　引

R参考文献
Reference

安多芬中文学校.介绍安多芬中文学校:汉唐教育文化研究中心[EB/OL]. http://www.hantang.nl/zh/,2011-7-1.

[英]安迪·格林(著).教育、全球化与民族国家[M].朱旭东,徐卫红(译).北京:教育科学出版社,2004.

[美]埃伦·康德利夫·拉格曼(著).一门捉摸不定的科学:困扰不断的教育研究的历史[M].花海燕等(译).北京:教育科学出版社,2006.

陈思,张向前."两岸四地"华文教育合作初探[J].内蒙古师范大学学报,2007(4).

陈震.试述海外华文教育的模式及特点[J].福建广播电视大学学报,2003(1).

陈鸿瑶.多元文化语境下的海外华文教育图书出版[J].出版发行研究,2006(6).

陈晓霞,唐燕儿.论华文教育与汉语国际推广的资源整合[J].中国市场,2010(31).

陈曦.孔子学院面临的问题与解决思路[J].对外传播,2009(9).

陈至立.共同办好孔子学院搭建增进友谊和了解的桥梁[R].北京,第二届孔子学院大会.2007.

陈昌贵.国际合作:高等学校的第四职能——兼论中国高等教育的国际化[J].高等教育研究,1998(5).

陈向明.质的研究方法与社会科学研究[M].北京:教育科学出版社,2000.

国家研究理事会(著).教育的科学研究[M].曹晓南等(译).北京:北京教育出版社,2006.

戴晓霞.高等教育的国际化:外国学生政策之比较分析[J].复旦教育论坛,2004(5).

代林利.试析大学法人治理结构的构成要素[J].高教研究,2006(1).

段奕.硬实力—软实力理论框架下的语言—文化国际推广与孔子学院[J].复旦教育论坛,2008(2).

邓志伟.多元文化—课程开发[M].合肥:安徽教育出版社,2008(4).

耿红卫.二十一世纪海外华文教育的挑战和展望[J].船山学刊,2005(3).

耿红卫.海外华文教育的历史沿革及其启示[J].贵州文史丛刊,2007(1).

郭扶庚.孔子学院:中国"软实力"的标志[J].东北之窗,2007(10).

郭熙.海外华人社会中汉语(华语)教学的若干问题——以新加坡为例[J].世界汉语教学,2004(3).

郭熙.关于华文教学当地化的若干问题[J].世界汉语教学,2008(4).

郭宇路.孔子学院的发展问题与管理创新[J].学术论坛,2009(6).

国家汉办/孔子学院总部.第二届孔子学院大会主旨报告[R].北京,2007.

国家汉办/孔子学院总部.第三届孔子学院大会主旨报告[R].北京,2008.

国家汉办/孔子学院总部.第四届孔子学院大会主旨报告[R].北京,2009.

国家汉办/孔子学院总部.第五届孔子学院大会主旨报告[R].北京,2009.

古同.给"超速"的孔子学院提个醒[J].世界知识,2007(12).

格里·斯托克,华夏风.作为理论的治理:五个论点[J].国际社会科学杂志(中文版),1999(1).

桂明超.一种理想可行的"孔子学院"构架的模式[J].云南师范大学学报(对外汉语教学与研究版),2008(1).

何斌.香港高等教育国际化现状分析[J].比较教育研究.2005(1).

洪雪飞.关于新形势下拓展海外华文教育的几点思考[J].八桂侨刊,2005(3).

金耀基.大学之理念[M].北京:生活·读书·新知三联书店,2001.

季苹.公立学校等于公共教育吗？——公立学校再定义中的一个基本问题[J].教学理论与实践，2002(11).

贾益民,戴玉洁,王晓静,池琳瑛,徐静,黄向荣.世界华文教育形势与未来发展——第五届国际华文教育研讨会综述[J].暨南大学华文学院学报，2008(1).

[美]Janet V. Denhardt,Robert B. Denhardt(著).新公共服务:服务,而不是掌舵[M].丁煌等(译).北京:中国人民大学出版社,2004.

[美]J. Amos Hahch(著).如何做质的研究[M].朱光明,沈文钦,徐守雷,陈汉聪(译).北京:中国轻工业出版社,2007.

李叔飞.关于海外华文教育中第二语文教学模式的探讨——以老挝万象寮都公学为例[J].云南师范大学学报(对外汉语教学与研究版),2007(2).

李洁.创新、整合、跨越——现代远程教育与海外华文教育发展[J].内蒙古师范大学学报，2006(5).

李其荣.国际移民与海外华人研究[M].武汉:湖北人民出版社,2005.

李嘉郁.海外华人的语言生活与华文教学的内容、方法和目标[J].华侨大学学报，2007(4).

李嘉郁.海外华文教师培训问题研究[J].世界汉语教学，2008(2).

李铁范.海外华文教育的现状、趋势和对策思考[J].中国高教研究，2006(5).

李敏.论当前海外华文教育的热潮与地方大学的作为——基于福建师范大学对外汉语教学实践的思考[J].福建师范大学学报(哲学社会科学版),2005(5).

李谋.泰国华文教育的现状与前瞻[J].南洋问题研究，2005(3).

李永欣.俄罗斯孔子学院的现状及前景展望[J].西伯利亚研究，2010(3).

李明欢.欧洲华人社会剖析:人口、经济、地位与分化[J].世界民族，2009(5).

李瑞晴.海外孔子学院发展浅析[J].八桂侨刊，2008(1).

李新市.中国民办非营利组织若干问题研究[J].宁夏党校学报，2006(3).

罗伯特·K.殷(著).案例研究设计与方法[M].周海涛(译).重庆:重庆出版社,2004.

廖小萍.澳大利亚、新西兰华文教育比较研究[D].广州:暨南大学，2007.

林去病.当今海外华文教育发展的特点[J].南洋问题研究，1992(1).

林玮,张向前.港澳华文教育发展研究[J].学理论,2009(29).

林青.走向世界的孔子学院[J].教育与职业,2006(25).

刘延东.共同参与、平等合作,把孔子学院越办越好[J].孔子学院,2009(1).

刘文雅.孔子学院:汉语和中国教育国际化的新举措[J].教育研究,2007(8).

刘立恒.中外合作创建孔子学院的问题与对策[J].沈阳师范大学学报(社会科学版),2007(3).

刘复兴.教育民营化与教育的准市场制度[J].北京师范大学学报(社会科学版),2003(5).

吕伟雄.海外华人社会新透视[M].广州:岭南美术出版社,2005.

马健.孔子学院:中国与世界全方位的交流平台[J].国际人才交流,2006(10).

马尔科姆·泰特(著).高等教育研究进展与方法[M].侯定凯(译).北京,北京大学出版社,2007.

梅林.马来西亚华文学校地位日益受到重视[J].八桂侨史,1992(2).

南旭光,罗慧英.教育民营化与教育基础设施建设[J].当代教育论坛,2006(9).

宁继鸣.汉语国际推广——关于孔子学院的经济学分析与建议[D].山东大学,2006.

聂映玉.孔子学院概述[J].上海教育科研,2008(3).

聂颖.高等教育PPP办学模式研究[J].辽宁教育研究,2008(3).

潘睿.当代欧洲华文教育探析(1970—2006)[D].暨南大学,2007.

潘海生,张宇.利益相关者与现代大学治理结构的构建[J].教育评论,2007(1).

彭俊.华文教育的百年轨迹和发展规律[J].绍兴文理学院学报,2007(3).

彭俊.华文教育研究[D].上海师范大学,2004.

秦维宪.孔子思想对世界文明的影响——香港孔教学院院长汤恩佳博士访谈录[J].探索与争鸣,2005(1).

任远.新一代基础汉语教材编写理论与编写实践[J].语言教学与研究,1995(2).

[美]斯蒂芬·鲍尔(著).政治与教育政策制定——政策社会学探索[M].王玉秋,孙益(译).上海:华东师范大学出版社,2003.

唐燕儿.论海外华文教育的发展及其趋向[J].高等教育研究，2009(6).

唐祥来.PPP模式与教育投融资体制改革[J].比较教育研究，2005(2).

汤哲远.全球化视野下孔子学院建设的时代意蕴[J].北京教育，2007(7).

田艳.海外华文教育概况[J].民族教育研究，2000(3).

田正平(编).中外教育交流史[M].广州：广东教育出版社，2004.

王宁宁.关于海外"孔子学院"的全面认识[J].科教文汇，2007(6).

王昭，聂传清.海外华文教育如何才能走出困境[N].人民日报海外版，2006-04-07(5).

王红梅."汉语热"与对外汉语教学[J].黑龙江高教研究，2005(12).

王平.从孔子学院的设立看中华文化与外语教学[J].肇庆学院学报，2006(12).

王学松.加强中外合作汉语教学项目模式的研究[J].中国高教研究，2005(6).

魏杰.法人治理结构与人力资本[J].现代企业，2001(6).

文东茅.走向公共教育：教育民营化的超越[M].北京：北京大学出版社，2008.

吴琦幸.孔子学院面临的困境和机遇[N].东方早报，2007-01-31.

薛纪达.中华文化与华文教育的未来[J].福建省社会主义学院学报，2005(2).

熊玉珍.网络环境中海外华文教学过程和模式研究[J].开放教育研究，2007(6).

熊庆年，代林利.大学治理结构的历史演进与文化变异[J].高教探索，2006(1).

徐娟，史艳岚.论信息技术与对外汉语课程整合[J].外语电化教学，2007(4).

徐丽华.孔子学院的发展现状、问题及趋势[J].浙江师范大学学报(社会科学版)，2008(33).

孙洁.在高等教育改革中如何采用PPP管理模式[J].财政研究，2007(3).

阎凤桥.大学组织与治理[M].北京：同心出版社，2006.

阎凤桥.从非营利性组织特性分析我国民办学校的产权和治理结构[J].教育经济，2006(1).

阎凤桥.非营利性大学的营利行为及约束机制[J].北京大学教育评论，

2005(6)

姚则会.基于高校自组织治理模式的组织结构创新[J].长春工业大学学报,2006(6).

袁礼,郑晓齐.孔子学院贡献度、组织行为及功能定位述评[J].大学教育科学,2010(4).

袁本涛,潘一林.高等教育国际化与世界一流大学建设:清华大学的案例[J].高等教育研究,2009(9).

[日]友田泰正(著),于仁兰等(译).日本教育社会学[M].北京:春秋出版社,1989.

赵旭明.民办高校治理研究[D].中共中央党校,2006.

张斌.战后泰国华文教育之演变[D].厦门大学,2009.

张向前,朱琦环,吕少蓬.世界华文教育发展的趋势及影响研究[J].云南师范大学学报(对外汉语教学与研究版),2005(4).

章志诚.欧洲华文教育的历史与现状[J].八桂侨刊,2003(1).

宗焕平.孔子学院的独特影响力[J].瞭望,2007(11).

周平红,卢强,张屹.对外汉语学习网络教学平台建设的需求分析[J].开放教育研究,2007(3).

周济.在2008年孔子学院大会上的工作报告[J].孔子学院,2009(1).

浙江师范大学.大力实施国际化战略,全面推进汉语国际推广工作[Z].2010浙江省孔子学院建设座谈会交流材料.

朱新梅.大学的公共性与政府干预[J].复旦教育论坛,2006(4).

Alexander George. Case Studies and Theory Development. Diplomacy: New Approaches in History, Theory, and Policy. New York: Free Press, 1979.

Barrett, T. H. singular Listlessness. London: Wellsweep Press, 1989.

Bell, D. A. China's New Confucianism: Politics and Thought Work in Contemporary Society. Princeton & Oxford: Princeton University Press, 2008.

Cilt. Mandarin Language Learning Research Study: Final report. London: Cilt, 2007.

Daniel J. Mccarthy, Sheila M. Puffer Interpreting The Ethicality OF Corporate Governance Decisions In RUSSIA: Utilizing Integrative Social Contracts Theory TO Evaluate The Relevance of Agency Theory Norms [J]. Academy of Management Review, 2008(33).

David Harvaed, Shinn. An Opportunistic Ally[J]. Harvard International Review, Summer 2007(29).

Denhardt,RobertB. ,Janet Vinzant Denhardt. The New Public Service, Putting Democracy First[J]. National Civic Review, 2001(90).

Dobel Patrick. Integrity in the Public Choice[M]. New York: Harvester Wheatsheaf, 1991.

Don Starr. Chinese Language Education in Europe: the Confucius Institutes[J]. European Journal of Education, 2009(40).

Dwight H. , Perkins. China's Soft Power[J]. Harvard International Review, Fall, 2007(8).

Kerry Brown. Charm Offensive: How china's soft power is transforming the world [J]. Far Eastern Economic Review, July/Aug 2008.

Kurlantzick J. Charm Offensive: How China's Soft Power is Transforming the Word. New Haven & London: Yale University Press, 2008.

Michael Erard. Saying "Global" in Chinese[J]. Foreign Policy, May/Jun 2006.

Malia Politzer. Passage to China[J]. Foreign Policy,Jan/Feb 2008.

Nelissen N. The administrative capacity of new types of governance. Public Organization Review, 2(1).

Pfeffer Jeffrey , Gerald Salancik. The external control of organizations . New York : Harper and Row, 1978.

P 后 记
ostscript

　　2007年仲夏，在北大勺园一楼茶座，我与导师文东茅教授探讨我博士论文的选题，文老师仔细询问了我当时的工作状况。我向文老师介绍了我从事的主要工作状况，包括高校外事、教育国际化等工作，也谈到自己对孔子学院的看法和自己接触的海外华文教育的情况。文老师沉思了许久，对我说："你能不能从组织的视角对孔子学院和华文学校这两种不同的汉语国际传播组织进行比较研究。这项工作还没人做过，很有现实意义，以你的工作条件，可以试试。"当时这让我兴奋了好几天，但从后来的研究历程看，实际上我当时对孔子学院和华文学校的了解只是皮毛，理论方面的功底尚且浅薄。

　　尽管困难重重，但我还是利用各种机会收集资料。2008年，我赴泰以东方大学孔子学院中方理事的身份参加揭牌仪式，并以此机会进行了深入的了解和考察，那几年又先后到泰国朱拉隆功大学孔子学院、日本立命馆亚洲太平洋大学孔子学院、意大利罗马大学孔子学院等进行了访学和考察。同时，还参加了第二届、第三届、第四届、第五届、第七届、第八届孔子学院大会，收集了许多资料和文献。在华文学校的调研方面，从2007年到2011年我组织并参与了四期华文教师培训班，2010年赴意大利蹲点考察佛罗伦萨中文学校、罗马中华语言学校、基督教罗马华人中文学校等多所华文学校，还考察了泰国的一些中文学校，并参加了两次世界华文教育大会，接触了大量从事华文教育的海内外人士，收集了许多数据、资料。

　　我的博士学习从入学到毕业共花了六年，一方面是因为期间我手头有大量的挑战性工作要做，耽搁了不少学习时间；另一方面也是因为自己的理论功底不扎实，实证材料收集不足造成的。博士阶段的学习,我开题报告就做了两次,预答辩也经历了两次,可以说这个题目让我真正体会什么是"为伊消得人憔悴"。

北京大学教育学院秉承的基于理论视角的现实问题研究对我影响很大,在多次的开题和预答辩过程中,经过导师们在理论关怀—现实问题之间的反复"拷问",锤炼了理论功底,提高了研究水平。最后博士论文能够完成,并经过修改而完成此书,让我有了"衣带渐宽终不悔"的感叹。

首先要感谢文东茅老师对我的指导,陈学飞老师的点拨,以及阎凤桥教授、陈晓宇教授、蒋凯副教授等老师的鼓励,真诚地感谢北大,感谢北京大学教育学院、感谢北大的各位老师、同学与朋友。

感谢郭保林、陈汉聪在写作框架、资料收集方面所提供的帮助,感谢泰国东方大学孔子学院的诸位同仁、朱拉隆功大学孔子学院中方院长傅增有教授、意大利佛罗伦萨中文学校潘世立校长、意大利协助发展中国家协会(COSPE)主席兼意大利佛罗伦萨大学教授玛丽娅女士,及所有或为我提供信息或接受我访谈的学者、老师,感谢所有帮助过我的人,感谢所有关注孔子学院和华文学校发展的人们。同时还要感谢温州大学国际合作学院的郑婷老师、王洁曼老师、刘建东老师、金碧老师、应程洁老师、孙将文老师、赵桐老师对本书的校对。最后感谢温州大学华文教育研究所对本书出版的支持。

图书在版编目（CIP）数据

孔子学院与华文学校发展比较研究 / 严晓鹏著.
—杭州：浙江大学出版社，2014.10
ISBN 978-7-308-13575-7

Ⅰ．①孔… Ⅱ．①严… Ⅲ．①汉语－对外汉语教学－
教育组织机构－对比研究 Ⅳ．①H195－40

中国版本图书馆 CIP 数据核字（2014）第 164887 号

孔子学院与华文学校发展比较研究

严晓鹏　著

责任编辑	叶　抒
封面设计	刘依群
出版发行	浙江大学出版社
	（杭州市天目山路 148 号　邮政编码 310007）
	（网址：http://www.zjupress.com）
排　　版	杭州好友排版工作室
印　　刷	富阳市育才印刷有限公司
开　　本	710mm×1000mm　1/16
印　　张	15
字　　数	277 千
版 印 次	2014 年 10 月第 1 版　2014 年 10 月第 1 次印刷
书　　号	ISBN 978-7-308-13575-7
定　　价	32.00 元